人物叢書

新装版

貝原益軒

かいばらえきけん

井上　忠

集

吉川弘文館

貝 原 益 軒 の 肖 像

狩野昌運筆になる益軒の肖像画，元禄７年で65歳のとき，
画の上に益軒の自賛がある。(本文116ページ前後を参照)

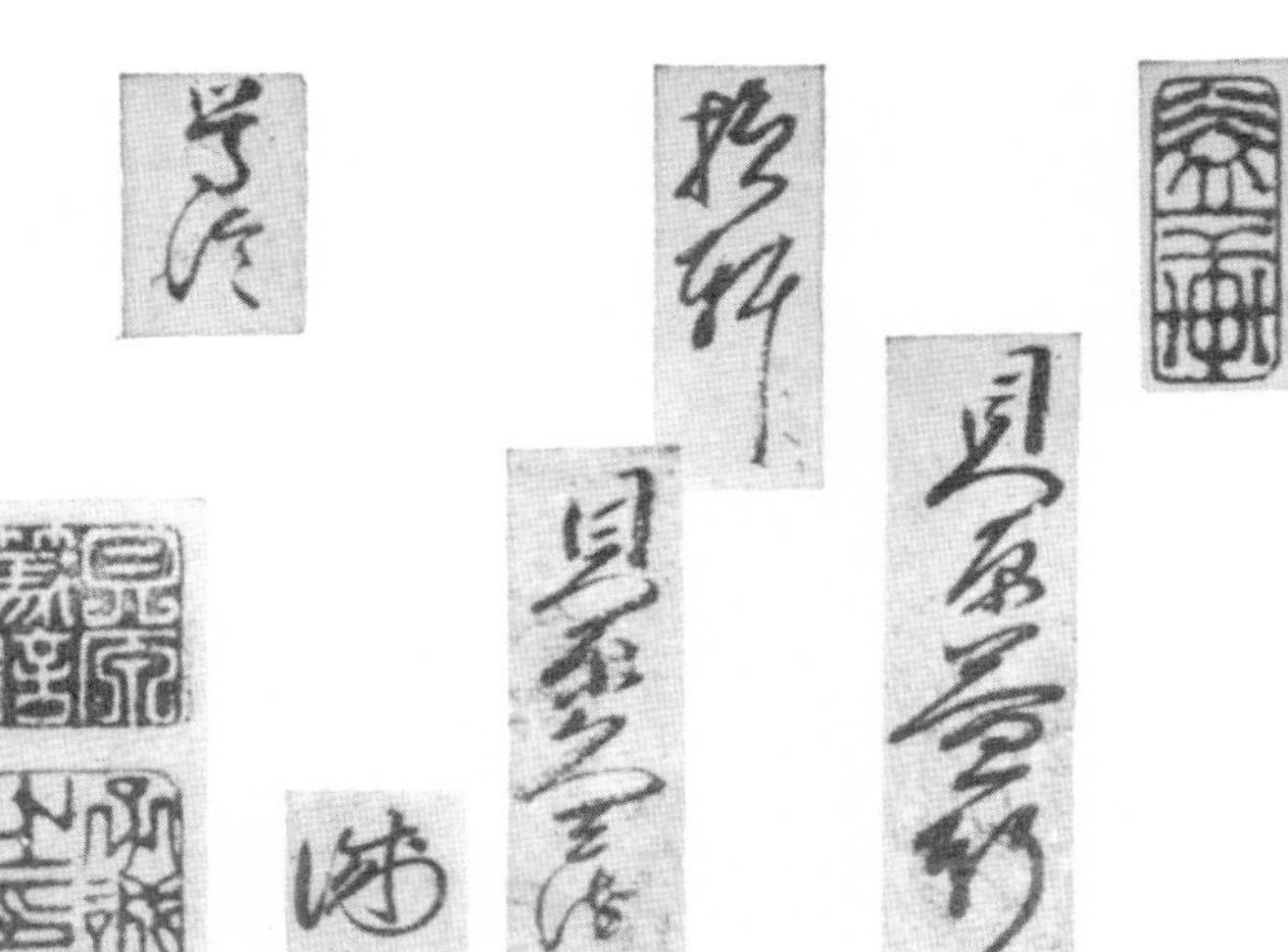

貝原益軒の自署と雅印

右端は「益軒」の印，左下は「子誠之印」（伊東尾四郎「家庭に於ける貝原益軒」より）

貝原益軒夫妻の墓

福岡市中央区今川２丁目の金竜寺にある。元位置より約100メートル西へ移動している。

はしがき

わたしと本書の主人公との出会いはまことに久しい。憶い起せば戦時中、分家を継がれた貝原守一氏宅で益軒の日記を見せていただいて興味をいだいたのが初まりで、戦後は本家の貝原真吉氏宅へ数十日——現在までに百日に及ぶだろう——通って資料を博捜した。早く接写技術を習得していたらこれほど御迷惑をかけずにすんだであろうと今になって悔いている。しかしともかくその結果、益軒の日記・書翰などの未発表のものをまとめた『益軒資料』七冊を孔版で出すことができた。本書もそれによるところがはなはだ多い。

わたしが彼に興味をいだくのはその学問の方法である。儒学と自然科学（博物・医学）を兼修し、しかも後者の実証的研究を介して次第に朱子学への疑問を募らせ、経験的な古学派へと傾いてゆく過程である。そしてこれだけの業績を彼がなしえたのも決して単独の力ではなく、文芸復興期といわれる元禄前後の中心舞台たる京坂学界との密接な連絡、その援助のもとに初めて成立したものであった。彼の日記には京坂・江戸の多方面に及ぶ文化人との交際・友情がたどられるし、彼自身ある意味において元禄文化を最も豊かに享受した一人と言い得るようだ。しかもなお彼は西南大藩の一たる筑前藩士であった限り、藩の文治政策の展開につれ――あたかも幕府創成期の家康に対する林羅山の役割のように――その活動範囲も広く地位も華やかになってゆく。彼のもつ文化人と藩士という二つの面、それを交錯させながら、できるだけ密着した姿勢で彼の伝記を追究したつもりである（しかし枚数に限りがあるので、巻末に詳細な年譜を附しておいた。研究家の利用を請う次第である）。学問的業績に関する記述がやや詳細に過ぎたかとも思われるが、彼の本領がそこにあるのだから省略するわけにゆかなかった。

わたしにとって難解な儒学関係の問題の理解についてはたえず楠本正継先生から御懇篤な御教示を得、また励ましを受けてきた。それにも拘わらずわたしの理解不足がありはしないかと惧(おそ)れる次第である。また資料閲覧の点においては前掲の貝原真吉氏、益軒の高弟竹田春庵の後裔にあたる竹田博吉氏に非常にお世話になった。その他一々あげ得ないが多くの方々から御援助を得た。いまこれらの方々に深甚な感謝の意を表する次第である。最後に本書執筆の機会を与えてくださった竹内理三先生にも深く感謝する。

昭和三十八年二月

井　上　忠

目次

はしがき
第一　生いたち……………………………………一
　一　家　系……………………………………一
　二　成長期―父と兄……………………………六
第二　出仕―浪人―遊学…………………………一五
　一　長崎へ随従…………………………………一五
　二　浪人―江戸へ………………………………二〇
　三　再出仕―京都遊学…………………………二三
　四　宮崎安貞への協力…………………………二九

第三　朱子学徒として……四五
一　その読書歴と『読書順序』……………………………………………………………………………………………四五
二　父寛斎の死………五〇
三　在京秘話……五三
四　伊藤仁斎との出合い………五四
五　東軒夫人について………五六
六　『近思録備考』その他……六〇
七　藩内の科学者グループ……六四
第四　藩命に応じて……七六
一　『黒田家譜』の編纂………七六
二　藩主継嗣問題に一役………八三
三　朝鮮信使の応待……八七
四　たくましい計量的精神………………………………………………………………………………………………………一〇〇

第五　旅行―紀行文学の成立……一〇六
一　天性の旅行好き……一〇六
二　東軒同伴の京都行き……一一三
三　益軒と当時のジャーナリズム……一二四
四　『筑前国続風土記』……一三五
第六　還暦前後……一四九
一　藩財政問題に建策……一四九
二　朱子学への疑問と当時の学友……一五六
三　仁斎説への批判―『童子問批語』……一七一
第七　和学と神道……一八四
一　『玩古目録』について……一八四
二　新刊書の入手法と書評……一八八
三　『和学一歩』……一九九

四　益軒と宗像宮……………………………………二〇三
五　『神儒併行不二相悖一論』……………………………二〇八

第八　致仕後の生活……………………………………二一三
一　一族間に悲喜こもごも…………………………二一三
二　養嗣の問題……………………………………二一八
三　古楽のつどい……………………………………二二四
四　立花実山の最後…………………………………二二九

第九　ライフ＝ワークの完成…………………………二三七
一　八十の賀宴……………………………………二三七
二　いわゆる『益軒十訓』…………………………二四三
三　『大和本草』の資料蒐集の過程………………二四九
四　自らの健康状態を資料にした『養生訓』………二六〇
五　東軒夫人を失う…………………………………三〇三
六　『大疑録』の成立………………………………三〇八

七　臨終と門人……三三六
第十　結びにかえて―科学精神と人間観……三三一
当代学者一覧表……三三八
貝原家略系図……三四一
略　年　譜……三四三
主要参考文献……三六七
益軒伝の主要舞台地図……三七二
益軒の読書傾向一覧表……三七四

口絵

貝原益軒の肖像……巻頭
益軒の自署と雅印……巻頭
益軒夫妻の墓……巻頭

挿図

福岡城の見取り図と後年の益軒邸宅……二
福岡藩の長崎警備図……一六〜七
『南坊録』……二七
宮崎安貞の墓……四三
東軒夫人の出生地……五七
東軒夫人自筆の詩かるた……五八
東軒・益軒合作の書……五八
『近思録備考』……六一
星野実宣著『股勾弦鈔』……七一
『行装記』の表紙……九二
『損軒詩稿』……九七

竹田春庵の『藍島唱和筆語』……九八
『和漢名数』……一〇〇
益軒晩年の筆蹟『雑記』より……一〇三〜一一三
袖中版『諸州めぐり』の本文……一〇九
延宝七年正月―三月の日記……一一一
元禄二年二月の日記……一一三
茨城屋刊の益軒著書の広告……一一三
竹田春庵の詩と歌……一九五
『家蔵書目録』経伝の部……一九八
養子重春にあてた『損軒遺訓』の末尾……二一一
益軒夫妻愛用の和琴……二一七
立花実山の『梵字艸』……二二四
八十の賀に寄せられた詩歌……二二八
益軒と号した初め……二四〇
益軒愛用の文机と筮竹……二四一
『女大学宝箱』の見開……二四八

『園圃備忘』……二六一
竹田春庵に依頼した和産・中国（から）
産の薬草とその分量を記した注文表……二六四〜五
『大和本草』草稿……二六八
刊本『大和本草』諸品図……二六八
『用薬日記』……二九〇〜一
『養生訓』一枚刷広告……二九八
『居家日記』……三〇四〜五
『大疑録』初稿本……三二一
春庵宛荻生徂徠書翰……三二二〜三
春庵の『辨辨道』……三二九

第一　生いたち

一　家　系

福岡に遊んだことのある人は市の西よりに位置する大濠公園の印象を忘れ得ないであろう。池の中央を貫通する中之島と周囲約二キロの湖畔とにめぐらされた散歩道には、両側に並木が植えられ、水辺の柳とともに興趣を添える。これは筆者の少年時代に福岡城の外濠の一部を埋立てて作られたものである。その東側に戦後できた平和台総合グラウンドがあるが、この台地一帯が昔の福岡城跡である。この地ならしの際、大宰府華やかなりしころの筑紫館（唐の使節を応待した鴻臚館）や、警備の兵士がいた警固所の跡と思われるものが発掘された。してみると福岡

筑紫館

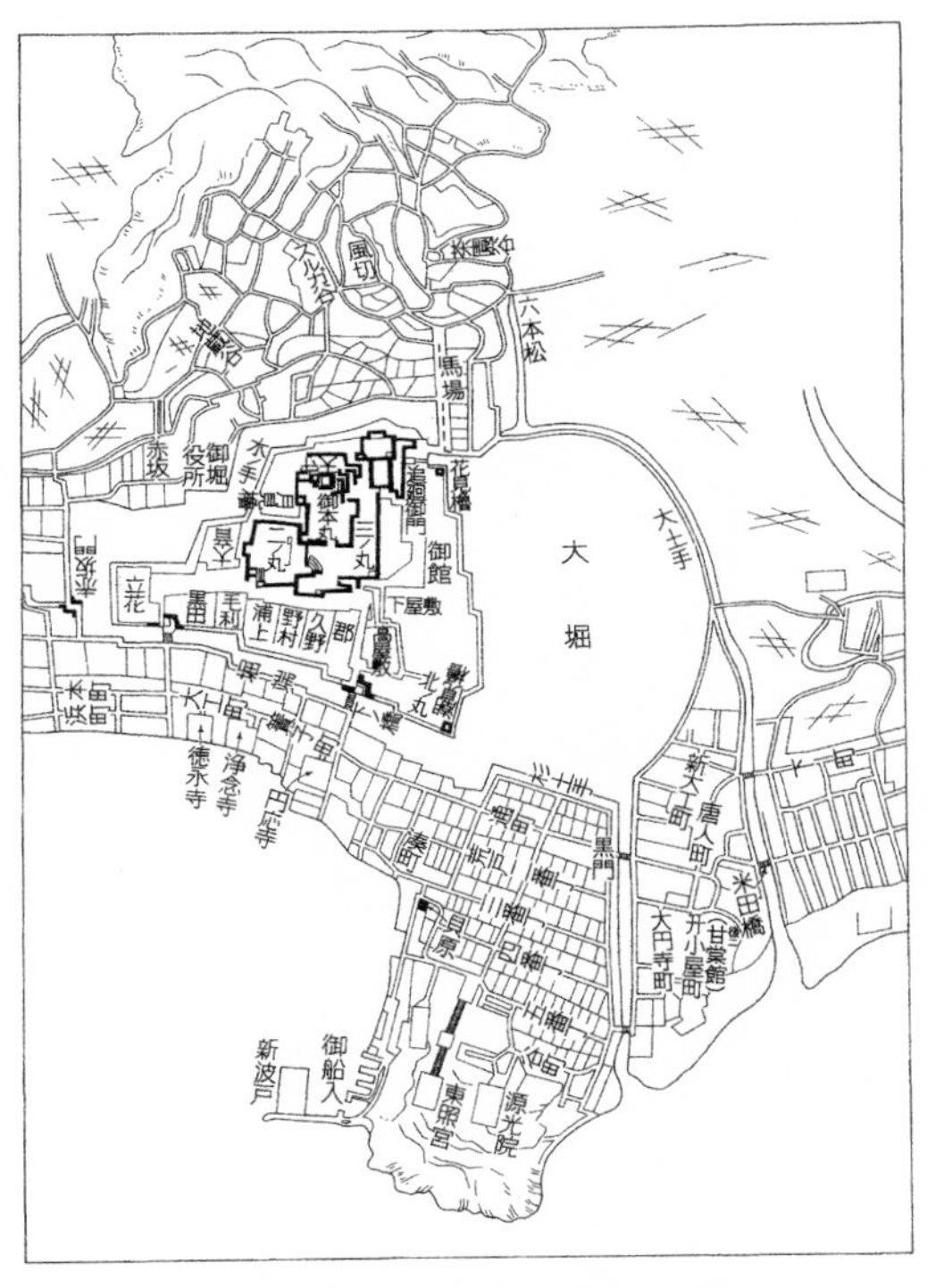

福岡城の見取り図と後年の益軒邸宅

(益軒の邸宅については64ページ参照)

生誕地—舞鶴城

城は期せずして歴史的な台地に築かれたわけである。この城は黒田如水・長政の父子が慶長六年（一六〇一）から七ヵ年間を費やして築城したもので、大体韓国の晋州城に象ったものだと伝えられ、あたかも鶴が両翼を連ねて舞っているようだというので舞鶴城と呼ばれてきた。

築城後二十余年を経た寛永七年（一六三〇）十一月十四日、貝原益軒はこの城内の東邸に生誕した。後年に彼は藩主光之の求めにより『黒田家譜』『黒田家臣伝』『筑前国続風土記』等を編輯著述したが、藩との密接な関係はすでにここに暗示されているかのようだ。その父寛斎の役目ははっきりしないが、城内に住んだことなどよりして祐筆役と思われ、百五十石であった。次にその後裔宅に伝わる『貝原氏家系』や『貝原世譜附録』によりながら黒田家との関係をたどることにする。

先祖

多兵衛

その先祖については詳細を知りえないが、藤原氏の出で、代々備中国吉備津宮（岡山県岡山市吉備津）の神職をつとめ富饒を極めたという。足利時代末に多兵衛（または太兵衛）という人が出て初めて岡山に移住し、九十余歳で没した。その子市兵衛は後に久兵衛といい、晩年に祝髪（しゅくはつ）して宗喜（そうき）と号した。益軒の祖父である。宗喜は若き日に甲州へ下り武田信玄に仕えたが、その子勝頼の代にいたり見切りをつけて辞した。安土にいたり信長に仕えようとしたが、甲州者には間者（かんじゃ）多しとして断わられ、他方その家臣の秀吉から求められたがこちらから主君とするに不足を覚えて断わった。諸国を流浪（るろう）した結果、周防国の山口に留まり毛利氏に仕えようと機会をうかがい、このころ長門（山口県）の人八木氏の娘を娶（めと）っている。当時黒田如水が播磨（兵庫県）におり、宗喜についてはその親以来の知り合いであったため人を派して彼を求め、遂に如水に仕えるにいたったのである。

黒田藩士としての宗喜の活躍

その後秀吉は九州征伐に先立ち如水を先手（さきて）に選び、前もって家臣をして九州諸侯に降伏勧告状を廻し文することを命じた。選ばれた二人の使者の中に彼がいた。さらに市兵衛は如水・長政父子の島津征伐に功をたて、続いて長政が豊前半国拝領後、同国城井を攻めた時にも従軍し主君の危急を救うなど一かどの功があったが、不幸にして行賞に洩れた一人であった。また黒田氏の豊前入国後には土一揆鎮圧に尽くし、朝鮮出兵に際しては船路運転の惣司として活躍し、慶長二年（一五九七）同国上毛郡鈴熊村百五十石の知行所を給せられ代官職についたのである。当時すでに五十歳をこえた彼であったが折あるごとに一役を演じ、黒田氏の筑前入国に際しては、豊前の収蔵米を盗み、筑前へ廻漕するという辣腕をみせ、藩ではこの米を「種米」とよんで村々に貸付けたのであった。舞鶴城修築の時には資材係となっている。こうした数々の功績で抜擢されるはずであったが、中風で歩行難となったため辞退して宗像郡勝浦で本知百五十石、預り地六百石、宗像・鞍手二郡中より二万石の代官となり、その口米（年貢高に応じて課する附加米で各地の代官に下附された）は知行千二〜三百石に当り富饒の身となったが、寛永三年（一六二六）七十七歳で没した。戦国武士として、さらに藩制成立期の能吏として目ざましい活躍ぶりで、貝原家の黒田藩士としての地位は彼によって打ち樹てられたといってよかろう。宗喜には二男三女があり、長男の四郎太夫利貞（晩年祝髪して寛斎と号した）が跡をついだ。益軒の父である。次男と四女は早世し、他の二女はともに藩士に嫁いでいる。

二　成長期―父と兄

初期の地方知行制

まずここに福岡藩初期の土地制度、とくに地方知行制について一言しておこう。長政は関ヶ原合戦の功により筑前国五十万石の所領を与えられ入部したが、他領が入り交り、実高は三十万石余りにすぎなかった。そこで検地には五十万石打出しをもくろみ、西郡から始めて目標高達成のめどがついた東郡に及び竿が伸びたという。元和九年（一六二三）長政死後、長男忠之をして福岡藩を嗣がせ、次男を福岡より南方九里の地にある秋月（朝倉郡秋月町、今は甘木市に併合）支藩五万石に、三男を東蓮寺四万石に分封した。秋月藩は明治まで続き、東蓮寺はのち直方藩と改めたが二代にして絶え、所領は宗藩に合併された。

次に知行制の特色を見ると、かなり後まで地方知行制が続いていることである。財政は初期には潤沢であったが、忠之の浪費癖でその晩年には借知（藩士の俸禄の削減）を行なうにいたり、しかも約二十年後の寛文十二年（一六七二）まで地方知行は給人の支配に委ねられていた。この点は支配権の確立と初期財政難につれ地方知行制から蔵米知行制に転換していった全国的大勢とは相当異なっており、表面的には九州型といえよう。しかし黒田氏自体が新しく入部した大名であり、従って家臣団も殆んどすべてそれに伴なって入部したのであるから、九州各藩の場合のように給人と知行地との間に旧戦国期土豪的関係をとどめることはなかったのである。すなわちその実態を見ると村々により蔵納の村と給地の村とにはっきり分れており、給人の一村における給地高は平均して少なくとも五十石、大体百石前後と推定されている。給人の給地百姓に対する収取関係については初期から種々の規制が加えられ、従ってその地百姓への支配権は極めて微弱で恣意的には賦課し得ず、一定の規定内においてのみ許された（秀村選三「福岡藩における夫役の賦課法と規制」（『藩社会の研究』に収録））。

父寛斎

寛斎は慶長二年（一五九七）周防国山口で生まれ、十八歳の時豊前の名族緒方氏の支族で当時穂波郡閏野村（現在福岡県飯塚市に属す）住の三毛門氏の娘ちくを娶って父の跡をつぎ忠之に仕えた。妻ちくとの間に五男子（但し長男は早世）をあげたが、益軒はその末男で父が三十四歳の時の子である。通称は初め助三郎、後に久兵衛、諱を篤信、字を子誠といい、号は損軒で、益軒は晩年につけたものである。

その人となり

父寛斎の性格は祖父とはむしろ逆に謙遜で、教育家気質の人だったと思われる。益軒の甥好古（号は耻軒）の選んだ『益軒年譜』によれば、家族や召使に対しても教え諭すに懇ろであり、約束を守り廉直で行動は当を得て正しく、質素ではあったが非社交的ではなく、食客に馳走するのを喜んだという。学問も一応したので子供の中からも益軒以外に二男元端（号は存斎）・三男義質（号は楽軒）のような書を好み学に志す者を出している。また医学の心得もありそれによって生計をたてたこともあった様子で、益軒も早くからその感化をうけている。寛斎は益軒が生まれた翌年には博多片原町（現下川端町）に、さらに六年後には同じく博多の袖の湊（今日の博多築港）辺に移住している。その理由は判らないが、あるいは禄を失ったので繁華街に出て医薬を売り幼童を教えて生計をたてたのではないかとの説もある。続いて『年譜』には当時の益軒を次のように述べている。「誰も書を読むことを教えなかったが自ら平仮名・片仮名を覚え、好んで小説・草紙類を読んだ。また猿楽（さるがく）の俗謡は好んだが、博多の町中で歌われる卑猥（ひわい）な曲は嫌った。また悪ふざけやみだらな言葉はなさなかった」と。博多の町中に住みながら思慮深く読書好学の天性を既に発揮し始めている。

益軒の幼時

また次のような逸話もある。算法の啓蒙書として普及した『塵劫記（じんこうき）』が家にあり、ある時長兄家時が探しあぐねたすえ益軒の手もとに見出した。兄は彼がこの

『塵劫記』を愛読す

書を読むとは理解し得ず試みに算盤を与えてやらせてみると、書中の法をみな算出した。驚いて彼を伴って父の許へゆき逐一を話し、「幼時の秀才は早死が多い、この子の前途が不安だ」といって父兄で心配したという。

なおこの間益軒が三歳の時に栗山大膳事件がおこっている。藩主忠之は長政の長男で、高遠の保科正直の娘を母とする。家康の養女に当る人物であるが、忠之は父の跡をつぐだけの器量人ではなかったとみえ、長政から町人にならぬかと勧められた話が遺っている。忠之は元和九年襲封すると、成上り者の気に入りの家臣を重用して政治を怠り、六十艪の大船を建造したり足軽隊を新設するなど幕府の忌諱にふれる振舞が多かったので、これを憂えた家老栗山大膳が芝居掛りの非常手段をとり藩主を幕府に訴えた。幕府は翌年両人を呼び出し対決させた結果、忠之に幕府に逆ろう意志がないことが判明して彼を謹慎、大膳を南部侯に預けるという処分をとったのである。これで黒田家の危急は救われたが、忠之の人物が広く世に問われたわけである。

この事件落着後二年にして当時六歳の益軒は生母を失い継母上原氏を迎えた。継母については家系に何ら詳述されていないから由緒ある家柄ではなかったのであろう。

八木へ転居

八歳の冬、父は一家を伴って福岡の東方約三里の穂波郡八木（やき）（福岡県飯塚市に属す）知行所へ赴任したが、ここは四方みな山で繞（めぐ）らされ、東方から福岡へ入る際に越えねばならぬ峠の一つで藩の警備所がおかれていた。文字通りの侘（わび）住居が三年間続いたわけである。

島原の陣

翌九歳の秋に島原一揆が勃発し忠之は支藩秋月とこぞって一万五千人の兵を繰り出したが、その中には益軒の父や長兄家時も参加していた。忠之は総参謀の命に従わず抜駆（ぬけがけ）の功を急ぎ、そのため藩士の戦死者三百二十六名、手負二千二百九十三名という多数の犠牲者を出した。また出征費用も莫大で、秋月支藩では一年分の収入に当ったというし、本藩とても同様であったらしく、承応元年（一六五二）から借知（しゃくち）を行ない、藩士の禄の十分の一を三年間差引いているのもそのためであろうといわれている。父・長兄の出征中に九歳年長の次兄存斎から始めて漢字を学び、ついで『三體詩』七言絶句の口授を受けたがそれだけでは旺盛な読書慾をみたし得ず、また当時は出版物も乏しく、家計上また土地がらその入手も困難で、ただ同地の知人から『平家物語』『保元・平治物語』の古典を借りて愛読した。

軍記物・和辞書をよむ

翌十歳におよび辞書『倭玉篇（わごくへん）』『節用集』を読んだが、これが国語への関心を植え付け、後年の『日本釈名』その他の著述へと導いたのであろう。彼が儒教経典に接したのはさらに後で、すなわちこの年藩命により京都へ遊学した存斎が彼の十四歳の折に帰国し、ここに始めて兄から四書を教わったのである。こうした読書歴からして彼が儒教的思考論理に必ずしも束縛されず自由に思索する素地が築かれたとする説があるが傾聴に価いする（三枝博音氏『日本の唯物論者』）。

十一歳の折に父は役職で福岡の新大工町に移り、さらに翌年には怡土（いと）郡井原村（現在糸島郡前原町に属す）へ移ったが、都合で家族中からまず益軒一人が父の許へ引きとられた。

なおこの際八木山の飼犬がついてこようとするのを追い戻したが、夜中に小用に起きた時に庭先で鼻をならしているのを見出し、主人を慕う情の厚さに感心した、と後年述懐している。やがて他の家族員も帰福したであろうが、翌十三歳の時に継母上原氏を喪っているから、彼は母親の愛情についてははなはだ恵まれなかったわけである。しかも温厚な人格に達し得たのは父や諸兄の人柄や、この点を意識しての家庭教育の賜物であろう。また母親代りをした地行婆（地行はその住所の町名）とよばれる忠実な下女がおり、その隠退後も一人扶持を与え、あるいは饗応し、死後にはその命日によく墓参しているから、この女性の果たした役割も並々ならぬものがあったと想像される。不幸は翌年にも続き、どうした理由か父が知行所を失うに至った。ここに益軒は父の指導で当時の代表的医書を読み薬性や食物の性を知ったというから、智的にははなはだ早熟だったといわねばならない。幸いにして父は一年後には再出仕して江戸詰となり四年間滞在し、この間益軒は京都遊学か

次兄存斎について

ら帰郷した次兄存斎に従い福岡へ帰り、転々と住居を替えながらその教導をうけることができた。存斎については詳しく知り得ないが、『世譜附録』『存斎詩集』益軒序によれば、その後江戸へ出て藩主の世子（あとつぎ）光之から才学を認められて数年間近習をつとめ、光之襲封の初めに多病を口実に辞職し、江戸・京の遊学を経て後に遠賀郡吉田村に田地をもらい、耕作の傍ら家塾を開き門人を指導した。藩内で学問が開けたのは彼に始まるという説もある。その性格は廉直で権貴に阿らなかったというから、官仕が窮屈であったのであろう。また一族の子弟に対する態度は、私愛に溺れず諄々と教え諭す風であったというから、益軒に対しても同様だったであろう。

第二　出仕―浪人―遊学

一　長崎へ随従

出仕―御納戸御召料方

慶安元年（一六四八）十九歳の夏には祖母を喪ったが、十月には初めて御納戸御召料方という藩主の衣服調度の出納係として一晩おきの不寝番で忠之に仕え、四人扶持を与えられるに至った。この年忠之の参覲の伴として父とともに上府したのが江戸行きの最初であり、翌年帰国し藩邸で元服式を行なった。当時の彼は切米も御仕着もなく、銀二百目を受けたままで人並につとめ、浪人になるまで借金はしなかった。父が貧窮していたので世話をかけることを憚ったからだと後年のべている。ついで夏には藩主の長崎警備役に従い海路で赴いた。

福岡藩と長崎

ここで福岡藩と長崎との関係を顧みておこう。

平戸のオランダ商館を長崎出島に移したのは島原の乱から二年後の寛永十八年(一六四一)であり、同年福岡藩、翌年佐賀藩に長崎警備役が課された。以後長崎港口西泊戸町に沖両番所をおき両藩一年交替で一千人を駐屯させる例となったので、人呼

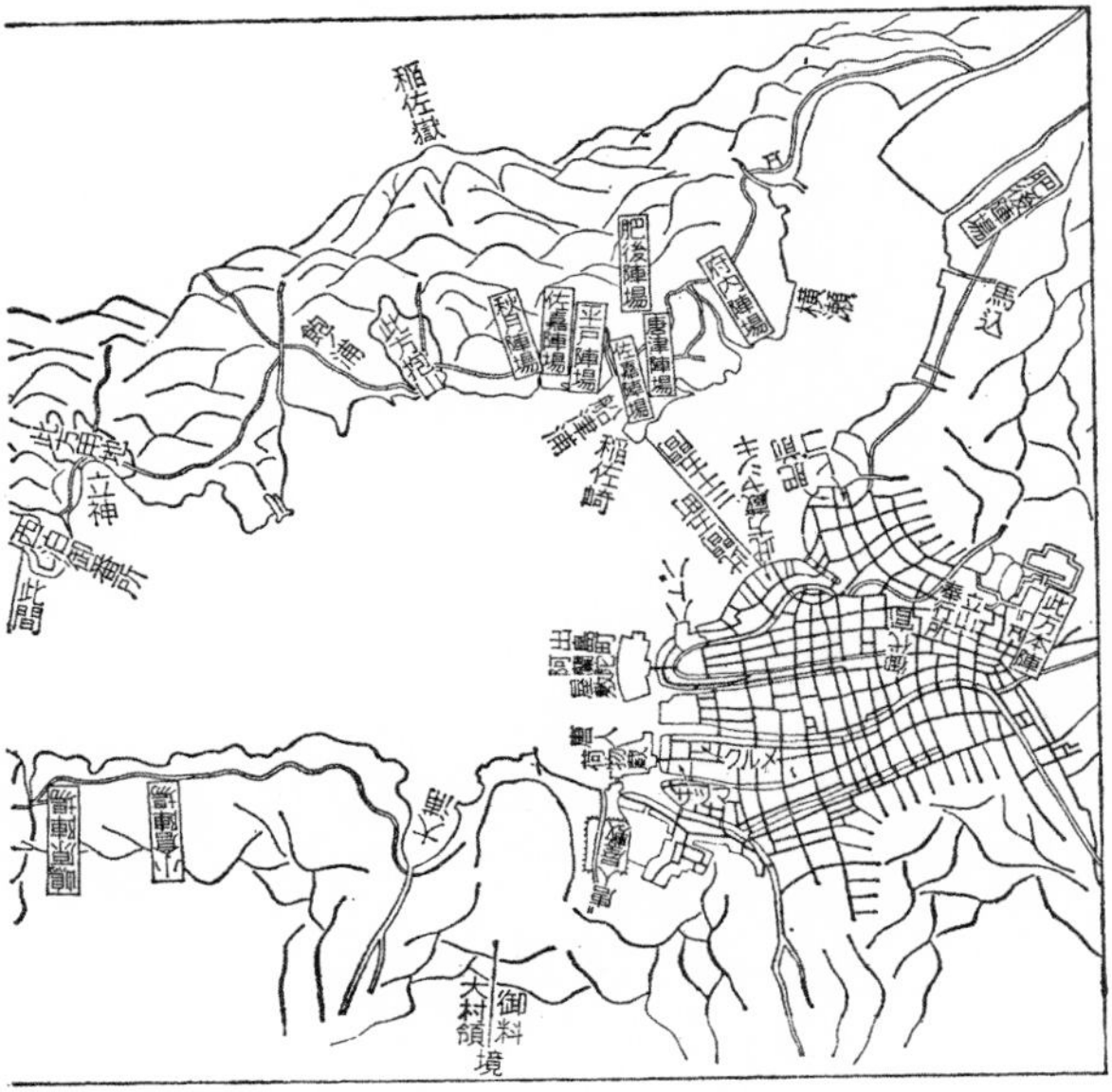

長　崎　警　備　図

略写。「此方」とあるは福岡藩をさす)

んで千人番所といった。この際福岡藩主は博多出身の豪商大賀惣右衛門および伊藤小左衛門の宿所に替るがわる泊るならわしであった。さらに同二十年には筑前宗像（むなかた）郡沖合の大島にイタリア人の宣教師ら十名が漂着する事件がおこった。これに先立つこと二ヵ月、南蛮船来航の予報に備え忠之は

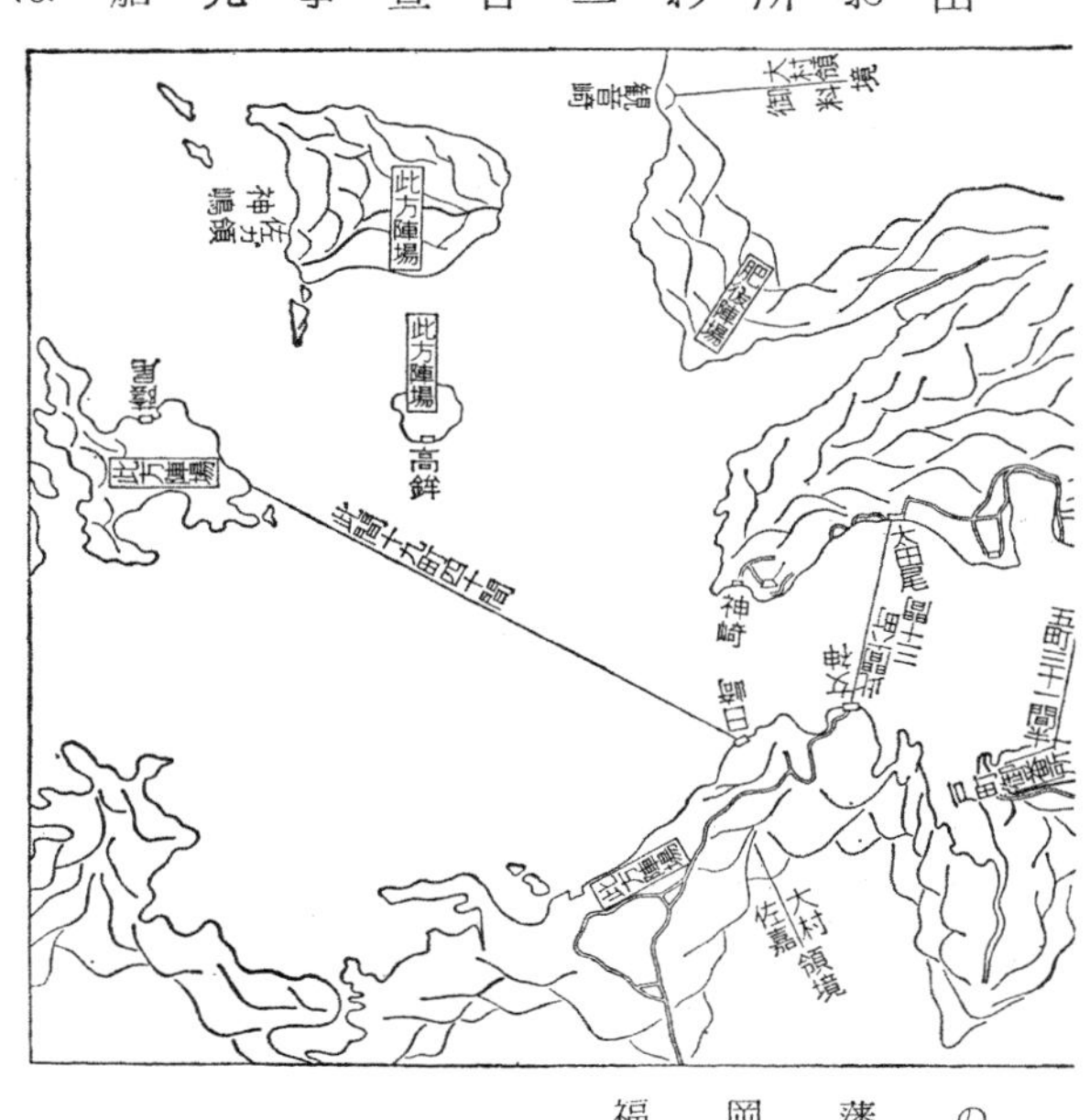

福　岡　藩　の
（ただし幕末のもので藩御絵師の作より

急ぎ江戸より下り大型船十四艘を率いて長崎入港、総兵の三分の一を陸に、三分の二を海上に配置して出入船舶を監視したが、予期に反し何ごとも起らなかったので、蘭館訪問後すべての船を率い退去したのである。前述の漂着キリシタンを藩では直ちに捕えて長崎へ送り、ここから蘭通詞西吉兵衛、転びバテレンで目明しの沢野忠庵がつきそって江戸へ廻され、拷問の結果、彼らは棄教したが、幕府御用を拒んだため獄死するに至った。この事件は鎖国後はじめての密入国事件として幕府を驚かせ、かさねて、九州の沿岸諸侯に命じ南蛮船渡来に注意させた。

『乾坤辨説』

なお彼らが所持した天文書を、のちに沢野忠庵が訳し、長崎光源寺の僧が筆録して『南蛮運気論』と題して流布されるのであるが、これがさらに西吉兵衛と、当時この地の儒医であった向井元升との両人により和字に改めかつ批判を附されたのが有名な『乾坤辨説』で、中世ラテン系天文学を体系的に伝える唯一の書となるのである。『オランダ商館日記』によれば、忠之は正保二年（一六四五）の警備の年にも蘭館を訪問し珍奇の物を見ており、続いて同四年六月に鎖国後初めてポルトガル船二隻が入港したので当番の本藩以外に佐賀その他十三藩から出兵した四万余人で警備し、江戸からは大目付が下向(げこう)し国法をさとし帰国させるという一幕も演ぜられた。続いて『商館日記』によると、七月に博多領主と有馬領主（筑後国久留米藩主）が代官末次平蔵の案内で蘭館へ来て地球儀その他を見て満足しており、忠之はさらにポルトガル船事件解決後、九月に町奉行同伴で入館してドードール鳥（dodaars小さい鸊鷉（カイツブリ）の類）や鹿を見て前者の購入契約を結んでいる。翌年には従来仮屋ですませた沖番所を両藩の出費で正式に建築し、また新造および没収の船をいれて非常に備える船蔵を設けて福岡藩の管理とし、その後火薬庫を構内に設けて蘭船使用の火薬も出帆まではここに保管することとなり、本藩の任務はますます重きを加えた。

その翌年の警備役に益軒は初めて従ったわけである。この際の彼の行動は記されていないが、その後も忠之の命で二回来陽し、後には唐書書籍商や、唐通事(つうじ)・

蘭通詞らとも交渉をもっているし、彼がつねに説いた「四海同胞」（出典は『論語』詳しくは九六ページ九行目の註を見よ）という鎖国制確立期には珍らしい一種の博愛主義思想の萠芽はすでにこのころ、この地を介して生まれたと考えてよかろう。あるいは想像をめぐらせば、このころこの地で出版された『万国総図』や『四十二国人物図』を彼も書店で一覧し得たのではなかろうか。

二　浪人—江戸へ

若い益軒が多大の収穫を得て帰国したことは想像に難くないが、どうした理由によるものか忠之の叱りをうけ閉居十五日、お目通りかなわぬこと四ヵ月の処罰をうけた。翌年八月再び忠之の怒りにふれて遂に浪人の身となるに至った。益軒が温厚な人物で、つづく藩主光之・綱政に愛せられていろいろ藩のために尽力し功績をあげているところよりしても、むしろ問題は忠之の性格にあったと思われる。

浪人となる

それから五年の歳月がすぎた。この間の彼にとってまず印象に遺る思い出は、二十二歳の時に長崎に舶載後間もない宋学の基本的テキストたる『近思録』を入手して読んだことであり、後年三十九歳で『近思録備考』を著わす結果となった。

長崎遊学

ここに開かれた彼の学問への眼は二十五歳に二度、続いて翌年長崎遊学を思い立たせしばらく逗留している。多くの舶載新書を読み得たであろうし、また生活の手段として医学を修業したといわれている。彼の二十三歳のとき再び江戸詰となった父は二年後には五十九歳を迎え、在江戸のまま家督・財産を故あって三男義質に譲り、なお二人扶持を受けながら奥御殿に仕えた。この時益軒は金銀器財をなに一つ譲り受けなかった代りに脇差一本をもらった。ところがそれも不幸にして後に盗人にとられた。

父の世話役として江戸行き

父寛斎をはじめ家族の者の心残りは、有為の才をいだきながらなすことなき益軒の処置で、老いた父の身の廻りの世話役というかたちで彼を江戸へ送ることと

医者で立つ決意

なったのである。彼は明暦元年(一六五五)の陽春三月、海路大坂に出て胆駒(いこま)山をこえ、奈良から京都に行き数日滞在した。東海道を上りいよいよ江戸入りというその前日、川崎の宿(しゅく)で髪を剃り柔斎(じゅうさい)と号することにしたが、生活の方便として医者となることを決心したのであろう。柔斎と号した所以(ゆえん)はかつて忠之に仕えて退(しりぞ)けられるに至ったそのにがい体験に基づいたのであろう。なお「柔よく剛を制す」とは、『老子』や『三略』にもられた思想だが、その淵源は『易経(えききょう)』にあり、彼は恐らく父からこれを学んでいたのであろう。父の名が利貞(易で説く天の徳のうちの秋・冬の徳を現わす)であったことも『易経』への尊信を示すと思われる。

江戸では父の世話で藩大老黒田一任の嫡子一貫以下の重臣に紹介されて近づきを得、またこの一年半の滞在中にしばしば幕府の儒官林鵞峰(がほう)を訪ねている。翌年正月二十七歳を迎え初めて歳首の詩を作った。

不遇をかこつ

堯風(ぎょうふう)春日太平の春、青帝施すこと周(あまね)く品物(ひんぶつ)新たなり。

唯胸中に寒谷の気あり、陽和の時節身に関らず。（もと漢文）

聖人君主尭舜の時代を思わせるような太平の春を迎え、春を司る神は周ねく恵みをたれて万物は新たであるが、ただ自分の胸中は寒々としており陽春の季節とは無関係のようだ、との咏嘆で、まだ前途の明るい見通しがきかなかった。このころ寛斎は彼になにも財産譲りをしなかったので銀子一貫二―三百匁を与えようとしたが、彼はもし御隠居後に不自由があってはと辞退して受取らなかった。父の眼には余りにも健気なわが子と思えたであろう。

三　再出仕―京都遊学

同年十月末彼は父に従って帰郷したが、それに先立ち光之から出仕の命が出ており、ここに父が辞退した六人扶持を受継ぐことになった。

新藩主光之―文治主義へ

承応三年（一六五四）福岡藩主をついだ光之は忠之の嫡子だが父とは正反対に近い性

格で、その治世以来文治主義体制へと転換をとげたといえよう。藩士が書いたと思われる光之への批判を綜合すると、行儀正しく実貞な性質で政治に具体的関心をもって努めた。また狩猟・茶の湯・乱舞（らんぶ）などの芸事に趣味が深く、芸人を取りたてて家臣団に加えるに至り、また花を愛し料理に関心深く、山海の珍味を備えるのを喜びとした。後に益軒が彼から狩猟の獲物や牡丹などの花卉（くさばな）を賜わっているのもこうした事情による。ここに益軒も水を得た魚のようにふるまい得る体制ができてゆくわけである。

立花勘左衛門の配下

翌明暦三年（一六五七）正月中旬には立花勘左衛門の組に配置されることにきまり、その前途はますます明るくなった。勘左衛門は好学の徒で後に彼の従学者となり、主従の間柄を越えた親密な交わりが続くのである。光之時代に立花家が全盛を極めるに至ったといわれるが、この一族と本藩との関係を見ておこう。

福岡藩の名族立花家

その先祖は筑前国の地侍（じざむらい）で粕屋郡薦野（こもの）城主として勢いを振い、本姓を丹治（はに）、

立花一門の繁栄

名を三河（後に玄賀と号す）と称した。たまたま豊後の名族大友氏の一人道雪が同郡立花山に城をかまえ西の大友として立花氏を称するに至った際、その旗下に属し武功をたてた。立花二代目の宗茂が秀吉より筑後柳河城を賜わり移動した際、三河も供をして五千石の家老となり立花姓を許された。宗茂が関ヶ原の戦いに西軍に属して敗れ柳河へ退却した際、周囲の鍋島・黒田・加藤から攻められたが和議が成立し城をあけ渡すに至った。ここに家中が浪人となり、その中の三百人を加藤清正が召抱え、また黒田長政がかねてより三河を知り且つ元来筑前の者なるゆえ一族を率いてくるように誘ったのである。こうして三河の子吉右衛門成家は四千石を賜わった（宗茂はのち二代将軍秀忠に謁し奥州に小禄を与えられ、ついで大坂の陣の功により旧領柳河十万余石に封ぜられ帰国することを得たのである）。さて吉右衛門の第三子弥兵衛には子が多く、この子らの代から栄えるに至った。すなわち長男は大頭千五百石、次男平左衛門重種は家督をつぎ光之の寵を得て黒田の姓を賜わり大老一万五百石にまで至り、三・四男ともに家老職についた。四男が益軒の組頭(くみがしら)となった勘左衛門で、はじめ御納戸頭(おなんどがしら)千三百石から後には六千三百石の家老へと昇進したのである。

立花実山

この平左衛門重種の第二子が五郎左衛門、号は実山である。実山は光之より寵愛されその側用人として、光之隠居後もその隠宅頭取として遂には三千石を賜わっている。彼は文治主義開始期の藩政を担うにふさわしい人物で、当藩では後にも彼に匹敵しうるほどのインテリは皆無といってよい。一方益軒は藩にはじめて好学の風をまき起した人物といわれ、ここに二人は遭遇する機会を得たのである。実山は益軒・木下順庵に従学し博学多識、詩文をよくし書は定家(ていか)流を極め、また和歌に長じその詠歌は後水尾天皇の勅点をうけ殊に観月の詠に対しては宸翰を賜わっている。茶人としては南坊(なんぼう)流(千利休の茶道を直接つたえた人を南坊宗啓という、その流派)の奥儀を極め、利休の秘伝書『南坊録』残篇の所在を探知して、上府途中に大坂の宿でこれを二日二晩を費（つい）やして筆記し、世間に紹介した功績は知れ渡っている。また禅宗を奉じ、しばしば参禅もし偈（げ）ものべている。のち光之の長子綱之（つなゆき）を排し綱政

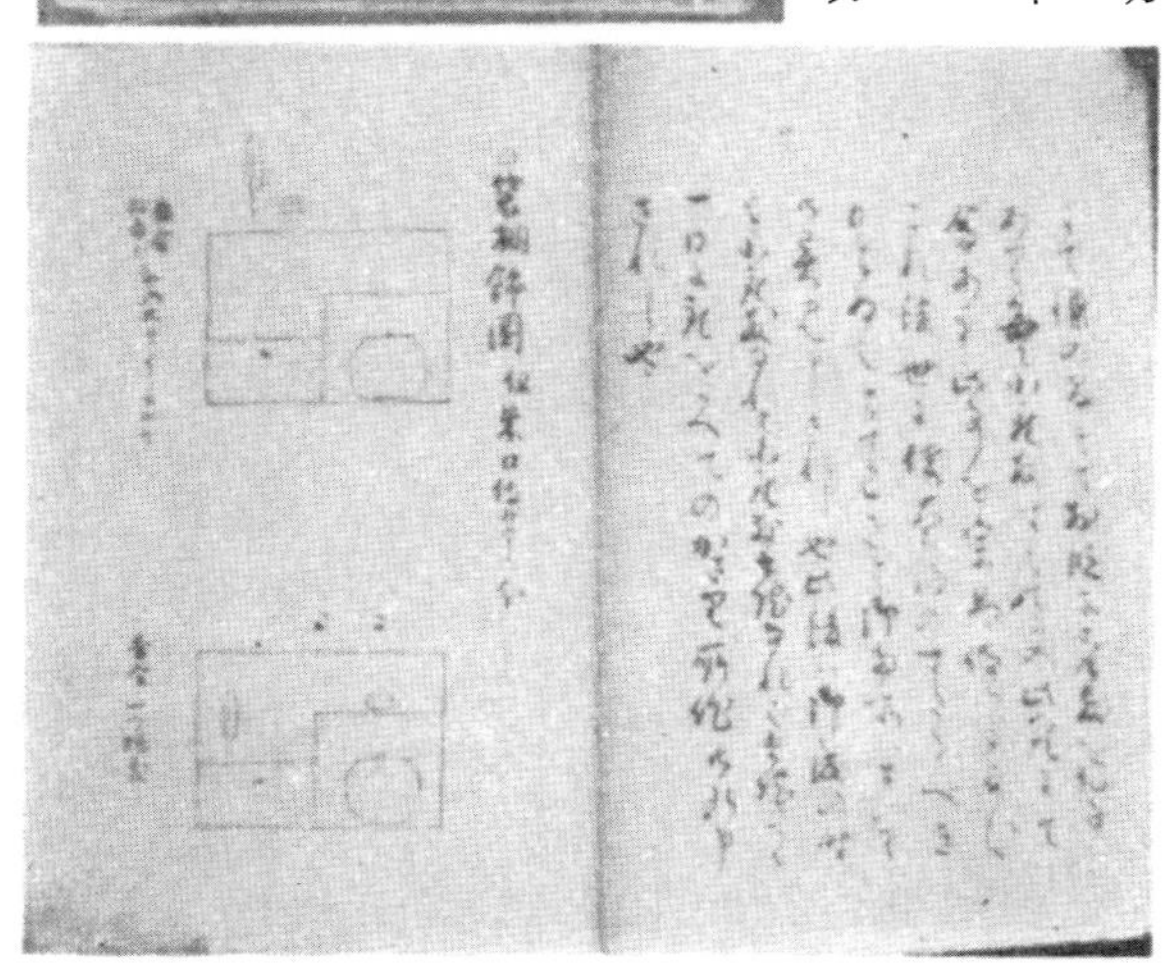

『南坊録』（立花実山自筆）（福岡市博多区御供所町，円覚寺所蔵）

柴田風山『五龍日記』の益軒評

を立てようとしたことから藩論が二派に分れ、後派の首領株であった実山は自らが推した綱政からのちには幽囚に処せられ悲惨な最後を遂げた（後述）。反対派の手になると思われる実録体の読物『黒田家難題記』『箱崎釜破古』等には実山姦人説を強調しており、また『南坊録』についても彼の筆録を否定する説もある。

さらに反対派儒者の柴田風山（かつて益軒の弟子であったが、この問題で益軒から交際断絶処分をうけている）の言によると、益軒はこの姦臣五郎左衛門に便を求めて官にすすみ、立花家の後楯のもとに立身出世し得たので、学問的業績は認めるが思慮浅き腐儒の態度だと非難されている。益軒が昔気質の一本気な儒者でなかったことは後述する所でわかってくるが、そして社会への順応性ももっていたが、その出世は何よりも彼自身の実績にあったと考えるべきであろう。

二月には切米十石の加俸があり、知人を招いて心ばかりの祝宴をあげ、三月には有志の求めに応じ初めて『大学』を講じた。このころ次兄存斎は求めて辞職するに至ったが、これと同時に益軒には学問修行のため上京の命が下り、四月朔日に乗船して十五日に入京、初め安楽小路上町に仮の宿をもち、ついで西洞院に下宿を定めた。入京後ただちに藤原惺窩門下の四哲の一人松永尺五および山崎闇斎を訪ねている。六月に尺五が没したのでその門人木下順庵のもとへ行き、翌年まででその講義を聞き且つ互いに相往来しているから、師弟の間柄をこえた学友的な関係であったと思われる。闇斎の講義もしばらく聞いたが、その学説に対してはむしろ批判的で交友を結ぶには至らなかった。

上京遊学の命

木下順庵と交わる

山崎闇斎の講義を聞く

翌年秋には末兄楽軒が上府の途中に立寄っており、ついで参観途上の光之を伏見に出迎えた際には、学問修業の褒美として酒二樽を与えられた。ついで十一月に初めて向井元升と会見している。藩主忠之はかつて急病にかかり元升の治療をうけたことがあり、彼を大禄をもって召抱えようとしたこともあった。益軒と会ったこの年に、元升は家族を伴い京都に定住するに至っている。

向井元升との交際始まる

彼が長崎に聖堂を建てた朱子学者であり、また医者であり、さらに本草学にも造詣深く、後に加賀藩主前田綱紀の求めに応じ『庖厨備用倭本草』（寛文十一年〈一六七一〉）を撰んだ人であることは周知の通りである。この年元升は四十三歳で益軒より十四歳の年長であったが、学問傾向がぴったり一致する二人は意気投合したとみえる。翌年には相伴って壬生寺へ行き千種忠岑の硯を見物し、さらに寛文年間に至るとしきりに相往来するに至っている。

光之より書籍を賜わる

当時の彼の経済生活をみると、恐らく父の肝煎によってであろう二人の従僕を使用しているから、藩命による留学者として一応の体裁を保った生活であった。三十歳の春に再び伏見で光之に謁した際には学業勤勉の旨をもって時服二着および書籍十一部を賜わった。後年の筆になる『家蔵書目録』によると、『周礼』『儀礼白文』『宋名臣言行録』『万姓統譜』『列女伝』『事言要玄』『令義解』『本草綱目』『釈日本紀』『本朝文粋』等が数えられる。儒書・彼我の史書・本草書等の各方面に及んで統一がないが、これは藩の彼に求める所がかように多方面に及んだのか、あるいはまた彼の求めに応じたものであったのか。当時の彼ははげしい勉学を続け徹夜したこともあったと後年述懐しているほどであり、年末には実家から十石の加増を告げてきた。

林春斎の講義を聞く

翌萬治三年(一六六〇)には遠賀郡黒崎で地主・高利貸をやっていた長兄家時が伊勢参宮の往復に立寄っている。秋に益軒は参覲途上の藩主の伴を命ぜられて翌寛文元年春まで上府した。その間の出来ごととしては、二月末に藩主の命で林春斎の『易学啓蒙』の講義を一日聞き得たことである。三月には組頭立花勘左衛門に従って帰国の途についたが、入京するとまず修業中の藩医鶴原正林の宿に泊った。後に彼の儒学門弟となり、また信頼し得る医者として妻東軒の難病に際ししばしば診察を依頼した人物である。それから勘左衛門のあとを追って摂津国の有名な有馬温泉に逗留し、二十日間にわたり『小学』の講義を行なった。後年五十一歳で再遊しており、紀行文『有馬温泉記』が生まれた。

宮崎安貞来る

帰京して安楽小路に宿をとった彼が五月朔日(ついたち)に迎えたのは先進地区の農業視察の途中この地に立寄った宮崎安貞であった。彼の名は『農業全書』の著者として余りにも名高い。その伝記は詳しくはわからないが、広島藩士の家に生まれ父の代に浪人となり、どんなつてによったか判らないが二十五歳のおり忠之に仕え二百石を得た。その後辞職し、諸国を巡遊して各地の農業を視察し、老農を訪ねて種芸の法を究めて帰国し、福岡の西方三里の地にある糸島郡周船寺村字女原(みょうばる)に定住し、自ら率先して村民の指導、殖産事業にあたった。益軒と安貞とはともに本草学に志があり、藩の媒介によりここに知り合うに至ったのであろう。彼は安貞を同伴して京の名所の愛宕(あたご)山や嵯峨を案内しているが、月末に安貞は伊勢国に向け出発し、一週間後再び京都に立寄った後に帰国している。ところが安貞は十一月に再び上洛して半月逗留し、この間ともに三井寺に遊んだりしている。安貞との交渉は晩年まで続くがそれは後述する。

あけて寛文二年正月元旦には父母・天地、さらに伊勢神宮・藩主と聖人とを拝したと日記にある。儒者でありながら日本の歴史にも深い関心をもつ彼の立場がうかがわれる。この年も前年同様木下順庵らとの交遊に始まった。五月には藩主の命により出郷以来六年目の帰国をし、女原の宮崎安貞を訪ねる機会をも得、やがて十石の加増で計三十石の身となった。九月末に光之の参覲に従った彼には瀬戸内海の船中で君前に書を講ずる役割が与えられていたが、ここに彼の藩儒としての地位が認められたわけである。再上洛した彼は再び安楽小路に住み、まず『中庸』講義を始めて成功し、続いて『孟子』を講ずるに至り、その前途は洋々たるものに見えてきた。

船中で光之に侍講

三十四歳の新春を迎えた彼は講義に疲れた心身をやすめるため北野神社・平野神社へ参り、さらに郊外に歩をのばし日暮れて帰宅したが、村里は「大平の景象(けいしょう)」

を示すと観察した。否それは彼自身の心裡の反映であったであろう。二月下旬に前年来の『孟子』講義を終えたのち上立売町北側に移居し、春には次兄存斎をここで迎えた。存斎はそれから伊勢路をたどり半年後の帰途には再び立寄っている。

『近思録』の講習を始める

当時益軒は『近思録』の講習を始めてその典故・訓詁を考証したが、本書が舶載されてよりいまだ久しからず、その講習はこれが初めてであった。続いて『小学』『孝経』『大学』の諸書を講じたが、このころになると藩士や在京他藩士の従学者もでき、その二―三人を伴ない相国寺に白蓮を見、蓮台野の道寿薬園にゆき月を見、また高尾・牧尾・栂尾に紅葉を賞するなど、天地造化の巧みに人生の楽しみを見出す彼の心的傾向は、この地で豊かに報いられていった。年末には三ヵ月間すんだ西大路の蔵貫早雲宅を辞して藩屋敷の内に移った。

楠公の墓を訪ねる

寛文四年二月帰藩の命が下り鶴原正林とつれだって乗船したが、風に沮まれ兵庫に碇泊するの止むなきに至った。楠公の墓を訪ねたのはこの時のことである。

百五十石どり

少年時代に『太平記』を愛読した彼にとって楠木正成は忘れ難い忠誠の人であった。湊川を北に陸行して平田の中に見出した墓は参道も土もりも石碑もなく、ただ松・梅の二株があるのみであった。このままにしておいてはやがて消滅してしまうことを恐れ、福岡藩とのつながりをもつ宿屋の主人に相談し石碑を建てることを依頼して帰郷した。その後名文家でも権勢家でもないものが他国に碑をたてることは僭率(せんそつ)の罪を免れ難いとして思い止まり、彫刻も中止させたのであった。

帰郷後西郊鳥飼(とりがい)村に移住した彼は翌月命により同村内に邸宅を与えられ、初めて知行地百五十石を賜わった。その地は宗像郡の田島村と山田村および鞍手郡の沼口村にあり、のち必要に応じしばしば赴いている。これは従来の六人扶持三十石に較べ倍額以上の増俸で、藩士としての地位も一応認められたことになる。しかし二十六歳の入府に際し剃髪して柔斎と号して以来そのままの状態をつづけ、再び蓄髪したのは三十九歳の結婚後であるからか、このころの彼の身分を御医者とする説がある（春山育次郎氏）。あるいは近世儒学が五山僧により始められたために徳川初期の儒者はいずれも剃頭していたというから、彼の場合もその一例とする方が妥当であろう。あるいはまた儒にして医を兼ねる者も尠くなかった時代であるから、両者を峻別する必要もなかったというのが実情に近いところかもしれない。この年に彼が『学則』を作って一層の努力を自らに誓っていることが注目される。なおこのころ彼は藩の水利事業に対し建言するところがあった。ここに一応藩の税制・水利事業について概観しておこう。

藩の税制・水利事業

田の平均石盛は一石四斗四升で、田租は三ツ三分（三割三分）をもって平均課税率としたが、次第に増加し享保には田四ツ二分、畑二ツ九分であった。他に附加米として口米口永・種子籾利米・三合夫米・二合夫米等々があり、享保以後には五公五民を越えている。都市への運上制が完備したのは元文末年で農村への諸雑税追加と対応しているが、博多にはすでに寛文以来柳町遊廓・造酒・振売行商等に対し課されていた。領内には多くの河川が南北に貫ぬき、筑紫平野をもち地味は豊かであったが、なお新田開発・殖産にもつとめた。まず入国早々麦作を強制的に奨励して不履行者への処罰を厳命し、新田開発では正保四年(一六四七)の石高五十二万石中の九万五千石がそれで総高の六分の一余りを占めた。玄海灘からの強風を防ぐため早くから海浜の植林が企てられ、生の松原・地蔵松原・百道松原・紅葉松原等ができ、今日その白砂青松の姿を遺している。灌漑面では筑豊炭田を背後にもつ遠賀川の溢水を防ぐための新渠開鑿を元和に一応造ったが、その後諸弊害を生じ数度にわたって改作のすえ文化に至って吉田切貫工事として初めて功を収め、また鞍手郡下枯田への引水を計る岡森井手は明和になり、下座郡の湿抜は文政に完成するといった状態で、計画から完成までに多年を要している。

堀川開鑿につき建言

益軒が建言したのは御笠・那珂二郡堀川開鑿の件についてであった。上座・下座の両郡は城下より十数里に及ぶ行程で公私の運輸は人馬のみであったからその疲労は甚だしかった。光之の世にこれを救うため新渠を開いて千歳川の水を引き、夜須・御笠を経て宰府川に合わせ、比恵川に通し浅船をもって米穀を積み下したならば数郡の便益となるであろうと評議されていた。同年六月初旬益軒は下座・山家・宰府の諸地方を巡遊しているが、建策のための下検分と思われる。その後「千年川を以て御城下迄堀川之御尋有レ之ニ付」として提出した意見によると、数ヵ条をあげて真向から反対している。その主要な理由を分類してみると、

一、自然の天工ではなく人力で国の中央を東西にうがち掘ることは、国の地脈を断つ意味で国の相恰上から宜しくない。

一、堀川を通ずる四郡には土地の高低があるため作業が困難であり、また低地は土居を築きたて水道を作っても大雨に土手が崩れ、土手下が湿地になるなどで農民が難渋する。

一、万一成功しても、隣国の産物を運送する運上銀の利益はあがるが田畑の費には及ばない。日田や隣国からの公米船が通い博多に蔵屋敷を設けるようになると、公領の者

が絶えず出入し政治の妨げになる。

一、堀川筋の所々の開地に稲作水田はできるが、半面、畑地は減少する。畑は三毛、田は二毛、小百姓には畑の多いのが生活し易い。およそ百姓は天から与えられたもので領主の私民と考えるべきではない。

（以下略）

以上を通観すると儒学者らしくまず国の相恰を第一に考え、ついで藩の政治的立場、農民に与える実質的効果に及び、具体的に物ごとを考える態度がよく出ている。藩は寛文十年幕府の許可を得て工事に着手したが種々の理由で不成功に終った。

四　宮崎安貞への協力

国許での安貞との交遊

同年八月には糸島郡女原（みょうばる）村に安貞を訪問しているが、安貞が往年の先進地区観察の結果得たであろう知識を、この地でいかに実施しているかを視察するのが目

年号＼訪問者	安貞	益軒	益軒が在郷した月
寛文四	1	1	三〜九月
五			（江戸・京都）
六	4	1	二〜九月
七			（江戸・京都）
八			四〜八月
九		1	七〜一二月
一〇	1	2	一年中在郷
一一	4	1	一〜三月 七〜一二月
一二		1	一〜八月
延宝七		2	一年中在郷

的だったと思われ、翌日には安貞らと雷山（神籠石や聖武天皇の勅願による霊鷲寺で有名）や怡土（いと）城ふもとの筒滝を見て帰っている。また同五年九月には在京の彼のもとに安貞から五加皮（ごかひ）と白豌頭（えんどう）が届けられている。

次に郷里における二人の交際状態を益軒の『寛文日記』に求めると次のようである（益軒の項に記された数字は益軒が女原村に安貞を訪問した回数、安貞の項の数字は彼が福岡に益軒を訪問した回数、なおその後しばらくの日記は現存せず、延宝七年の断片しか見出し得なかった）。

二人の住所は三里ばかり離れているので来福した安貞はしばしば益軒の宅に宿泊し、あるいはともに近郊平尾(ひらお)の開拓地を見学したりしている。この際におおむね欠かさず二人の男性—その一人は村役人か浪人—が益軒宅に来ていることは、前もって打合せの上と考えられる。ともに殖産に関心をもち、安貞とともに益軒の中国農書の講義に耳を傾けたのであろう。

また益軒が安貞を訪問する際にはあるいは宿泊し、あるいは月をいただいて夜中に帰っているが、いつも同行者に末兄がおり、これが『農業全書』の成稿と出版に尽力した楽軒である。また益軒が安貞を伴って重臣黒田一貫を訪問したこともあり(同六年三月)、また光之の遊猟に安貞およびその養子助之丞(柳河藩士都茂兵衛の子)が伴をしているのは安貞が辞職後も藩の殖産方面に全然無関係ではありえなかったことを物語る。

以上の事実から考えるに、安貞はその『農業全書』に自ら実地見聞したところ

安貞に中国農書を解説す

以外に、中国の『農政全書』その他に基づき自ら実験したところを加えたと述べるが、後者については益軒から読んでもらったのである。すなわち益軒が中国農書に基づいて授けた知識を安貞が実験に移し、それをさらに益軒らが実地検証に赴いていると解釈される。次に本書出版当時の世評を見ると、益軒は門人竹田春庵から本書の借用を請われて断り状を書き、

> 此書所ㇾ蓄之人多御座候間、御借用可ㇾ被ㇾ成候。権貴之家何(いずれ)も可ㇾ有ㇾ之候、自作之菜譜二冊只今進ㇾ之候。云々(うんぬん)

とし、結びに『菜譜』も出版予定だから用済次第早く返してくれという。『菜譜』の出版が宝永元年(一七〇四)だからそれ以前の手紙だが、出版数年後にして本書が普及していたことがわかる——もっとも権貴の人すなわち村役人・庄屋格の支配者側に位置する人の間にだが。なお本書初版は京都の茨城多左衛門から出たが、こ

『農業全書』と『菜譜』

の本屋は当時益軒の著述を独占的に出版していた(後述)。かつて古島敏雄氏は益

軒の『菜譜』の記事と『農業全書』のその物に関する記載が同一であることから前者の内容を後者が採用したと推定されたが（『日本農学史』第一巻）、この書翰中に益軒が、『全書』を『菜譜』で代用させようとしたことはこの推定を裏付けるといえよう。

なお『全書』出版に先立ち序文を頼まれた水戸の佐々助三郎は、「右之書は主君殊外賞美ニ而候」と益軒宛書翰に述べるが、光圀が農民に一日もなくては適わぬ書として絶賛したことは名高い。

益軒の感化

本書の体系や初めて総論を設けた態度などは益軒の、『大和本草』に類似しており、さらにその技術の重要性を説くところなど益軒の感化によることが明らかにうかがわれ

宮崎安貞の墓
（福岡市西区周船寺字女原にある）

る（『全書』の自序、凡例と『家道訓』の「法」、『養生訓』の「術」とを比較のこと）。この二人の科学者はともに中国の書を権威として拠りながら、しかもそれに安んじ得ず、各地方を廻って見聞をひろめ、最後に自ら実験して学説をたてるに至っておるので、これが元禄前後におけるすぐれた科学者に共通した態度だった。なお、その後の研究で、『農業全書』における独創的栽培法の記述が、益軒の自宅菜園での実験記録『園圃備忘』に負うところが尠くないことが判明した。

第三　朱子学徒として

一　その読書歴と『読書順序』

話を前に戻し、寛文四年八月末に父や両叔母・二嫂(あによめ)を饗応した益軒は九月には江戸参府に従わねばならなかったが、これが父寛斎との永の訣(わか)れになろうとは知る由もなかった。福岡を出立し黒崎の長兄家時の宅に泊った彼は若松から乗船するが、藩主の船に同乗しているから相手役をつとめたわけである。大坂から下船して在京勉学中の兄存斎や黒川道祐らの出迎えをうけた。道祐はこれより三年前に『本朝医考』を出しており、そうした関係で益軒と知り合っていたのであろう。数日間の京都滞在を経て陸路東海道をのぼり、途中藤沢では風雪にあい辛苦はなはだしかったがともかく江戸入りできた。

万千代に侍講

江戸での勤務は光之の嫡子万千代に『小学』を講ずることで、また命により経書(けいしょ)中から要字を集めて進呈する場合もあり、翌寛文五年には藩大老黒田重種以下の江戸詰重臣とも親しく交わり饗をうけるに至った。

土岐重元との親交

また幕府の儒員土岐重元と初めて知りあい知己として相往来し、益軒を介し当藩と親密になった重元は藩邸に招かれて『太極図説』を講ずることもあった。余暇には神田の本屋へ行き漢書を見、また藩邸で猿楽や幸若(こうわか)舞・傀儡(くぐつ)(人形芝居)を見る機会にもめぐまれ、古楽への興味が培(つちか)われていった。

天文への関心

このころの日記から彗(すい)星や星を探す記載が始まり、後にも時おり記される所よりして天文への関心をもち始めたことがうかがわれる。

幼君への『孝経』講義を終えて一応の任務を果した彼は春には京へ入り、入江殿辻に移居した。今回の在京生活は従来のそれと趣きを異にし講筵(こうえん)を布(し)くことよりむしろ学者との交際に重点がおかれた観があるが、京都遊学の期が終りに近づ

いたので学界の動向を把握し将来の自らの学問への参考に供しようとしたのであ

京都の交友

ろう。その交友の中には中村惕斎（てきさい）・八尾弥兵衛（神道家）・木下順庵・米川玄察（朱子学者、米川操軒の末子）・黒川道祐・向井元升などがいる。

伏原賢忠

変ったところでは大蔵卿三位で、後水尾帝に『周易』を伝授した学者肌の伏原（ふせはら）賢忠との交際がある。すでに寛文三年初冬に元升の紹介で知り合ったのだが、このたびは『宋朝類苑詠物詩』を借り受け、あるいは三位卿やその子少納言宣幸から饗応に預り、前者の所では先帝の宸書を見る機会を得た。この交際がとりもつ縁となり後に禁裏で神楽を聞き、また公卿から古楽の指導を受けることができたのである。

京都の自然を愛す

京洛の自然を愛する彼は夏から秋にかけ鴨河・報恩寺・妙覚寺郊外、あるいは舟中で月見をかさね、また北野・金山・天王寺へと菊見に歩を運んだが、十月朔日には反省して「今日より除日（じょじつ）に至るまで他家へ往くを禁ず。もし已むを得ざること有らば、禁の限りに非ず」（もと漢文）と自らに誓った。しかも翌日には高雄・栂尾に遊び、「栂尾之寺三尊院ハ絶景ノ境」と賞している。

この間の学業としては『真西山心経』、続いて『易経』の講義をなし、著述としては『易学提要』『読書順序』をまとめた。後著において益軒は初めて朱子学徒としての立場を表明した。というのはこれまで朱・陸兼用の立場をとっていたからである。

『玩古目録』

彼の読書目録である『玩古目録』によれば三十六歳以後は一年毎に書目および時としては寸評が記されるが、それに先立つ三十五歳までの分は一まとめに羅列される。これは三十六歳のころから学問の方針が確乎として定まり、安定した環境で着実な研鑽を志したことを意味するものであろう。

朱子学を選んだ理由

朱子学を選んだ理由は、道徳理念の高邁さと対象を広くとり明晰な解釈を施した（「義理純正而不レ雑、論説広博而明備」）（『大疑録』）ところにあった。まず三十五歳までの読書歴中から朱子学関係のものを拾ってみるとつぎのようになる。（カッコ内は益軒自註）。

『近思録』『同義解』『性理大全』『周子全書』『二程全書』（其要点加ニ朱点一 他日可レ見レ之。）『張子全書』

『二程類語』(見屢)『易学啓蒙』(見再)『朱子学的』(見屢)『伊洛淵源録』『性理字義』(見屢)『困知記』『理学類篇』『性理字訓』『学蔀通辨』(見再)『朱子心学録』『朱子行状』(李退溪所註)『性理会通』

陽明学関係の読書

などである。『益軒先生年譜』によると、この年初めて、『学蔀通辨』を読み陸王の学の非を悟ったとあるが、再読であることがわかる。次にこれまでの陽明学派の書を拾うと『象山集要』『伝習録』(十二篇見)『王陽明全集』『王龍溪全集』『王陽明則言』など、またわが国では藤樹の『翁問答』などがある。とくに『伝習録』を十二辺読んだというからその傾倒ぶりが察せられる。ところが三十六歳以後この派のものはしばらくの間は殆んど皆無に近く、これに反し朱子学関係のものが急増し四十二歳には『朱子語類』を読み、註して「昔年(せきねん)より今秋に至り見尽し了(おわ)んぬ」としている。

二　父寛斎の死

父を失った
年末の決意

こうして彼の学問上のコースがようやく定まった年の暮に家から父寛斎の卒中による死を告げて来、彼は悲歎の余り一時は就床した模様である。幼年・少年期に母なき彼を慈しみ育て、青年期にはその出仕に奔走してくれた父親への敬愛が深いだけに懊悩は大きかった。人生のはかなさと学徒としての前途の遙けきことを反省しては、さらに新たなる邁進への決意を固めるのであった。

今年已に尽く。吾が三十六歳の時は今夕のみ。戯れに於て年月は過ぎ易し。旧年除日は江戸に在り、爾来今日に至る白駒の隙を過ぎるが如し。旧年除日は憂戚なし。今年除日はこの凶変に逢ふ。世間万事須臾にして変滅し予測すべからず。只筆跡有りて之を永久に伝ふべし。（中略）　吾除日に遇ふことすでに三十六年、未だこの年の凶の如きはあらず。あゝ今年今日は再び得るべからず、吾この時に於て感なき能はず。

立花一門より講義に招かれる
父の墓を改葬

あけて寛文六年(一六六六)の正月を喪中に過ごした彼は親友黒川道祐の見送りで大坂から乗船、帰途についた。帰宅後お悔みを述べに集まる親戚・知人への応待に多忙を極めたが、従学者の家老七千石黒田平左衛門(本姓は立花、勘左衛門の兄)からは悔み状に野菜二種が添えられていた。一段落ついたころ父の居室にわが居間を移して懐旧の情にひたるのだった。

翌月荒忌(あらいみ)を畢(お)えて登城拝謁後の彼には重臣からの招待が待ちうけており、四書五経から『心経』『敬斎箴(しん)』『太極図説』などの朱子学関係のものの講義が相継いで行なわれた。光之にも『孟子』の「人皆有二不レ忍之心一」の章を侍講している。招待者には組頭立花勘左衛門およびその一族が最も多く、好学の立花一族が文治主義政治の樹立のために益軒を登用した観さえある。その間彼は父の埋葬が匆卒(そうそつ)のうちに行なわれ余りに粗末と感じられたので、末兄楽軒を招きさらに大きい石を海辺に探しなどして改葬し安心を得た。九月になるといろんな疲労が出たとみえ眩暈をおこし半月間休養したが、十月には参覲供奉の命をうけ乗船、大坂からは陸路をとり信濃路を経て入府した。

三　在京秘話

入京、諸病に悩む

江戸藩邸内の生活は郷里での講義生活の延長で多忙であった。年末には病床につくに至り江戸詰藩医鶴原雁林の診察をうけつつ正月を迎えたが、やがて健康を恢復し幕府の儒員土岐重元との旧交をあたためることができた。閏二月に江戸を発して入洛するや早々の三月の日記に「頃予病レ淋」と記されている。すでに前年末その症状があったのが確定的となり、疝気もおこり、痛みにたえかね病臥するに至った。鍼治療で一応抑えたが再発し、向井元升の処方でどうにか落着いた模様である。またこのころ痰のはげしく出る病をも患ったが、重要事項のみ記した、『損軒日記略』には淋疾のみあげられるからこれが最も難物だったわけである。

医学史家服部敏良氏の御教示によれば当時は尿道の病気を総称してかように呼び、淋菌性尿道炎を淋病とよぶようになったのはおそらく明治になってからであろうとされる。なお当時はとくにこれを膿淋と称して他と区別したという。

さらに氏は本書後出（二八五〜六頁）の資料から尿道結石と診断するのが最も妥当であろうと結論を下された。

『月陋夜物語』にみる益軒のロマンス

なお次のようなロマンスが伝えられている。『月陋夜物語』によると、益軒もまた島原の遊廓に通い、相愛の仲となった小紫という女性があった。女は彼の帰国に際し別れを惜み、己が姿を絵に写させて歌を添え、それを聞いた姉女郎当時島原随一の名妓吉野太夫も一詞を加えたといわれる。あるいは小紫が歌かるたを作り数多の朋輩（ほうばい）に分けて書かせて贈ったともいう。この話を筑前の人々が別段反駁（はんばく）しないところなどよりして、ありうべきことと郷土史家春山育次郎氏も評されたが、わたしも同感である。益軒は朱子学徒ではあったが人間の本能を否定する人ではなかった。

またこのころから彼は健康維持のため灸をすえ始めているが、これは効を奏したとみえ晩年まで続くので、恐らくその肉体は灸点で蔽われていたのではあるまいかと思われる。後に『養生訓』で灸の効能をのべたあとで、止むを得ない場合にのみ試みるべきで父母からうけた肉体を傷つけることは望ましいことではないと注意するのは、こうした体験に基づくのであろう。

四　伊藤仁斎との出会い

五月に居を移して相国寺鹿苑院（いわゆる金閣寺）前に落つき、当時下痢気味で淡飯をとっていたが八月には常食に復した。この前後に郷里から伴なった従学者久野正的を始め、京都で得た門人の指導は行なっているが講筵を張ることはすでになく、専ら一流の学者と交際し、あるいは唐本屋に出向いた。十月には大和地方に遊び奈良に二泊して晩秋の古都を味わっている。

二条あたりで仁斎と邂逅う

伊藤仁斎と会談したのもこのころである。これに先立ち寛文五年六月の日記に、

十二日。往二二条辺一初与二伊藤源吉一会。（訓点、送り仮名は筆者以下同じ）

とあるが、この辺の本屋に益軒はよく行っているからそこで偶然会ったのではなかろうか。二人の学者の会談については仁斎の子東涯が、「先人（仁斎）と益軒との関係はかつて一搢紳（公卿）の家で相会したが道契わずして別れた」（『紹述先生文集』一五巻）と語っている。この年七月に益軒は仁斎・山崎闇斎・中村惕斎らを歴訪しているが、その結果は一切記されていない。ついで翌寛文八年三月帰国に先だち公家

公家宅で再会

山形右衛門尉の宅で、左中将小倉黄門凞季・米川操軒・八尾弥平次・仁斎らが相会しているからこの時のことと推定される。「道契わず」して別れるに至った理由は、当時仁斎は古学派を興したころであり、益軒は漸く朱子学徒としての立場が定まったころであったためこの結果を招いたので、中年以降の益軒は

すこぶる仁斎と似てきているという論がある。益軒が晩年に示した古学派的傾向は彼自身の博物・医学等の自然科学的研究に負う所が多大なので、必ずしも仁斎をまねたと解釈する必要はないが、しかし仁斎学説に多大の関心をよせていたことは『童子問』の批判書をものしている点にもうかがわれるので、改めて後述する。

五　東軒夫人について

結婚

束髪俗体に復す

寛文八年三月末に帰郷した彼には吉報が待ち受けており、六月に結婚、当時藩は諸士倹約令をだし婚礼の衣服・宴会をも制限しているから簡素に行なわれたであろう。七月には十四年ぶりに僧体を改めて髪を蓄え、光之より久兵衛の名を賜わったが、それはかつて祖父宗喜が称した所であった。

秋月藩士江崎氏の娘

ここに益軒の結婚についてみると、浪人の時代が久しかったからか著しい晩婚である。三十九歳で支藩秋月藩士江崎広道の娘十七歳の初(はつ)、すなわち後年の東軒夫人を娶った。江崎家は広道の父の代に郡(こおり)奉行として功あり、ついで広道は馬廻り役、のちに郡奉行・代官頭をかね百八十石の知行地をもった。その弟道達は御医師となり江戸在府中に益軒と知り合い、ここに縁談が生まれたと考えられる。東軒夫人は——親子ほども年長の益軒の指導宜しきを得た故もあろうが——和歌に巧みで・箏(そう)・胡琴(こきん)をよく弾き、晩年には益軒らとの合奏を楽しんだ。また最も楷書に巧みで、京都の貴賤に

東軒の楷書

東軒夫人の出生地（甘木市上秋月）

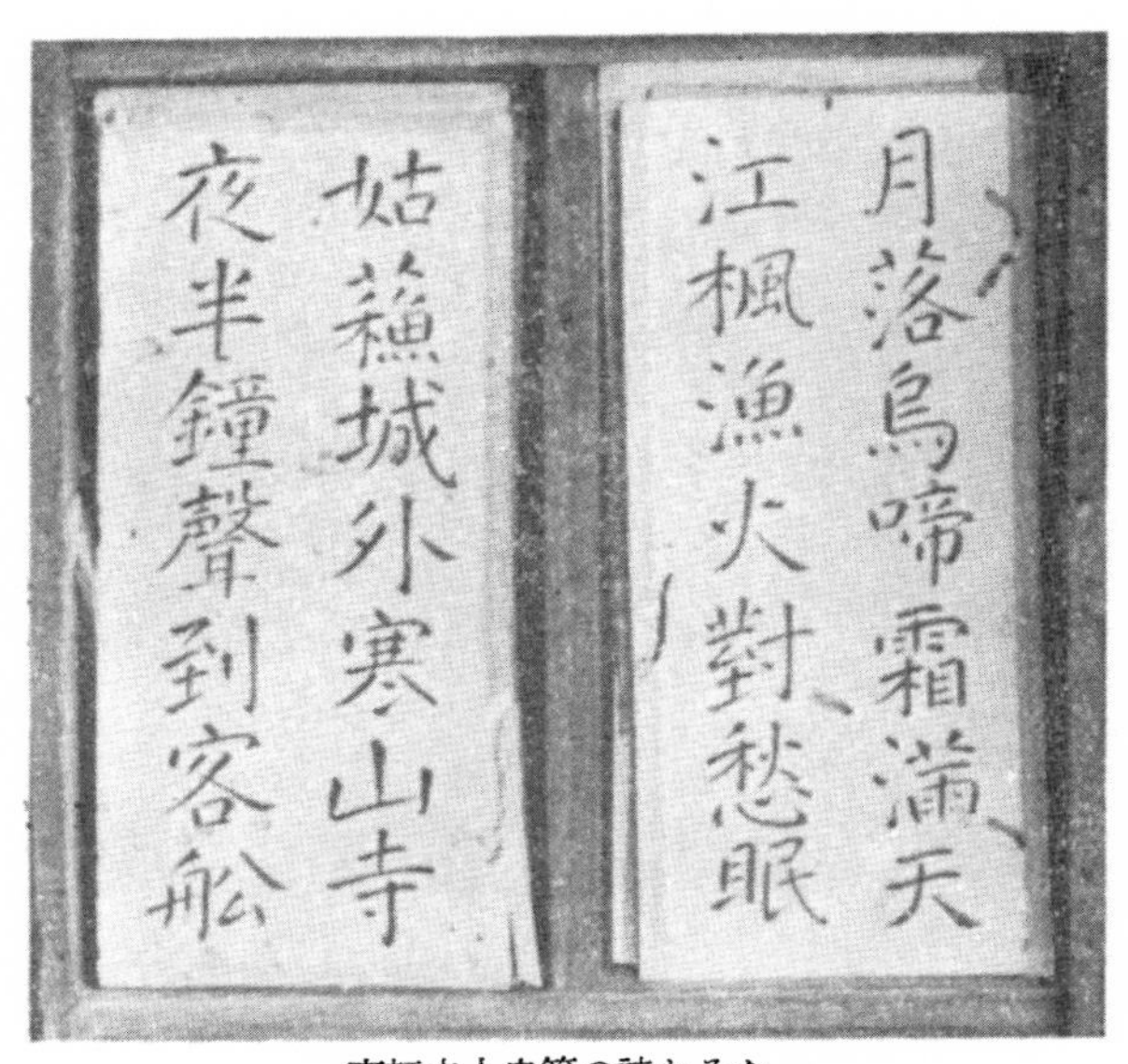

東軒夫人自筆の詩かるた

（五十首の漢詩の上の句と下の句とを別々に書いたもので上下各83枚ある（『福岡県の歴史』より））

東軒・益軒合作の書

（東軒夫人の没年にあたるから遺筆といってよかろう（『古文書時代鑑』より））

「愛敬」

してその書を請う者が多かったというが、益軒と合作の軸物もしばしば伝わっている。その場合東軒は楷書で大書し、益軒がそれを敷衍して細書するといった状態で、たとえば東軒が「愛敬」と記し、その傍らに益軒が「愛是温和慈恵、而不悪於人之心、敬是小心翼々、而不慢於人之心、二者孝親之心、凡厚人倫之道、須以此為本。」と記している。また貞享元年博多東郊の箱崎塩井浜に石鳥居をたてた際、その銘を書いたのも彼女であった。また益軒の日記や雑記ノートに東軒がしばしば代筆している場合もあり、内助の功がすくなくなかったことがうかがわれる。後裔宅には東軒筆の多くの楽譜や詩かるたも現存する。また東軒夫人とのつながりで四十歳以後には秋月訪問の機会も多く、藩主・家臣に儒書を講じた。

こうして二人の仲は琴瑟相和したはずであるが終生子ができなかった。当時の社会では家のあとつぎをつくることが結婚の第一目的である。益軒は一年に一人ずつ三年にわたり計三人の妾をもったが、一向に子供ができないので遂に断念した、と後世の郷土の国学者は語っている（長野誠『芳斎漫筆』）。もっとも夫人も華奢な体質だったようで、結婚後も郷里から両親が駈けつけるような重病を前後四回患らっている。

二百石取り

結婚の翌月には五十石の加増を得て——その知行所は表粕屋郡の別府（べふ）村と酒殿村——計二百石の士となり、日記には祝賀の客八十余名を記している。

六　『近思録備考』その他

谷一斎と知り合う

この年も秋には上府したが、今回はいかなる事情あってか末兄楽軒と一緒であった。万千代への侍講その他は前の通りであったが、林鳳岡（ほうこう）から饗をうけ、またその紹介で土佐出身の純粋朱子学者谷一斎と知り合い、後まで親交が続いた。三月には上洛の命をうけ楽軒や門人久野とともに乗馬で出立、途中で金沢（かね）・鎌倉などに立寄り、琵琶湖畔の長浜より竹生島(ちくぶじま)に立ちよって入京した。

京都では楽軒とともに諸名所を訪ね、また旧友をしばしば饗応しているのが注目される。往年の学徒時代と異なり経済的にも安定し、また学者としての地位も定まってきた彼は得意げである。また本屋吉野屋や村上勘左衛門からも饗をうけたが、彼の著述の出版元であったのである。

『近思録備考』

その著『近思録備考』の評判

次にこの前後の彼の著述とその評判を見よう。まずこの年に『近思録備考』が出版された。『近思録』に関する先哲の註疏を纂輯し且つ自説を加えたもので、翌年に成った『小学句読備考』とともに当時最も広く世に行なわれたといわれる。しかし本書においてもすでに朱子学の基本的命題への疑いを示し、たとえば「理」と「気」を峻別して前者を根源的実在、後者を派生的現象と見る態度を排し、両者を相即的に解した。すなわち先後を分つべからず、併存するものとした。こうした批判的態度は当然彼の親友中の純粋朱子学徒からはきびしく非難されねばならなかった。すでに彼が朱子学一途に進む決意をしたその翌年に中村惕斎からの書翰には、「益軒の学術は雑駁で多くを貪る病がある」と批判されている。

さて『近思録』の註釈書は従来皆無であったので本邦のみならず中国人にも重宝がられ、後年『居家日記』に次のように記している。長崎の帰化中国人で唐通事であり富商でもあった頴川氏の来話によると、来朝中国人が珍重視して——当時版本は輸出禁止であったので——手写し、また本国から『近思録』善本を持参

長崎の中国人『近思録備考』を手写す

し益軒の備考を標註に写してもち帰ったというのであった。

『朱子文範』

これと相前後して成ったものに『朱子文範』がある。数年前から『朱子書節要』『朱子大全』李退溪註『朱子行状』等をひもといていた彼は、朱子の全集を見ることができない人のためその精髄を編輯して門人久野正的に訓点をつけさせ、さらに自ら補正して出版した。正的は光之の命によりこれより四年前、十四歳の若さで在京中の彼の許に弟子入りした者で、益軒も期待をかけて正的をきたえ、且つ各地の遊歴にも同伴することを忘れなかった愛弟子であった。

『小学句読備考』

また四十歳の時に出版された『小学句読備考』も好評を博したが自ら校正し得なかったため誤り多く、訂正の意志をもちながら遂に果し得なかった。甥好古は『年譜』で本邦における経伝の評解は益軒をもって第一人者となすと評したが、江戸の人見友元も全く同趣旨の評をなしており、単なる自讃ではなかったわけである。

話を前に戻して本屋の饗応をうけた寛文九年六月の末、帰航の途についた彼は暴風に遭遇しはなはだ危い目にあった。後年述懐して、

船中の危難

生涯の中危難に逢いて死を免れる者凡そ六度、此の外後思の至つて危うき者また二-三度あり。

としたが、多く旅行中のことと思われる。帰郷後は講義のみならず藩の文治政策推進上の諸雑務にも引合いに出されるに至り、こうした職務上から城郭近くの荒津東浜に邸宅を与えられ翌年二月に転宅、ここに終身安住の住居を得た。今日の荒戸一丁目一〇番のあたりで、益軒が植えたという生籬(いけがき)に囲まれていた。県教育庁のたてた小さい標柱があったが、それもいつの間にか消え失せた。

荒津東浜の邸宅

七　藩内の科学者グループ

寛文十一年の正月を郷里で迎えた彼は初春から夏にかけ諸所を巡遊して浩然(こうぜん)の

渾天儀

保井春海の功績

気を養った。

三月には藩庁によび出されて渾天儀に関する質問を受けた。渾天儀とは中国製の天文観測器械で、わが国ではちょうどこの年に保井春海（算哲）が製作している。そのニュースを得た藩当局が益軒をよび製作法その他を問うたのであろう。春海と益軒との間柄は直接の知り合いではなかったが間接のつながりはあった。

保井春海は本姓を渋川といい、先祖は足利氏に仕えて有職の家として名高く、その父より徳川家に仕え本因坊家と並んで囲碁の宗家となった。春海も家業をつぎ秋冬に上府し春夏は帰京するをつねとし、また闇斎に学びとくに垂加神道の奥秘をうけた。天文・暦数にも志して、元の郭守敬の『授時暦』（アラビア暦を参考に実地観測によってできたすぐれた太陰太陽暦）に通達し、万治二年（一六五九）山陰・山陽・四国に赴き各地の緯度測定を実施している。彼が作った渾天儀（実は天球儀？）は中国の学者蔡九峯の作を改良して簡易化し、星宿の北極出地度数等を一々測ったもので、好学の伏原少納言宣幸の目にとまり後陽成天皇の天覧に供したところ天皇自ら儀器を廻転させ天の運行を験(ため)されたという。その後彼の改暦意見が採用されて『貞享暦(じょうきょうれき)』が行なわれるが、これは『授時暦』に基づき自ら各地を観測・検証して初めて作成された日本中心の新暦であったことは周知のところである。

益軒と水戸光圀、保科正之

彼が水戸光圀や会津藩主保科正之に親しく知遇を得たことも成功に導く要因をなしたであろう。この二藩主は益軒とも浅からざるつながりがあった。益軒は『大日本史』編纂史料蒐集の件で佐々助三郎と親しく、また水戸藩の儒員酒泉彦左衛門は筑前出身で、かつて益軒の門人であった。後者を介して藩の天文・算数家高畠武助は後に江戸定住となった春海への紹介状を書いてもらっている。また保科正之は『黒田家譜』編纂を益軒に命ずるよう黒田家にすすめたといわれる。

益軒の天文学への関心

ところでその後益軒の天文学への関心はどう動いたであろうか。約一年後に当時上洛中の彼は中村惕斎(てきさい)を訪ね五月・六月の候にともに星座を眺めているが、惕

『天経或問』を読む

斎も朱子学の格物致知の精神から天文・地理・度量衡を深く究めているから互いに裨益するところが大きかったであろう。春海が元禄末に惕斎を訪問した時、惕斎は多年の研究の結果をまとめた『授時暦私考』を手渡して研究完成を依頼したというが、すでに益軒と星座を眺めたこのころから研究に着手していたわけであろう。また十年後に益軒はその高弟竹田春庵から長崎入手の『天経或問』を借用し眼疾に悩みながらメモをとって読んでおり、「本書は長崎でも優れた書（不レ苦書）として評判がよいそうだ」と感心している。この前後にも天体現象の変異が時々日記に記されるが、まとまった著述をなすまでには至らなかった。天文学的研究に必要な天体観測器械等の入手が不可能なため、彼の学問方法である即事即物的思考の対象となり得なかったこともその原因の一つであっただろう。しかし京都の「旧識」中には次の人々がいる。

井口新七　天文者、元禄八年春初会。

井上蘇庵　医者而天文学者。

後者は不明だが、前者は井口常範の本名である。元禄元年に『天文図解』を著わし天文暦術を通俗的に解説し、当時弘く読まれている。

ところがこの方面は藩内の彼の門人や学友で組織したグループで研究が進められており、益軒も脇役として関係している。彼に『天経或問』を貸与した竹田春庵を中心とした一団である。

高弟竹田春庵の経歴

ここに登場した竹田春庵は本名を定直と云い、後に藩儒となり子孫も代々その職を継いだ。益軒の最高の助手として共著・校正、さらに浄書役を買って出た人で、その積極的援助がなかったならば益軒の質・量ともにあれほどの業績は到底あげられなかったであろうと考えられる。次に彼の経歴から見てゆこう。

先祖は公家

竹田家の先祖は公卿でその中に入唐(にっとう)して明(ミン)の医学を研鑽(けんさん)した者があり、以後代々医を家業としてつかえた。春庵の父三伯は光之の生母壺阪氏と従兄妹の間柄で、

益軒と三伯（春庵の父）

京の名医曲直瀬(まなせ)道三の門下生として繁栄し、益軒の次兄で明暦三年（一六五七）御納戸医を辞した存斎と交際があった。益軒も最初の入京にはまず三伯を訪問している。寛文元年（一六六一）三伯は光之から招かれて福岡へ下り先妻の叔父宅に寓居中、三十三歳で突然に卒去した。当時すでに後妻の腹中にあった春庵はそれから三ヵ月後に生誕した。この後妻は江戸の旗本木下民部秀三の娘で当時十八歳だったので、一応実家の父の許へ帰りそこで春庵は二歳まで養育された。その後同じく福岡藩士の祖母の家から迎えが来て再下向(げこう)し、親戚の補助のもとに成長していった。

春庵の秀才ぶり

幼にして秀敏(しゅうびん)の誉れたかく八歳より師について『大学』を読み、十二歳から連歌を好んで歌会に出(い)で、また漢詩も作り始めた。延宝三年（一六七五）に元服して隠居中の忠之に召し出され、六人扶持二十石表(おもて)小姓として仕えるにいたった。十七歳の時藩庁に召し出され益軒と初対面したが、その場で弟子となることを立花勘左衛門から伝達され、ここに役から離れ専心従学の身となった。春庵の先祖が公卿出身であることは後に益軒の公卿との交際にあたり種々の便宜を与えた。

ところが春庵は益軒につくに先立ちすでに秋月藩出身の和算家星野実宣に弟子入りしていたのである。

藩の和算家―星野実宣

そこで星野実宣について一言しなければならない。寛永十五年秋月藩士の家に生まれた彼は若くして支藩主に仕えたが、才智人に勝れ物ごとに拘束されぬ性格で、数学を好むの余りやがて禄を辞して心庵と号し、さらに江戸へ出て和算の中興といわれた横川玄悦に入門した。ここで天元術を学び、また元の朱世傑（しゅせいけつ）の『算学啓蒙』（一二九九）を初めて俗語をもって註釈して『算学啓蒙註釈』と題して出版し、以後天元術が大いに国内に弘まったといわれる。『算学啓蒙』は中国では善本がなくなっていたらしいが、秀吉の朝鮮出兵の際朝鮮版が日本に齎（もたら）され和算の発達に最も深い関係を及ぼすに至った。というのは朱世傑らに始まる天元術は算木使用の一種の代数学で、未知数は一本の算木によって代表され未知数を示すことを

『算学啓蒙註釈』

天元術

天元の一を立てるとよんだ。さらに附加すれば算木使用のこの術では簡単な方程式ならよいが複雑なものは解くことができないので、未知数を文字で表わして筆算で解こうというのが和算家の発明した代数学すなわち点竄（てんざん）で、筆記の記号は京都地方の学派と江戸の学派とでいくらか異なっており、後者を代表するのが関孝和であった。

『股勾弦鈔』

星野はさらに寛文十二年『股勾弦鈔（ここうげんしょう）』を出版し所収の百五十題に悉く

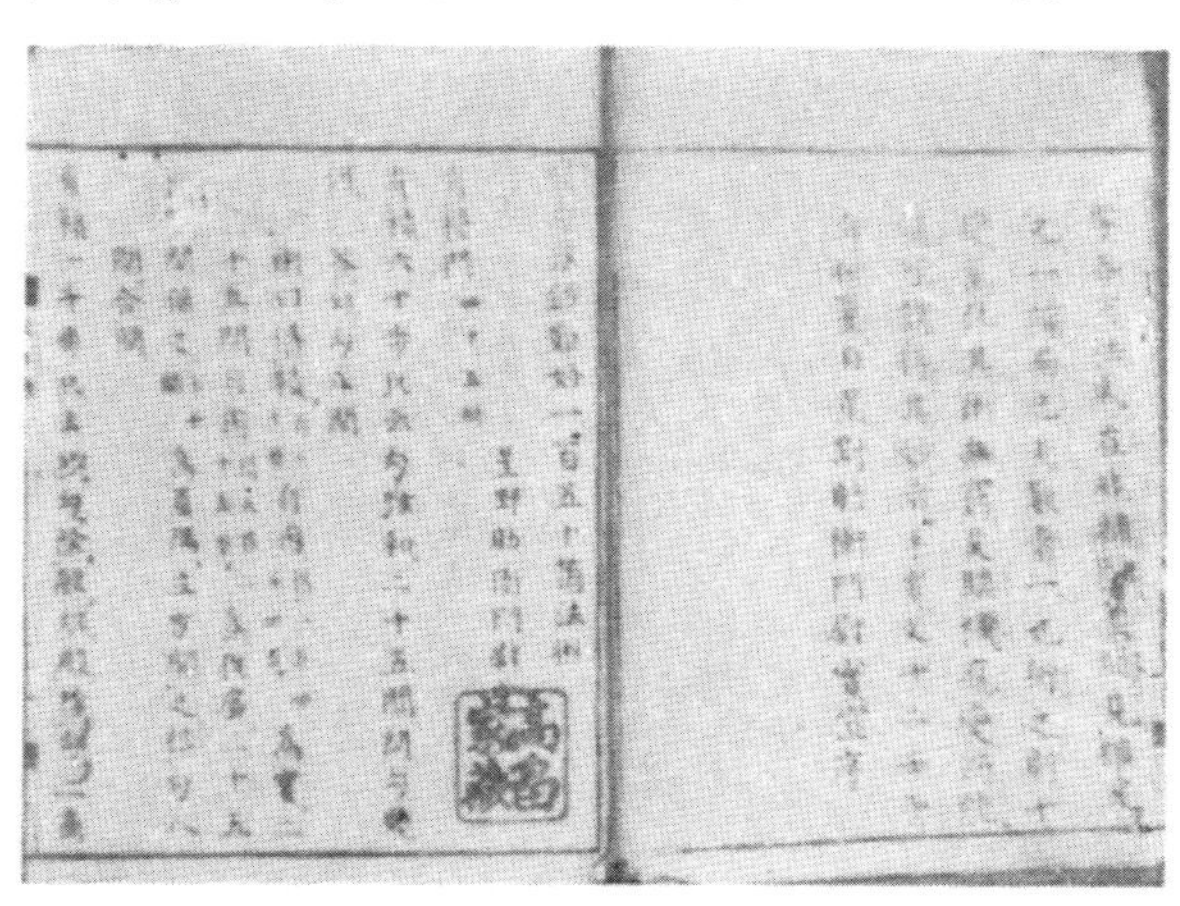

星野実宣著『股勾弦鈔』
（高畠の所蔵印からして武助の蔵書であろう）（福岡県立図書館蔵）

解法を記した。またこのころ『運気六十年図』をも刊行している（『明治前日本天文学史』）から天文学にも関心があったわけである。四十歳を越して延宝六年帰国、本藩の光之に仕え無足組三十石六人扶持を受けた。その門下についた高弟としては春庵以外に、藩士清水利為（庭庵）・高畠武助・藩医和田三立らがいた。

その門人高畠武助

高畠家は代々肥後の加藤氏に仕えたが加藤家断絶後、武助の父は島原の陣に際し忠之に召抱えられ馬廻り役二百石となった。武助もその跡を継いだが古楽の嗜みもあり、春庵・益軒とはことに親しく、その子に春庵の娘を配したのを初めとし、以後しばしば竹田家との縁組が取り交わされている。

漏刻器をつくる

これらの弟子は漏刻器を作ろうとしたが起漏の法すなわち水を漏らすに必要な物理学的数学がわからないので、実宣の指導をうけて初めて完成したということもあった。天和三年（一六八三）のころの益軒より春庵への書翰によれば、「新漏刻式の研究書を江戸で人見友元や木下順庵に見せて好評を博した。但し旧制の漏刻式をまだ研究していないので、本書を充分には批判し得ない由だ」とつげて本書を返却しているが、前者と関係があるようだ。またそれに先だち実宣は上座郡に陶器製造に適する地を見立て四人の商人の資本提供に基づき延宝八年（一六八〇）から着手した件もあり、科学・技術者的な関心を各方面に向けていたことがわかる。

実宣、坤輿旁通儀をつくる

新漏刻式の件より二年後実宣は前人未発の月の升降、潮の盈虚（みちかけ）の算法を発明し、その図式一篇を著わし、またその理論を応用した儀器を造ろうとしていた。それを知った光之が元禄三年藩費で工人に命じて新造させ、試験したところ効果をあげたのでその器を名づけて「坤輿旁通儀（こんよぼうつうぎ）」、その著述を、『坤輿旁通儀図説』と題したが、本書には益軒が賛を、春庵が跋を書いた。

グループの相互研鑽

ちょうどこの年グループの一人和田三立はかねての研究をまとめて『授時暦翼解』十巻を書き、互いに廻覧して批判しあっているが、本書の序文も求めに応じ益軒が書いている。

春庵は貞享元年に横川玄悦・星野実宣から算学免許状を得ているが、元禄二年

（一六六九）の春庵の日記を見ると彼らの研鑽状態がうかがわれる。春庵はこれらの同志につぎつぎに『天経或問』を貸与し、相互の往来・饗応が頻繁に行なわれ、三月には実宣より『算学啓蒙（註解か）』重刊書を借り写し、また前述した彼の諸発明の図式などを検討している。また年代不詳だが春庵から度量権衡を知るによい参考書を依頼された益軒が、手許の諸書に探索した結果『大学衍義補』の中に見出し、且つ同冊中に暦法のこともあるから貸与しようと記した書翰もある。

春海を招き北斗七星を測る計画

二年後に既述のように水戸の酒泉を介して高畠が春海に面会しようとするのだが、当時酒泉が春海から聞いたところによると、竹田・星野らが福岡で北斗七星を計る計画をたて春海に出張を求めて相談しているようで、春海は合点がゆかぬと評している。藩内天文学者が困難な客観的条件を排して種々研究と測量に努めている状態がうかがわれる。その後元禄十年には藩命で星野が中心となって領内絵図作成につとめ、あるいは音律を学んで余暇には古楽の合奏会を開いているが、それは後述に譲る。

第四　藩命に応じて

一　『黒田家譜』の編纂

上京、書肆より饗をうける

寛文十一年（一六七一）四十二歳を迎えた益軒は三月に請うて従学者久野を伴い海路上京、御幸町に宿を借りて三ヵ月間滞在した。旧知の儒者・公卿・本屋と交わり用件を果したが、この際にも名所・旧蹟を相変らず洩れなく見物している。とくに本屋訪問が多く、村上勘左衛門から招かれ神泉苑南宅や書林の宅で饗応をうけているが、前々年この本屋から出した『自警編』が売れたためか、あるいはさらに新たな出版契約の相談のためだったかも知れない。また古楽への関心もますます募り米川玄察と左中将小倉中納言凞季の宅へゆき箏を聞き、また米川の宅で楽譜を吟じ、同様な目的で惕斎を訪問している。

門人久野正的病没す

七月には帰途についたが船中で従者久野が下痢を患い、帰福後も介抱のかいなく二十歳の若さで死んだ。一生師匠をもつことを好まずまた師と呼ばれることを好まなかった益軒ではあったが、とくに藩命によりこの七年間至る所に彼を伴い、余暇には教授した愛弟子である。益軒の悲哀は愛子を喪ったようであった。その疲労のためか脾虚（胃弱）気味で補中益気湯を服して恢復し、念のために灸をも据えた。

秋には初めて書庫を設け、翌年夏には竹の覆いを日除けに備え、白壁に塗った。小さい間取りで本や家財道具を入れると一杯になり、老年に及ぶに随い蔵書検索の不便を歎いている。

『黒田家譜』編纂の命を受ける

十月には一万六千石の大老で彼とも交際があった黒田一任から饗を受けたが、席上その子で益軒の従学者であった一貫から初めて『黒田家譜』編纂の命を受け

『松平御系図』を改作

た。従来家々に伝わる記伝は多かったが真偽相交わることがしきりだったので、光之はそれを訂(ただ)し、且つ連続した藩主家譜をもくろみ、一貫に相談した結果であった。益軒は幼年期から『太平記』『平家物語』などを読んで歴史に興味をもち、その長い京都遊学中つねに意を留めて黒田家資料を蒐(あつ)めており、加えてこのころから各藩で同様な企てがなされようとする情勢にあったし、すでにかなりの準備が整えられていたとみえる。翌年直ちに一応の草稿がなった。その後さらに六年を経て十二巻物として完成し、献上の結果金五十両を賜わった。光之はこれを熟読して必要に応じ改めさせ、一貫以外への他見を禁じ、また益軒自身も気づくに従い添削・増補していった。これに関連してなした諸種の藩史編纂も家譜のたすけとなったに相違ない。たとえば五十二歳のころ綱政の命により『松平御系図』を改作した。これは堀正意が作った旧本がはなはだ疎謬(そびゅう)で且つ重隆(如水の祖父)以後が断絶していたので、藩士の家に伝わる記伝や他書により改正・修補し、こうして元祖宇多天皇以来の歴世が続くことになった。また君臣系図を編むかたわら、同年に『東照宮遺訓』を改正した。遺訓の原本が筆者不学のため文章がいやしくまとまりも悪かったので、語意はそのままに重複繁雑の点を削り改めたのであった。また五十五歳の折には幕府が黒田長政の戦功事歴を徴したので、答書を作成して直ちに入府したのであるが、帰途美濃を経て関ヶ原の古戦場を見、また播磨国の各郡を歴遊し、黒田氏発祥の地をしらべて帰国した。

佐々助三郎『大日本史』の資料あつめに来る

翌年には水戸の儒者佐々助三郎が『大日本史』の資料蒐集に九州諸国を巡遊するとの報を受け、益軒は一ヵ月前から国中諸社寺の古文書を持参させて校閲し、史料的価値の高いものを用意した。六月中旬助三郎が二日市に来泊の由を知り、徹夜で歩いて早朝大宰府に着き、禰宜小鳥居の宅で面会して陳列資料を見せた。

大宰府に諸資料を陳列

この要をえた紹介で閲覧をはやく済ませ得て助三郎は大いに感謝した。この一行九名は同夜博多の京屋助左衛門隠居宅に泊り、青柳へ向って出発した（『博多津要録』）というから、佐賀藩領へと赴いたのである。

最後の『家譜』改修

『家譜』はその後も改訂・増補され、任命より十七年後、五十九歳の時十七巻物として光之・世子綱政に献上し、同じく白銀を受けた。その後も関連した『黒田家臣由来記』三巻、『黒田記略』三巻などを著わした。七十三歳の折に家譜の最後の改修が行なわれたが、それは江戸藩邸での家老達の評議の結果であった。問題になったのは彼が随所に評を加え、「篤信おもへらく」として意見をのべていること、藩内の所伝以外に他の記録を多く引用し真偽を正していることで、彼の申し分は「古来の記録として書き立てたもので、藩内所伝をのみ書き連ねるものとは知らなかった」と弁明している。且つ当時すでに老齢のため一人で当り得ぬので春庵の浄書に俟(ま)った。続いて忠之の伝も依頼され、これは春庵が中心に当った(のち春庵は続篇『黒田新続家譜』を編輯著述し、代々子孫がその後を受継ぎ執筆した)。益軒の春庵への書翰によれば、資料・見聞に一層広くあたること、周囲からの容喙(ようかい)を

家老、益軒の論評削除を求む

実山と『家譜』

益軒、故事・古語の引用を主張す

警戒し完成まで人に見せないこと、平易な表現をとることを説いている。当時家中で本書を写し取る者があるとの噂があり、春庵は立花実山宅で秘密厳守の誓紙に印鑑をおさせられた。また草稿は一応実山の検閲を受けるのであったが、そこで益軒引用の中国の故事・古語が削除されたことには強く反対して、「一代限りの用でなく後の理解を容易にするためであり、また文勢の上から引用せずには叶わぬ所であり、これを削っては後人から故事・古語を識らぬかと笑われるだろう」と主張した。現行本を見ると彼の主張は叶えられているようだ。随所に故事引用の道学的評価がなされているのは、朱子学にたち歴史を政治に資する鑑とする彼の立場からは当然のことであった。本書は黒田家の始まりより幾多の戦国期の合戦を経て筑前国主として入部統治に至る過程を如水・長政中心に述べたもので、近世戦記物の体裁を踏襲しているが、所々に民生資料を掲載した点など目新しいというべきだろうか。

前に戻る。寛文十一・二年の日記には宮崎安貞との頻繁な相互の往来、藩での交際以外に単独であるいは末兄楽軒とともに近傍の名所・旧蹟を廻り、たとえば岩戸奥の不入道(ふにゅうどう)、立花山の桜、藩主の菩提寺である崇福寺の藤花を見、また小早川秀秋の城があった名嶋、大宰府、博多年行事神屋貞右衛門の宅などへ赴いている。藩命では中国の百官を説明したり、藩主の園の扁額の文字を撰び、また藩主三男宮内(後の綱政)に初めて侍講した。家庭では病気の小叔母が逗留し、益軒の許で安心して保養を受けるに至った。

二　藩主継嗣問題に一役

パトロンの大老没す

十二年には前大老黒田一任が没した。益軒が二十七歳の初入府の時に早くも彼を認め、自ら就学するのみならず嫡子一貫をも従学させ、また季節には菓子・肴等を贈り、しばしば饗応して往来した。また立花勘左衛門の組に属せしめたのも彼の力があずかったと考えられる。益軒はつねに漢詩をもって日本人に不適として却けたのだが、「哭二黒田一任一」二篇のほか、一貫に哀悼の意を表する二篇を呈して自己の衷情を吐露せずにはおられなかった。

朗報としては楽軒に末子安平が生まれたことである。のちに常春と諱し和軒と号した者で、子供がない益軒は一時彼を養子に貰い受けたこともあった。

問題の世子綱之に侍講す

同年五月には藩命により出府して当時十八歳の世子綱之に侍講するに至ったが、これまた保科正之が黒田家のために薦めたところとされる。綱之は後に廃嫡され、代りにその弟で直方支藩を継いでいた長寛（後改めて綱政）が嫡子に定められた。

綱之の厚遇

通説によれば綱之の行状が狂暴で父光之の意に忤うものが多かったとされる。世子としての地位が危険になろうとする時に益軒を呼んだのは意味深長で、益軒の日記にうかがわれる綱之は仲々の好学の徒である。侍講を受ける合い間には舞楽や饗応に招き、また本屋を廻らせ、漢籍を益軒に貸与するなど至らざる所なき寵愛ぶりであった。この態度は益軒に対し自分に与えられた従来の評価の修正を求める試みではなかろうかと思われるほどである。

継嗣問題で文治派・武断派の闘争

半年後益軒は帰途についたが、翌延宝二年すなわち綱之屏居（へいきょ）の前年には、既述の藩儒柴田風山に対し絶交を宣言する事件が起った。風山は幼より益軒に従学して世人に重んぜられ、これより三年前儒員に抜擢せられた俊才であったが、硬派で綱之支持派だったようだ。文治派的な立花一門が跋扈（ばっこ）し継嗣問題にまで容喙するとして憎み、誰れ憚（はばか）るところなき藩政批判をし、とくに益軒を引たてた立花実山を、他を陥れて自家の栄達のみを計る飽（あ）くなき陰謀家として攻撃し、ひいてはかつての師益軒をも非難するに至ったからである。のち風山は罪を得て島流しに遭い、許されて帰国後にまとめたのが『五龍日記』であるといわれる。本書には読物風の筆で真偽を疑わせるような実例を列挙して反対派を非難している。

ところで益軒が風山と絶交した翌月には光之の後継者選択問題ははっきりと結

綱之支持派の凋落

益軒、綱政の侍講となる

論が出てきた。光之は九月の参府に際し三男長寛（綱政）を伴い益軒も陪従した。江戸藩邸詰の親戚らと相談した結果綱之の家督相続廃止がきまりここに綱之在府の任がとかれた。稿本『黒田新続家譜』によれば綱之は病気のため直ちに発駕できず、一ヵ月後に病癒えて出府したと記されるが、この間に綱之側の幕閣を介しての反対運動が試みられたとするのは無理であろうか。翌延宝三年になると帰国した綱之は早々に二の丸に屏居させられ、同時に附添いの老臣達もその傍らに侍しながら主君の身持を匡正（きょうせい）し得なかった罪として蟄居（ちっきょ）・減禄処分をうけ、他国に出ることを禁じられている。このころ益軒は命により新しい世子綱政に侍講し、それのみならず綱政の伴をして目黒の別邸に遊ぶという厚遇を得た。ときまさに桜花が咲き誇っており詩を賦して献じたというが、その詩はあいにく稿本『損軒詩集』にのせられていない。それも意味深長であり、綱政擁立に際し彼が果した役割を世子も認めての厚遇と思われる。

三男綱政の家督相続定まる

二年おいて延宝五年（一六七七）在府中の光之は老中へ願書を出し、長男綱之病気につき三男綱政を家督に定めたい旨を申し述べて許可を得、直ちにその旨を藩に布達し、重臣に命じ二の丸の綱之を入念に監視させ、さらにしばらく蟄居を命ずる処置に出た。恰(あたか)もその日江戸の光之・綱政の父子は綱政の旧領東蓮寺（この時直方と改めた）が天領として没収されるのを免れた御礼に揃(そろ)って登城挨拶しており、ついで帰国、ここに綱政は藩士の賀礼に答えるのに多忙をきわめた。政争に敗れた綱之は剃髪して澄範と号し、僧侶につき真言律を学ぶに至った。勝者と敗者の前途に続く道は余りにも対照的であった。

綱政より蘭薬「るさりし」を与えられる

この年蘭船到着のため光之は長崎警備に赴いたので、参府は綱政一人で行なうことになった。これに先立ち世子は、瘧(おこり)を患って治病に悩む益軒に蘭薬「るさりし」を含有する奇応丸を与えた。これは非常によく効き後年同病に苦しむ春庵にもその服用を薦(すす)めている。

綱之は同年末準備がなった屋形原に二十三歳の身で移されたが、そこには十人の随侍兼監視役がつけられていた。このころ藩財政難をよそに加増が施されたが、勝利者側のお手盛りであろう。ついで綱政は延宝八年二十二歳にして柳河藩主立花飛驒守鑑虎（あきとら）の娘を娶るが、藩内立花氏の繁栄は一層促進されることになる。

三　朝鮮信使の応待

こうして益軒の四十代後半は『黒田家譜』の編纂や藩内政争に捲き込まれての多忙な日々であったが、儒学―朱子学に関してもいろんな機会を利用しては訓点づけ・抄録・講義等の基礎的な業績が着々と堆積（たいせき）されていった。

酒井忠明に『白鹿洞学規』を講ず

延宝三年四十六歳で出府の折には、光之の女婿酒井河内守忠明の招きをうけ『白鹿洞（はくろくどう）学規』を講じた。白鹿洞とは中国江西省南康府廬山（ろざん）の五老峯下にあり、五代の南唐の時（一〇世紀前半）にできた学館を白鹿洞書院といったのであるが、朱子がこれを再興して入門者に対し修学上の規則を定めた。これが学規であり、その後とくに朱子学入門者に遵奉（じゅんぽう）されたのである。ついで幕府の目黒の薬園に赴き薬草を見たが——すでに寛文五年京で上の御薬園に行っている——園吏は池田道陸の門人で益軒が本草学の知識に詳しいのに感心し、その師道陸とともに益軒を饗応した。この時彼は求めに応じて『大学』の講義をしている。こうした機会をとらえて益軒は同年内に『白鹿洞学規』と『大学』の講義を編（あ）むことを怠らなかったのである。

幕府の目黒薬園を見学

四十年代後半の著述

翌年には君命で長崎へ行き珍書を求め、江戸参府を免かれたのでここに暇を得て『小学』・四書五経・『近思録』『大学衍義（えんぎ）』の要文を集め、かつての講義体験に基づき二巻の講義録にまとめた。また翌延宝五年には『正続文章規範余録』の編纂、『近思録』『千字文』『古文真宝後集』『武経七書』の訓点を改正、あくる年には童蒙のために『和漢名数（めいすう）』と題する啓蒙書を完成し（後述）、『古今詩選』を編んだ。後者はのちに『歴代詩選』と改題して出版されている。

長崎行きで入手した珍書

この間、彼に新しい刺戟を与えたのは延宝四年初秋の長崎行きであろう。次のような珍書が購入された。

『六書精蘊』『明記編年』『潛確類書』『明臣言行録』『史鑑彙箋』『博物典彙』『綱鑑会纂』
『迪言録』『大明文選』『経済文衡』『康済譜』『続文献通考』

その代価は帰国後に従来の江戸供奉の労をねぎらって賜わった金五十両で支払われたであろう。

末次平蔵密貿易事件

このころ長崎の平和はもとに復していたが、この年頭に有名な三代目末次平蔵茂頼の密貿易露顕事件があった。筑前博多商人の出である末次氏は朱印船貿易を行ない代々長崎代官として繁栄をきわめたが、使用人の姦曲により異国渡海禁制法度を破り中国に武器を売ろうとして密告されたのである。ただちに福岡藩の機敏な糺明と適当な処罰すなわち遠島処分とにより事は速かに落着し、奉行牛込忠

長崎奉行牛込忠左衛門と会う

左衛門（恭重）はその処置に深く感謝したといわれる。こうしたいきさつがあった後に益軒が来陽して十日間滞在した。かねてその名声を聞いていた忠左衛門は早速会見を求めたがこれに対し益軒は辞して応ぜず、翌年公用で再来の折には懇望もだし難く、益軒の方から奉行を訪問したこともあった。忠左衛門は奉行在職中に立山役所を設け、はじめて長崎市法を定めた手腕家であり、また大坂の歌舞伎や人形芝居の興行を許しているから、芸能・文化にも関心をもつ一流の教養人であったと思われる。

漂流者と筆談の任

なお益軒が再来の際の公用とはこの年のすえ朝鮮船が宗像郡大島に漂着し、命により彼が赴いて筆談調査し、長崎へ送り届けたのである。こうした漂流人との筆談は六十歳に及ぶまで彼の職務として課せられており、同様の目的で志摩郡韓（から）泊（どまり）、福岡城北の西公園下の波止へも出張している。漂着外国船への厳重な警戒は周知のように幕府の鎖国政策の一環であった。中国・朝鮮は例外であったはずだが、鎖国以後輸入超過を常態とする片貿易の観が強くなり、後年新井白石が建議したように正貨の海外流出を制限する策が相継いでとられた。加えて清朝側では貞享元年（一六八四）海禁を弛め商船の海外渡航を許したので長崎来航の唐船数は激増した。これに惧れをなした幕府は従来の市法貿易（日本側のつけた平均価額で輸入する貿易）を翌年改め、定高貿易法すなわち相対貿易ではあるが唐船の年間売上総額を銀六千貫までに制限する法をとったので、ここに密貿易が大規模に発生するのである。幕府はこれを厳重に取締り唐物・南蛮物の在高に注意し、品物が流れこむ場所として北方は松前藩、西方は福岡藩につねに検索の眼を光らせていた。従って当藩側でも警戒したわけで、玄海灘の密貿易の中心地となったのは長州・小倉・福岡三藩の属島が交錯した藍島（相島。県内粕屋郡新宮町に属し陸より三里）およびその附近の島嶼であった。

日明貿易の推移

密貿易の発生と監視

益軒の漂着船取調べ筆談記録はないが、これらの長くても数日にすぎない出張にどんな携帯品を用意したかは『行装記』（四半截型三冊）に綿密に記されている。たとえ

『行装記』

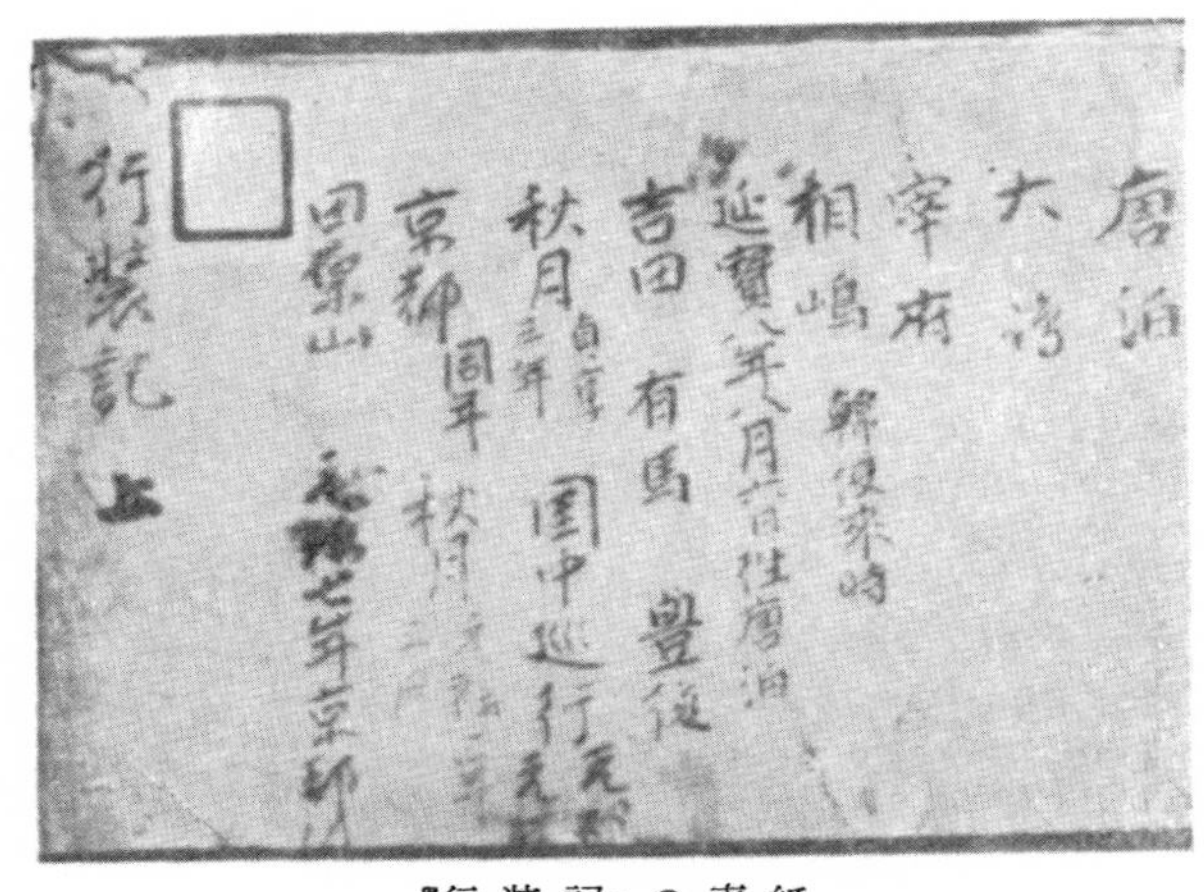

『行装記』の表紙

ば韓泊ゆきの際には、ちまきに入れた上白（じょうはく）の粮（りょう）一斗を初めとして、酒一升、肴二―三種（亭主等を饗するためと註記される）があり、着物中には朝鮮もも引もあり、その他めがね二（「一ハ箱ニ入」とある）や、参考書に「筆談ノ書、唐一冊・韓二冊」や、『群書要語』一冊等があった。すでに当時から旅行には眼鏡を二箇携帯しており、晩年の『在京日記』には眼鏡匠に立寄り、また京都本屋茨城屋を介しさらに新しく注文している。

なお漂流民の検察以外に福岡藩にと

朝鮮信使接待の任

って重要な問題としては朝鮮信使迎接の行事があった。朝鮮との国交回復はこの貿易によって活路を見出さねばならなかった対馬の宗氏の尽力により早く成功し、元和三年の初来以後も代々将軍の代替りごとに信使を派し、はじめ幕府は明との国交回復のためにこれを利用する計画で歓待した。明との国交断念後も西国大名に多大の経費を投じての信使歓待を命じたことの中には、多分に西国大名への政策的配慮があったこととされる。

信使一行の顔触れ

信使とは首脳部に上使・副使・従事官の三使と翻訳官・医員等五百数十人からなる団体で六艘の船に分乗して釜山から出発する。対馬からは宗氏およびその家臣数百人が案内格として附随し、下関をめざして玄海灘を一直線に横ぎる。その途中の寄港地として前掲の藍島が選ばれた。沿道大名による接待の第一印象を与える所として福岡藩には多大の出費が強要せられ、享保の場合には、一日の食糧に「活雞三百余、雞子（卵）二千余箇」が消費されたと来朝者側の記録にある。

天和二年の場合

益軒も一役演じた天和二年（一六八二）綱吉襲封の賀として来朝した場合には、一年前から多くの人夫を用いて万端の準備が施される騒ぎであった。この時の訳官金指南の『東槎日録』によれば、接待用の器具・用器は金銀彩花でいろどり、また金で造った鶴・亀の置物を備え、接待役は長袴をつけ鞠躬として走り動き恭敬の限りをつくした。これらの器具は上方に注文したものであり、接待役はいずれも高禄の士で藩主も一度は挨拶に現われた。彼等一行との筆談による唱和は当時の儒学者にとり最大の楽しみであったであろう。この時益軒は藩命により甥好古・門人鶴原時敏をともない李林学士鵬溟などと応接している。時敏は藩医雁林の子で、後に九皐と号し世業をつぎながら益軒に師事し、高弟の一人に数えられ、父の死後京・江戸に遊学して藩儒に任ぜられ光之に侍講した人物である。その会見をうかがうとまず時候の挨拶の後に次のように始めている。

益軒と朝鮮学士の問答

益軒　嘗て聞く処によれば貴邦は礼義の国で、且つ明経の君子が多いという。万里を阻隔して日頃仰慕の思いを懐いていたが、今光範（よい手本）に接することを得て意外の幸であり、実に寒（まずしい）生涯の一大快事である。

鵬溟　嘗て対馬にいた時御高名は承っていたが、この相島に来って鄭重な御訪問を受けた。自分達は礼義の邦にあるけれども学問はもと魯莽（にぶくあらい）、才は駑劣で、従に彫虫の是習（小細工をすること）を知って学問上の工夫を諳じない。縦い酬酢（対応）の教えがあっても、倀々然（手引の人を失って途に迷う）として仰いで（期待に）副うことのないのは誠に愧忿（はぢうらんでいかる）である。

益軒　（否）腐儒は（貴方ではなく）筑前の書生（益軒）である。国君のために儒学を教授している。幼より読書を好んで渉猟する処のもの凡そ七百韻、最も孔孟・周程・張朱の書を嗜んで心を儒術に棲とすることが久しい。且つ笈を負うて友を尋ね京都及び東都に遊学すること十有余年、然し庸愚の材で疎謬（おろそかにしてあやまる）の学である。また文は拙く詩は賦することを好まない。ただ日常読書研究することを楽しみと致している。このたび君命を以てここに来って幸い君子と相見えることを得たのであるが、次の箇条について質問致したいから教えを請う。

とのべて李退渓（朝鮮の儒者、一五〇一〜七〇、その学派を主理派といい、主気派の李栗谷とともに朝鮮儒学を大成し、その黄金時代を出現させた）・李晦斎・鄭夢周・盧守慎・王仁等の学者の事蹟および著述のこと、学校のこと、科挙のことなどを尋ねた。なお初め地理についても質問する予定だったが国禁と知り中止した。ついで漢詩の唱和におよび、好古・時敏も発表した。益軒の発表した二絶の中の一つを紹介しよう。

対朝鮮学士（詞書略す）

旧慕う殊方（方、即ち朝鮮）儒術の正（正統派朱子学を奉じていること）、何ぞ図らん今日嘉賓（歓迎すべき賓客）を見んとは。曾て聞く四海皆兄弟（『論語』顔淵第十二に「四海之内皆兄弟也」とある）、蓋を傾けて相逢う故人（旧来の知人）の如し。

これに対し『東槎日録』には、

筑前書僧貝久兵為二学者一。大作二詩篇一呈二納三位一行一。文人無レ不二讃美一矣。

と評している（以上殆んど『筑紫史談』二八集「粕屋郡相島に於ける黒田家の朝鮮信使接待」故藤井甚太郎氏による）。さらに一行の帰途に再会する予

正徳元年の春庵の接待

定だったが急に参観随従を命ぜられたため不可能になり、対馬の書生を介して儒学上の疑点をのべ批判を請う書を渡した。

信使が再来したのは正徳元年（一七一一）益軒八十二歳の時で、益軒の弟子で儒臣の竹田春庵・神屋弥左衛門が渡島待機したが、その前後に彼は準備された筆談語句の訂正、交換用筆跡の用意、また朝鮮の動植物に関する質問事項を記して依頼した。今度は対馬藩の儒者雨森芳洲（あめのもりほうしゅう）らも先客としてきており、気候不順のため滞在十日に及んだので数回にわたる詩の唱

『損軒詩稿』（春庵浄写）（李朝学士への賜詩）

『藍島唱和筆語』

和、朝鮮儒学界への質疑応答もなし得た。さらに随伴の医者に日本の薬剤分量は少なく中国の一服の十分の一だが、これは邦人の腸胃が軟脆（なんぜい）のためである、貴国においては如何と聞き、中国と同量と答えられているが、これまた明らかに益軒依頼の質問であった。現在竹田家に『藍島唱和筆語』と題する版下用と思われる稿本があり、益軒はこれを京都の本屋茨城屋に問い合せて出版させる予定だったが、すでに『京都江戸筆訳唱和』を京都で刊行後で、時期後れのためものにならなか

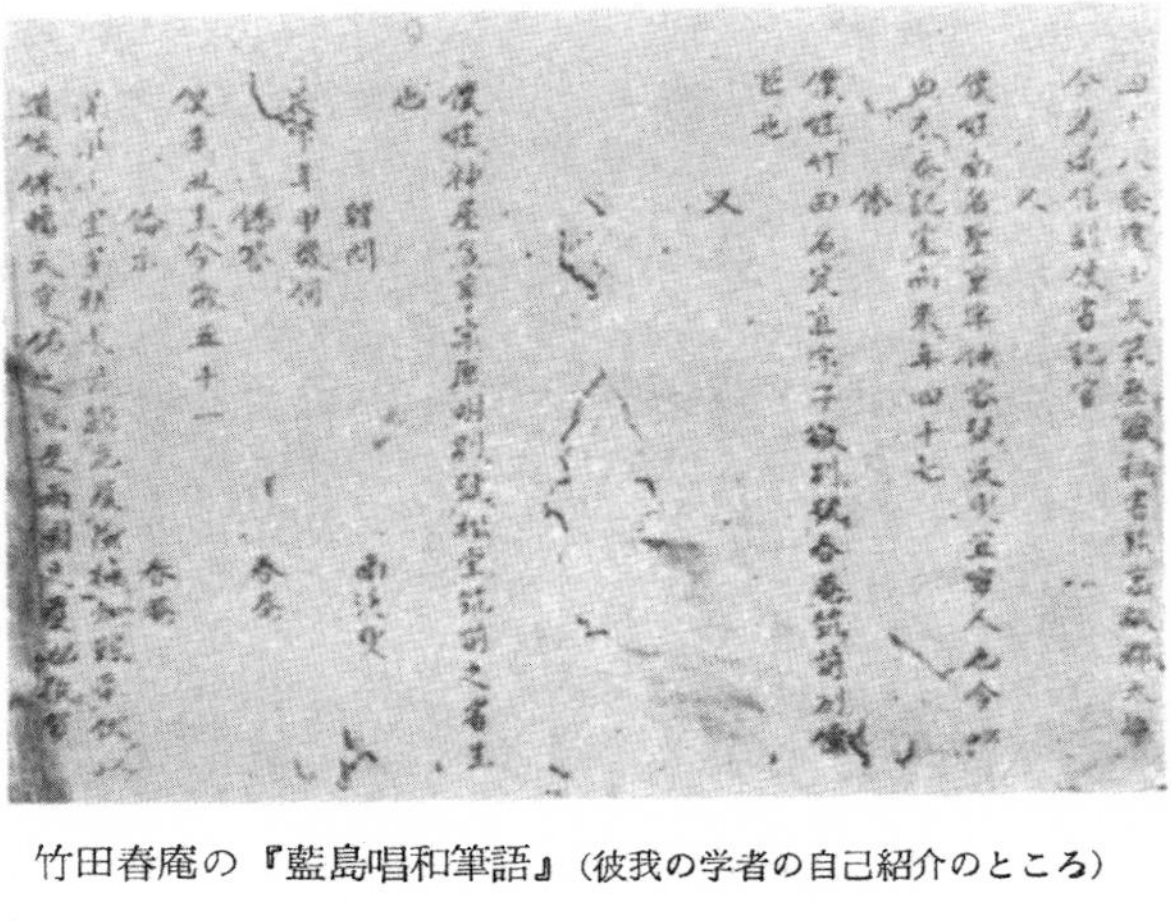

竹田春庵の『藍島唱和筆語』（彼我の学者の自己紹介のところ）

ったようである。

四　たくましい計量的精神

『和漢名数』の好評

既述の『和漢名数』は元禄二年の自序があるから当時出版されたものと思われるが、元禄期の商業的社会の発展に伴う計量的精神の横溢（おういつ）した時代相に対応して増補版、さらに同八年には『続和漢名数』が出される状態であった。とはいえその部数は今日とは段違いに少なく『雑記』によると、

初の名数長尾半兵衛（京の本屋）手代与兵衛板行、初て江戸に下して七百部うる、其後毎年四百部ばかり売る由云々。

とある。

中国書に基づく数目に関する本がわが国でもすでに出されていたが分量多く暗記することは至難のため、その最も大切なものを選び不足を補い、さらにわが国

『和　漢　名　数』

の典故や人物・事蹟の名数に関するものをも併記したものだった。もちろん本書は数目に関係ある名詞を上は天文・地理から下は人事百般にわたり集めたもので、数学の本では決してない。しかし数学の面白さを認識した人ならでは到底まとめ得ない好著である。二-三の例をあげると、「数量」の項には九九の数、算盤を用いた算法除数（『算学啓蒙』によると出典を記す）、田数・里数における中国と日本の相違、日本の三種の尺（ものさし）を紹介し、『続和漢名数』には「天文」の項に「未だ孰（いず）れが是なるを知らず」としながら周天里数の項を設け、『月令広義』その他の説をあげる。「地理」の項では京・大坂の町数・戸数・人口等を、また「異国渡海々上路程」として長崎から中国各地、南洋さらにヨーロッパ各国に至る大率(おおむね)の里程を記しており、出典不明で正確度も疑わしいが、数回の長崎行きによって他の世界の存在を認識していたことが充分うかがわれる。

算数の必要を説く

彼が読んだ数学書は『算学啓蒙』程度だったが、晩年に書いたいわゆる「益軒十訓」といわれる啓蒙的教訓書類には、算数が貴賤・四民を通じて一家の経済上からも重要なことを繰り返し強調している。当時武士の間にこれを賤しい業(わざ)と見る態度があるのを排して、むしろ治者側においてこそ政策遂行上から必要とし、

算を知らざれば、万(よろず)の事をはかるに、おろそかにしてつたなし。(文武訓)

『雑記』の内容

とする。なるほど彼の『雑記』にはその時々の物価、特殊品の購入価額、下男下女への給金(多く質奉公人らしい)まで細かに記されている。八十歳に及んで生涯

を通じての主要家計簿を子孫への警（いまし）めとしてまとめ『篤信一世用財記』と題したが、ここに文字通り入るを計って出（い）ずるを制する策がうかがわれ、こうした彼にして初めて凶年に知行地の農民を救済し得たのだと合点される。

家族の体重を計る

かように彼にとり数学は実用範囲に止まっていたが、その範囲では充分に活用され次のような興味ある試みもなしている。後半生に五回にわたり自分と妻、のちには下男・下女を含めての体重を記録しており、初めは五十四歳・六十三歳・七

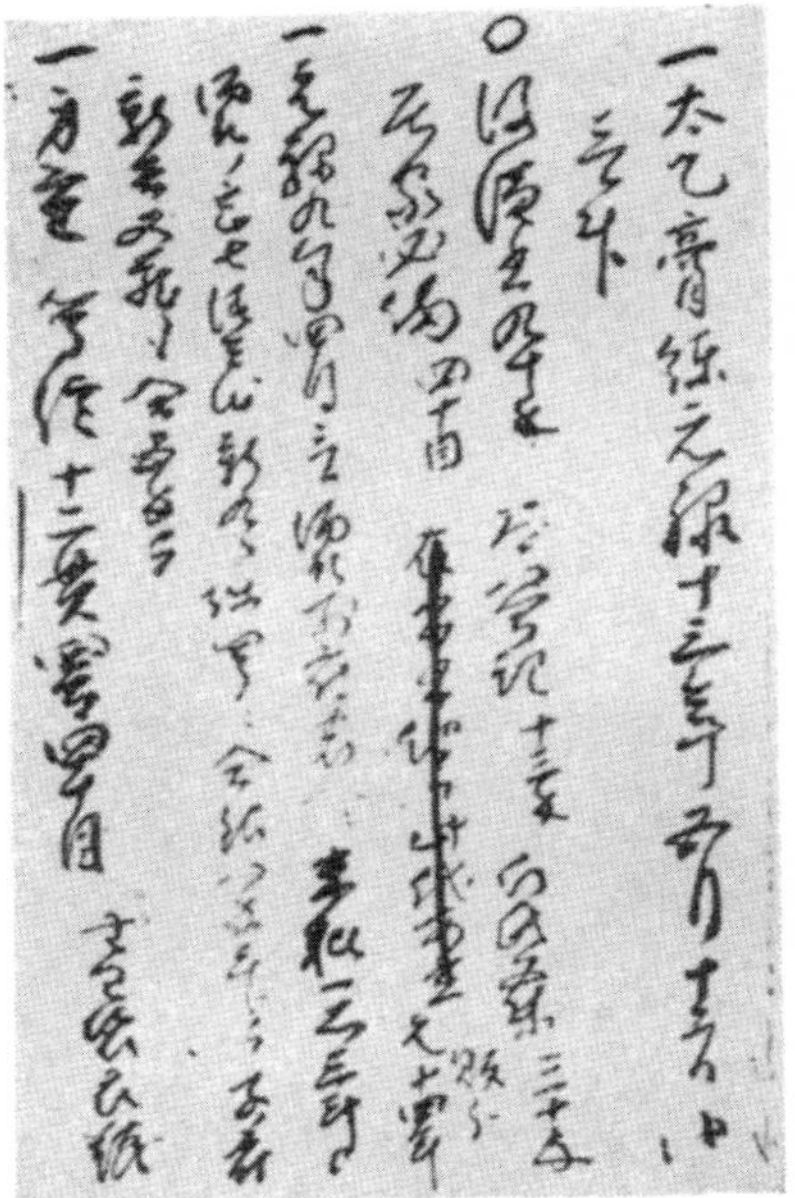

蹟『雑記』より
体重をはかっている（『福岡県の歴史』より転載）

十二歳と九年おきに、ついで紊れて七十九歳・八十二歳と間隔が短くなっている。

一篤信身重十四貫目　去二包袋一。天和三年九月（五十四歳）室家（東軒）　九貫百五十目　右同（三十二歳）（中略）

一身重、篤信（七十九歳）、十二貫四百四十目、無二包袋衣韈一。

宝永三年七月十七日

○内（東軒）（五十七歳）、九貫目、去二包装衣服一。○久右ェ門（養嗣）、十二貫三百六十目、同上。

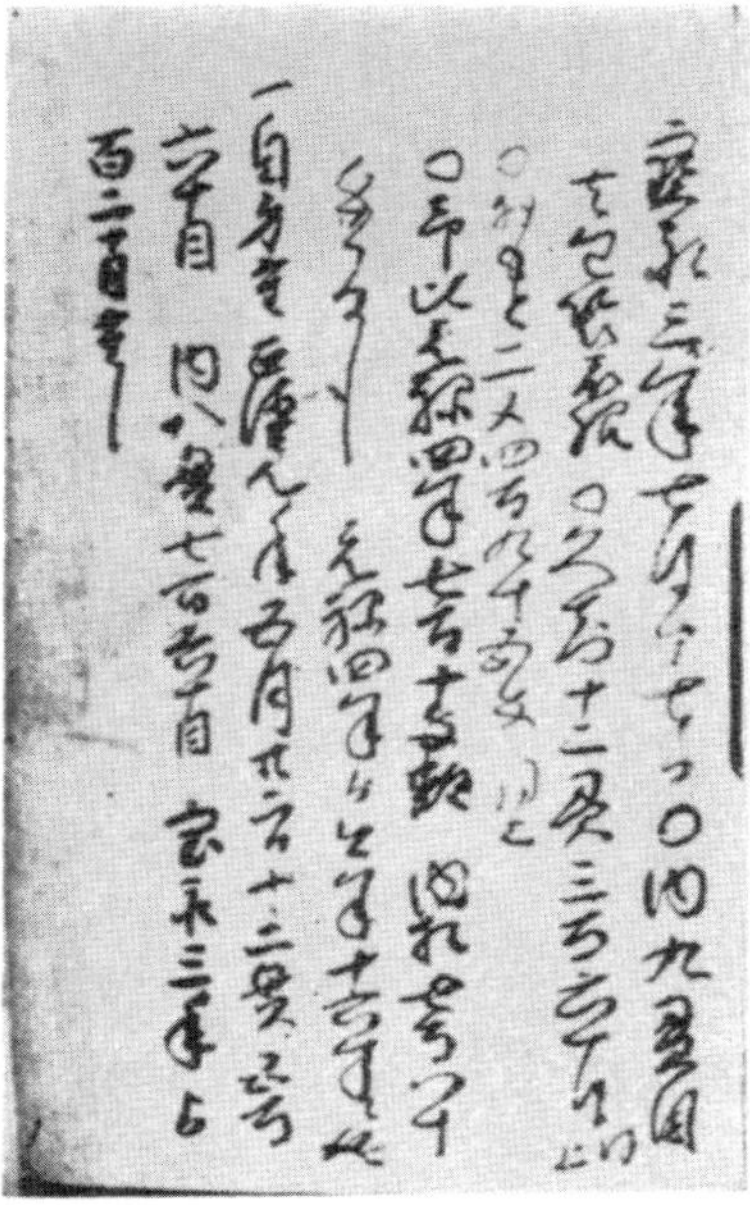

益軒晩年の筆

（三行目より自筆。以下中央の記事によると家族の

○おもと（女中）、二（十脱）貫四百九十匁、同上。

○予比（ひするに）元禄四年に七百十匁軽。内相七百八十匁かるし。元禄四年より今年十六年に成。

一自身重（八十二歳）、正徳元年五月廿二日、十二貫五百六十目。内、八貫七百六十目。

宝永三年より百二十目重し。

これで見ると益軒の体重は普通だが東軒夫人は軽すぎてひ弱い体質のようである。

距離を歩足で推定

また一歩（いっぽ）の歩幅をあらかじめ計っておき、距離を歩数から測定する方法を従僕を使って試みている。元禄十一年のころである。

一篤信宅新町小宅門ヨリ麁原（そはら）山ノ北麓山際迄
　四千百五十六足　三内　二十三町余也
又曰四千四十五足　権作　二十三町二十七間
一自宅門ヨリ井崎園圃人家之門迄
　千百七十二足　三内　六町五段二足

千百五十足　　　権作　六町三段五十間
○紅葉原宅二十四町アリ、井崎圃ヨリ半里遠。
一自宅門ヨリ好(甥)古門マデ
○三内　千五十足　三百五十間也　五町八段二歩
○権作（足数欠）　　三百四十八間　五町八反也
井崎ヨリ三十六間近シ。（『雑記』陰の巻）

正確さを求めて二人の従者に測らせ、その近似(きんじ)に基づいて某所と某所との遠近を考える彼の方法は慎重である。

第五　旅行―紀行文学の成立

一　天性の旅行ずき

自らわが身を弱くつかれやすい性質として養生に注意してきた彼は、延宝七年(一六七九)十二月には五十歳の賀宴を開き、親族や従学者を饗することができた。これまでに彼が体験した病気といえば既述のもの以外には風邪・腹痛・下痢等にすぎず、それらをも一々日記に記しているところに健康への注意のほどがうかがわれる。恐らく彼ほど多くの旅行をなし得た、しかも好んだ学者はあまり多くないといえよう。参観供奉としてまた藩命により江戸へ十二度、京都へ二十四度、長崎へ五度行ったが、殆んど拝借金なしですましたと語っている。またその往復途

主要な旅行回数

上を利用しては諸所を遊歴した。それを可能ならしめるほどの健康体だったと考えねばならぬ。その旅にかつて同行した高弟の春庵は、益軒が毎朝旅装を整える様子を見てその速かで確かなことは到底人の及ぶところではないと驚嘆したが、すでに熟練した旅行家となっていたわけである。彼は幼いころから自然美を愛し

自然美への愛好

旅行中たとえ同行者があっても美景に接しては立去り難かったと『楽訓』の中にも述べている。また自然美の享受は「貧賤にして時にあわざる人が得易い」というのは自らの長い不遇時代の体験に基づいての言葉であろうか。ところで彼は朱子学の知識を重んじ、知り尽して後に行なうという「知先行後説」に反対し、「知行併進論」すなわち両者を併行に進めてゆくことの必要を旅行に例をとって力説した。旅路のことを知り尽すまで出発を待っていては旅行できなくなる、判ったところまでいってそれから先はさらに人に尋ねてゆけば捗(はかど)るというのだが、旅行によって開かれた具体的な知識、さらに物を見る眼は多大だったはずである。

知行併進論

『行装記』に見る携帯品

また旅行を快的ならしめるためには周到な準備が必要であるが、それらは既述の『行装記』に詳細に記される。携帯品中にはつねに数部の書籍が加えられ、衣服・器具の項には「火事の時の米袋四」といった用心深さを示すものもあり、きせる・煙草入といった嗜好品ももちろん加えられている。また養嗣に対する教示の意味をも含めて江戸藩邸での生活方法をも述べているが、彼の場合京都の本屋と特別関係があったので本屋に依頼して送らせると特別安価にすむという便利もあった。

五十歳代の初期の著述には紀行類が多く見受けられ、しかもその大部分は功成り名遂げた晩年に出版されている。その初稿・成稿の年は必ずしも逐一判明せず、またいくつかの成稿が合冊され題名を変えて一部になる場合もあるが、ともかく著述年表（『益軒全集』第一巻）——これは主として成稿の年である——から拾ってみよう。

（書名下のカッコ内の数字は巻数）

表紀行記一覧

延宝　七年（五〇歳）『杖植（つえたて）紀行』（一）
同　　八年（五一歳）『京畿紀行』
『大和河内路の記』
貞享四年（五八歳）『吾嬬路記（あずまじのき）』（一）
元禄二年（六〇歳）『厳島図並記事』（一）
同　　三年（六一歳）『都鄙行遊記』
同　　四年（六二歳）『筑前名寄』（二）
『江東紀行』（一）
同　　五年（六三歳）『壬申紀行』（一）
『大和巡覧記』（一）
同　　七年（六五歳）『熊野路記』（一）
『豊国紀行』（一）
同　一五年（七三歳）『扶桑記勝』（八）
同　一六年（七四歳）『筑前国続風土記』

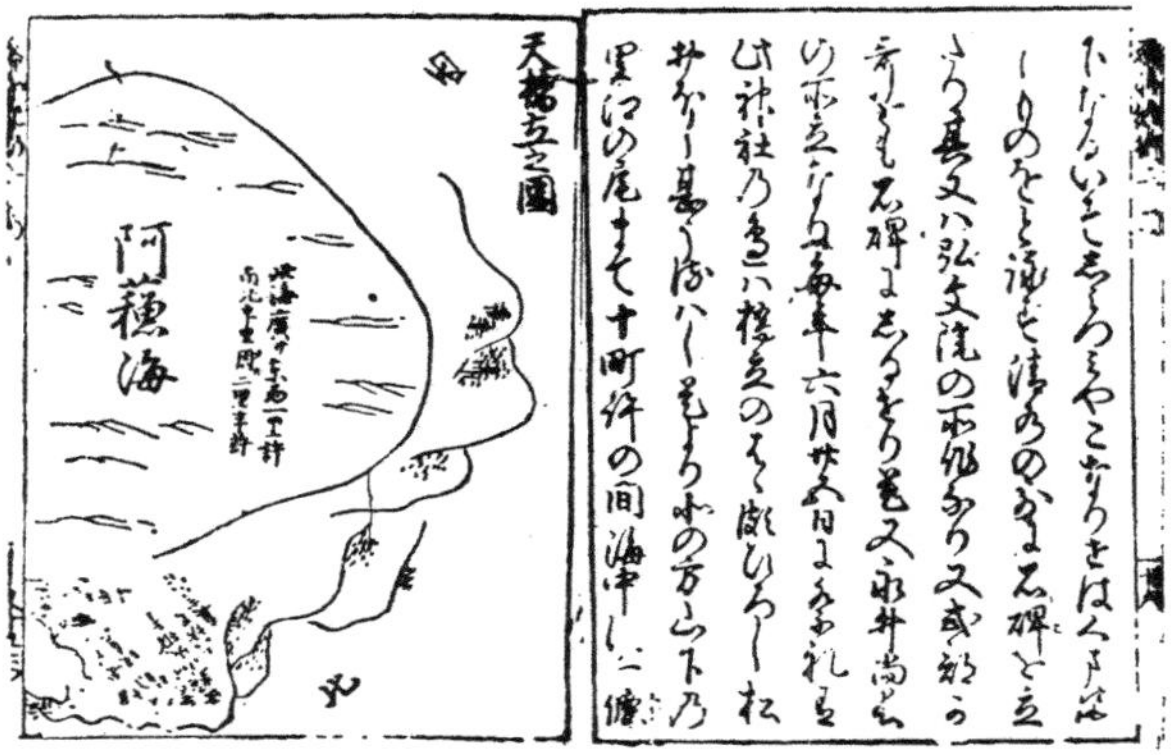

袖中版『諸州めぐり』の本文

（二八）

宝永　六年（八〇歳）『岐蘇路記』（二）

正徳　元年（八二歳）『有馬名所記』（二）

同　　三年（八四歳）『諸州巡覧記』（七）『日光名勝記』（一）

新しいタイプの紀行記の先駆

これらの紀行に共通した特色は平明な表現で且つ情趣豊かな和文をもって書かれており、彼の深い国文学への教養を偲ばせる。わが国の紀行文学が中世における霊験を求めての社寺参詣記といった神秘的描写をもつ情感本位の記述から脱し、清新な写実でその地方独特の自然美や産業・地理を記すに至ったのはこのころからで、彼をもってその初めとするといってよかろう。もっとも京都の友人黒川道祐の『雍州府志』も正確な記述と実際的知識を盛って有名であるが、漢文なのが致命傷だった。この点つねに「民生日用の学」を唱え平易をモットーとした彼においてこの弊は全然見られなかった。

『杖植紀行』

『畿内吟稿』

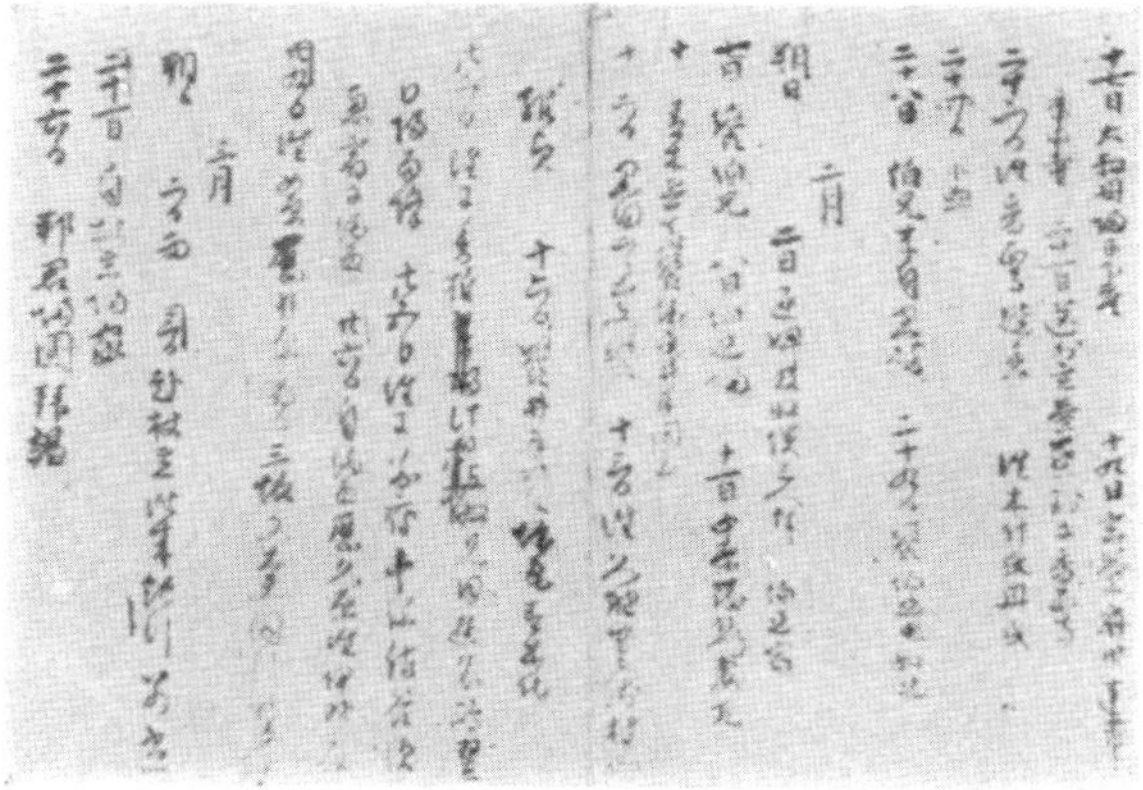

延宝七年正月〜三月の日記

最初の作品『杖植紀行』（つえたて）は五十歳の春三月に熊本県阿蘇郡杖立温泉に湯治に行った紀行である。この地は最近まで俗化を免れていた所で彼も「堯舜（ぎょうしゅん）ノ世ニ遇フ」思いがしたが、日田（ひだ）の学徒と名乗る数名が酒肴を携えて来訪する件もあった。翌年春三月海路をとり長門豊浦（とよら）神社へ立寄ってのち入京した。直ちに大和巡りに発ち奈良・桜井を経て多武峯（とうのみね）・吉野山に遊び、三月末には帰洛した。紀行の詩十余首を作り、『畿内吟稿』と題している。一ヵ月後

『大和河内路記』

には大和の郡山を経て河内の勝尾山に登り、箕面の滝を見て有馬温泉に遊び旅館で『大和河内路記』を執筆した。ついで五月初旬に発ち武庫山に登り大坂から乗船の予定だったが逆風で帆をあげ得ないので、その間を利用して河内の国府を経て再び大和へ向った。龍田を見て法隆寺に宿り、翌日片岡および当麻寺に到り二上嶽を越え上宮太子墓山・誉田八幡・道明寺等を見て帰船したのだった。

元禄二年二月の日記

『大和巡覧記』

楠公の史蹟

元禄元年十一月にも山城の南郡および奈良の古寺名勝を歴観し、翌年二月には河内・和泉を経て紀伊に遊び三井寺を見て、帰途高野山を経て桜花まさに酣（たけなわ）なる吉野山へ登り、金剛山僧坊に宿り楠公にゆかりの深い千早城・赤坂城の跡、観心寺を見た。さらに同五年にも参観に先立ち大坂より大和の境を越えて伊勢神宮に参り、この年に『大和巡覧記』をまとめた。帰京したのは三月で直ちに各所の桜見物に馳せ巡り、祇園では「観ル者市ノ如ク満野（まんや）ニ幕ヲ帷（めぐ）ラス」と日記に記し、東山ではここの花とも永の訣（わか）れになるであろうと懐（なつか）しんだ。

二　東軒同伴の京都行

こうした彼の旅行好きの面が最大限に発揮されたのは元禄四年及び十一年に東軒夫人同伴でなした入京であろう。ともに他の従者をも伴っているし、遊楽が主な目的だったと思われる。益軒の日記を見ると夫人を大切にし楽しみをともにしているが、これもその一つの現われといえよう。

まず元禄四年の場合から見よう。その前年に六十歳の賀宴を開いているからその祝いをかねた旅行であったと思われる。藩の許しを得て東軒夫人および甥の梶原可久を伴い出郷したのが三月中旬、大坂に上陸した一行は和泉の堺・住吉・天王寺・天満宮・古宇津の藤棚を見物した。ついで参覲帰途の綱政をこの地に迎えて橘・柑・柚の果物を献上し、抹茶壺と白銀十枚を賜わっている。入京後は河原町出水町に宿をとり充分の日数をとって名所をゆっくり遊覧して廻ったが、ちょうど藤花の季節であった。その間同行の可久が痘瘡を患い、それがすんで一番湯に浴するまでの十日間は遊行を休んだ。その後単独で近江国を廻り帰京後漸く旧友の松下見林・稲生若水(元禄元年より相識、後出)らの来訪もしげくなり、夫人は単独で奈良やその他に赴いている。

一通り遊覧が済んだころから益軒は古楽の習得に励んでいる。先年の六十の賀

元禄四年の場合

藩主より茶壺を賜わる

古楽を学ぶ

宴に自らは琵琶を、夫人は箏をもって合奏したばかりで、この機会に一層の修得を計った。米川玄察から学んだのは先年だが、今回はその兄助一郎と相往来して箏・篳篥を練習した。この兄弟の父操軒はかつて益軒の親友であり、その碑文を益軒自ら書いたのもこうした因縁によるものであろう。ついで宮中の楽人山井近江守について学んでいるが助一郎の紹介であろう。その傍ら西園寺の楽会へ、加茂社の神楽へと機会を逸せず耳学問にも努めた。公卿にも近づきを得て夫人同伴で難波中将（経尚カ）の宅へ行き蹴鞠を見、あるいは旧識の伏原宣幸宅で楽人らの合奏を聞いた。また見林の紹介で大分宮の額文字を前内大臣花山院定誠に執筆してもらい、その謝礼として金子を献じたところ、二嚢七菜の盛饌に預るという思い出に遺る出来事もあった。その合間を縫っては夫人とともに行厨持参で糺の森や聖護院に遊び、後者の場合には帰途に日が暮れ加茂川辺で月を賞でた。

公家宅の楽会へ行く

狩野永納を訪ねる

なお七月十八日には狩野永納を訪問して談話を交えている。永納は狩野山雪の

狩野昌運に肖像画を依頼

長男だが、世に中橋狩野と称せられた八代目の安信（探幽の弟）についてその蘊奥を極め、狩野の正風により一家をなした人で、また文を好み『本朝画史』（元禄六年）を出したが、本邦画人の伝はこれを嚆矢とするという。益軒が訪ねた四年にはちょうど『本朝画伝』を出しており、これが前者の原となっている由。この会見が取持つ縁となったのか益軒は三年後に狩野昌運に肖像画を画かせている。昌運は宇都宮の生まれで安信に弟子入りし、画技次第に上達して後にはその兄弟分となり、法橋に列し、安信晩年の眼病時には代筆を揮った。晩年黒田侯に仕え筑前に下ったことがあり、この機会に益軒の肖像画がかかれた。本書の初めに掲げたように文机の前に端坐した姿で、学徳ともに優れた温厚な風格がにじみ出ている。右端に薬湯があり左側下に彼が愛したざろん梅がある。貝原家では毎年益軒の忌日九月二十七日（旧暦八月二十七日を新暦に改めて）に一族が集まり、この像を掲げて祭りを行なわれる由である。肖像画の上には次の益軒自賛がある。

肖像画への自賛

名手狩野昌運為ㇾ予描ㇾ像。欲ㇾ其克肖一凡五易ㇾ稿、而後浄写如ㇾ此。可ㇾ謂二鄭重不一ㇾ苟也。因自賛以遺二来裔一云。

撲陋之質　衰朽之軀　引ㇾ鏡窺ㇾ影　彷二彿画図一。玩古不ㇾ倦　至ㇾ老増　娯　千慮有ㇾ得（『史記傳』淮陰侯に「愚者千慮必有二一得一」とあり）　斯語庶乎。

元禄甲戌（七年）七月既望（十六日）　貝原篤信六十五歳書

なお益軒の『雑記』中の支払いを記した元禄七・八年の項に、

一狩野昌運ニ鄙生家蔵唐経・山水各（々）代銀二一三枚付可ㇾ申候。

とあり、昌運への揮毫謝礼のことと思われる。家蔵の『唐経』か山水画のいずれかに銀二・三枚を添えて贈ろうというのであろう。彼の蔵書中の仏書には『円覚経』や『三部経』があり、また図絵には唐画山水として銭幾や魏之璜の筆になるものがあった。

話がだいぶ脇道にそれたが、こうして四ヵ月間にわたる京都滞在を終えて彼らは三条小橋から乗船しようとしたが河水少なくして果さず、陸行して大坂に至り、薬店境屋五兵衛宅に寄宿した。旧知の間柄とみえ夜になると河舟をしたててくれ、「月色鮮明、佳興アリ」と日記にある。帰国後登城した益軒はみやげ物として京都入手の「耕織図」と能登輪島そうめんを献上した。その後賜食の機会を得て雁の羹（あつもの）を与えられたが、当主綱政からは京・江戸の当時の代表的学者名を尋ねられている。

帰藩後「耕織図」を献ず

二度目の夫人同伴旅行に先立ち、彼は藩命で同五年・七年と相継いで入京の機会を得た。五年の場合は佐賀藩との間に起った背振（せぶり）山分境問題（後述）に関係があるようだ。まず入府して新築の湯島聖堂を初めて拝し、また林大学頭鳳岡にも初めて謁した、その帰途の滞留である。頻繁に往来した学友は稲生（いのお）若水・松下見林であったが、見林や向井元端（元升の長子）の紹介で前回以上に公卿との面会が増えていることが注目される。これは儒学者でありながらわが古典への造詣も深いその学

元禄五年の入京

林鳳岡に初対面す

風が好評を得ていたであろうし、また春庵のとりなしも背後にあったであろう。その状態を益軒の東軒宛書翰を通じて見よう。

公家社会で大いに歓待される

風早実種

まず八月末には見林の案内で風早流香道の祖右中将風早実種に面会し、庭前の松を詩に詠め（よ）といわれ、漢詩が不得手の彼は一応辞退したが聞き容れられず、やむなく詠んだ。益軒のことは久しく前から聞き及んでいると挨拶されて喜んでいる。ついで九月初旬には当代の歌人といわれる武者小路右中将実陰に会っており、益軒の帰国に際しては餞別の歌を送られた。後に聞くところによると、益軒が集めた筑前名所の名寄（なよせ）をこの人から上皇へ伝えられた由である。十四日には近衛前関白基熙および嗣子内大臣家熙に謁し、手ずから熨斗（のし）昆布を与えられた。また十七日には伏原宣幸の案内で高辻大納言豊長に謁し、家人が肩衣姿で酒食を饗し、大納言と盃の応酬をしたことを光栄としている。翌日には向井玄端の案内で一条関白冬経に謁した。ことのほか懇ろに話しかけられ、京都における益軒の弟子の

武者小路実陰

高辻豊長

一条冬嗣

四辻公韶

花山院定誠

ことを尋ね、また京での益軒の講読を聴講したいが江戸行きの期が迫り出来ない由を告げ、手ずから酒肴を賜わった。取次がいうには、「一条関白殿がかように常人に言葉をかけることは類がない、貴方の学名が高いからだろう」と。ついで二十三日には再び伏原の案内で楽官の頭四辻右中将公韶に謁した。琴の名手で常人では聞き難いが特別のとりなしによる。上手の楽人四人を召しよせ右大将の琴に合奏させ楽三番を聞き得た。また旧知の花山院定誠および嗣子中納言持重から海うなぎを賜わっていうには「益軒には古楽愛好の由、隙を得て楽人を招き自らも箏をひこう」と。招きにより同二十七日夕飯後見林の案内で伺った。盛饌を供せられ、肩衣を脱いで寛ぐように告げ、所望の楽名を強いて問うので五番をあげた。召し置いてあった上手の楽人四人に命じ三台・太平楽・五常楽・賀殿・陵王を管皷で合奏した。終ったころ、隠居後は他人に会わぬという定誠が現われ久し振りに箏を弾いて聞かせようということになり、楽人は各々笙・篳篥・笛・太皷で伴奏し、さらに五番に及んだ。その後閑談を了えて退出したのはまさに真夜中であった。また十月朔日(ついたち)に会った伊勢斎主(さいしゅ)藤波三位景忠からは別れに臨み、当代歴々の摂家納言の筆になる近江八景の色紙八枚を与えられた。彼の話によると、一条関白はかねてより益軒の学風を賞讃しておられるとの由。

藤波景忠

この滞在中に喚起された古楽への興趣はその後ますますたかまり、七年入京の折には藩の篳篥奏者友池半助を伴っている。宮中楽人の案内で禁中内侍所の神楽を陪聴し、その折天皇も出御され近く数歩を隔てて拝する機会をも得た。また大坂四天王寺の舞楽をも重ねて見ている。

元禄七年の場合

元禄十一年(一六九八)六十九歳の初春には東軒夫人を伴い最後の入京をしたが、僕四人・婢三人を従え一行すべて九人という豪勢な旅であった。出発に際し艀(はしけ)に移る際、舟が顚覆しそうになり衣服はもちろん両刀まで水に浸るという不祥事がおこったが、あとは至極無事に捗(はかど)った。三月に入京したが今度のは詳細な日記がな

一行九名、最後の京都入り

いので具体的なことはあまりわからない。九月には一行悉くを率い有馬温泉へ行き半月ばかり逗留した。同月末には江戸からの帰途の前藩主光之を伏見に迎えて温泉の話が出、光之も有馬湯治へ赴いた。

南蛮酒の毒にあたる

同年末には「南蛮酒ノ毒ニ中リ明日漸ク解ク」という思わぬ不覚をとったが、この貴重な体験は後の『養生訓』で焼酒の害を述べる項において生かされ、「京都の南蛮酒も焼酒にて作る」として注意を与える結果となった。

京の知人多し

この度の滞在でも二―三の公卿と面接し、またその求めに応じ『大学』を講じた。翌十二年正月には春庵の紹介による公家の世話で、東軒夫人や同行の婢まで禁中に入り舞楽を観賞し得た。かように滞在が長引いたのは彼自身や春庵の著書の出版元探しが捗らなかったためと思われる。春庵への書翰には「諸事仕廻かね春迄逗留の計」と報じているが、結局一年半近い旅だった。

こうして老年に及びますます京都を愛した彼であってみれば、その『備忘人名

『備忘録』にみる京の商店・名物

録』において「筑前」の部と「京」の部との枚数がほぼ等しいのも無理からぬといえよう。京の部に記されたところをみると親しく交際した儒者・医者・神道家・公家・僧侶から筆耕・石印工にまで及んでいる。つぎに商店では出版屋・唐本屋から文筆業に関係深い筆・硯・紙の店、また琴・呉服の店から宿屋にまで至る（『益軒資料』巻三所収『雑記』の「旧識」を参照）。西鶴が『日本永代蔵』で紹介したような「現銀懸値（かけね）なし」の店は京都にも生まれていたとみえ、次のような記載もある。

一呉服屋かぎ屋六兵衛　京二条さかい町東へ入町　かけねなし、買物高値には返し銀（マヽ）子返し（商品を）請取申（す）約束書付判有り。

また食品の上工（じょうこう）としては次の記載があり、彼の嗜好を示している。

○饅頭　一条通烏丸西へ入町虎屋　菓子モ同　○外郎糕（ういろうもち）　二口屋　油小路サワラキ上町ホウライヤ　○粽屋（ちまきや）道和　下長者町通烏丸西へ入町　○酒　油小路竹屋町下町　関東屋　花橘・清滝川・らんきく・ミたらし川・うち川・太和川等有　○豆腐　烏丸通下長者町上町東側丸山豆腐ハ京ニ而イカキトウフト云、ヲホロトウフハサワラ木町ニアリ、サブ(マヽ)ニ入由、常ニハナシ。

三　益軒と当時のジャーナリズム

本題に入るに先立ち、益軒の紀行記における記述態度を二―三指摘しておこう。上方中心の元禄文化の勃興は、この地方農村の商品的作物の飛躍的増加に基づき、農村と密接に結ぶ新興町人の擡頭にあるとされる。近畿先進地区の農業については、

近畿農業への観察

凡田圃(そたんぼ)に功を用て精(くわ)しき事、五畿内は他州にすぐれ、大和・河内は尤(も)すぐれたり。和泉は猶それにまさるべし。諸国のつたなくおくれたる農夫に、此地のつくり物を見せまほし。およそ五穀の美は、土地の肥饒(ひぎょう)のみにあらず、過半は人力のつとめによれり。

として鋭い観察を示しており、また河内木綿の栽培状況については、

凡(そ)河内国は木綿を多くうゝ。山の根の辺殊におほし。畠持ちたる者は余の物を作らず、悉くきわたをうゝると云。此辺もめんおほく織いだす。（ともに『諸州めぐり南遊紀

行』)

としている。なお紀行記においても科学者的な眼光が随所に及び、各地に伝わる古歌伝説に対しても非合理的なものには実証により飽くまでその嘘りをあばくに容赦がない。その極端な例として『南遊紀行』の和歌の浦の場合がある。この地をよんだ古歌に、

実証的観察—和歌の浦の場合

和歌の浦しほみちくればかたをなみ　渚をさして鴫鳴渡る

とあり、傍点の部分は潮が満ちてくれば干潟がなくなるので、という意味であることは周知のはずだが、地もとでは人寄せのために片男波すなわち男波(大波)のみで女波(小波)がないと宣伝していた。これを信じ得ぬ彼は次のような挙に出た。

あめつちの内、などてかゝるよのつねの理にたがひぬる事やあるべきとおもひしかば、かへりて後人にもかたりて、其迷をさとさんためわざと此浜辺にやすらひて、心をとめて久しく見侍りしに、いさゝか俗説のごとくにはなし。只よのつねの所のごとく、お

なみ・めなみともにいくたびもたち来れり。

考古学的考察

次に彼が考古学的遺跡に多大の関心をよせ、余裕がある場合には一応の実地調査をしていることが注意される。たとえば『筑前続風土記』の野芥(のけ)塚穴、『豊国紀行』の県内京都郡黒田村(現勝山町)の石窟、同田川郡鏡山村(現香原町)のはき原古墳等々の場合である。

古墳の解釈

古墳を入口が南に向いていること、山下の高燥地にあることから太古の穴居住居跡と判定している。当時これをむかし火の雨・氷の雨が降った時の避難所、あるいは盗賊の棲家(すみか)と解する者もいたのに較べれば、その誤認も却って科学的根拠があり一応は許容し得る。

実証主義への制約となったもの

しかし穴居説はさらに中国古典『易(えき)繋辞伝(けいじでん)』『事物紀原』などによって裏付けられていた。すなわち原始の野良住いから穴居へ、ここで聖人の工夫により建築住居へと発展したと推定し、これをもって聖人の功を知る一助としたのである。かように聖教への絶対的尊信が彼の実証主義に対し制約となる場合もあったようだ。

紀行執筆に際しての参考書

益軒がこれらの紀行を書くに際しては他の地理・紀行書を参考にしたであろうことは容易に予想し得る。『家蔵書目録』によれば公書の「元禄二年於㆓京都㆒所㆑買㆑之」の中には黒川道祐の紀行物・日本国図（四十三枚）があり、ついで私書の中には「倭文真字（わぶんまな）」の部に六部、「倭書地理」の部に三十一部があげられ、読書目録中にはこれらをも含めて九十二部の多数に及んでいる。太平が続き庶民間に名所遊楽の行事がさかんになり、こうした要望に応じて出版が相継ぐに至ったわけであるが、益軒の場合長崎行きを介して諸外国にも関心が示され、『諸蕃土産考』『和蘭国人所往買諸国土産』『華夷通商考』などもその中にみえる。『華夷通商考』は長崎の西川如見が書き元禄八年刊行された当時の名著であったが、春庵を介し本書を入手した際には、

『華夷通商考』を賞讃

コハミ事（見事）、惣而（そうじて）異国之名ハ無㆓定事㆒候事多御座候。さまたら国など種々之書替有㆑之候。満剌伽（マラッカ）なども同事候。

と評し、また同書の増補版（宝永六年刊）を得た際には、「好書（よき）で周覧するに甚だ慰めとなる」として感謝している。

ついで蔵書の「図絵」の部には、

日本図大小三幅・京図・江戸図・伊勢図・大坂図・中華輿地図・吉野山図軸装

などがあげられている。この吉野山図は彼が前後二回巡遊して自らスケッチしたものを画工に描写させたもので、これとさらに他の筆になる図とを校合して正徳三年（一七一三）茨城屋刊の箱入『吉野山之図』が出た。これは縦九寸半、横五寸半の折畳式厚表紙の木版本で、桜花らんまんとして展開する吉野山絵図を中心にその前後に概観と名所考がついており、この説明は益軒の『大和巡覧記』からの抜萃と後序にある。なお同書肆（しょし）の正徳二年出版目録によれば同じく益軒著、箱入の「奥州松島之図」「丹嶋橋立之図」「芸州厳島之図」が記されているが、益軒が奥州松島まで旅行した事実は見当らないことに注意したい。さらに享保の目録には自

茨城屋刊『吉野山之図』

然陶汰された結果か、吉野図と厳島図のみが記されている。

ジャーナリズムの成立期

ところでわが国におけるジャーナリズムの成立も元禄〜享保期にあった。今田洋三氏「元禄享保期における出版資本の形成とその歴史的意義」(『ヒストリア』一九号)によれば、従来の仏寺や大名と提携した仏書・儒書中心の特権的出版商に替って、このころから都市・農村の新文化人層の出現に伴い日用教養書・算書・小説類をだす新興出版商が続出した。同氏の作製された統計資料を引用させていただくと次のようになる(表一)。

これからして仏書・学問書の部数は増えているが出版物全体中に占めるパーセンテイジの相対的減少がわかる。

茨城屋の役割

次に仮名がき書の増加が著しいがその内訳部数をみると、次のように(表二)名所記はかなり伸びているが紀行は未だしである。ここに益軒の紀行類が歓迎されるわけがあった。前述の茨城屋こと柳枝軒(りゅうしけん)は新興出版屋の先頭にたつ者で、益軒・

(表 1)　寛文〜元禄期の出版傾向

部門＼年代		1670 寛文(10)	1685 貞享(2)	1692 元禄(5)
仏書	発行部数	1677	2493	2799
	同年の出版中に占める%	(44.3)	(42)	(38.9)
学問教養書	部数	877	1228	1472
	%	(22.8)	(20.7)	(20.5)
医書	部数	247	401	405
	%	(6.4)	(6.8)	(6.3)
仮名がき書	部数	1025	1812	2456
	%	(26.5)	(30.5)	(34.3)
部数総計		3826	5934	7132
部数増加率(寛文10年ヲ100とす)		100	155	186

(表 2)　仮名がき書の内訳

部門別部数＼年代	1670	1685	1692
名所記	28	52	62
紀行	?	17	24
算書	18	36	42
往来手本その他	88	150	179

西川如見などの啓蒙的著述家独占をめざし、また本の後尾に出版目録を広告する方法を始めるなど新企画をしめし、第一流の出版屋に成り上ったのであった。この本屋により益軒の筐底(きょうてい)にあった紀行記や啓蒙的教訓書がとり出され、ベストセラーへと宣伝されたのであろう。なお今田氏は享保にいたり出版資本が著作者に優越し、作者をジャーナリズム機構上にのせるところまで発展したといわれるが、それに先んじてすでに益軒紀行記の出版事情などにこの傾向は充分にうかがわれるというべきだろう。

貝原先生編述目次
點例二　筑前名寄二　大和俗訓八　家道訓六
樂訓五　京都めぐり一　大和めぐり一　有馬名所記一
歳事記八　三禮口訣五　木曽路之記一　日光名所記一
菜譜三　諸州めぐり五　吉野山図一　慎思録六
續和漢名數三　日本釋名三　文武訓
日用良方未刻　和學一歩未刻　扶桑紀勝未刻　神祇訓未刻
格物餘話未刻　初學訓未刻
農業全書十一　和爾雅九　和漢事始十三　諺艸九
孝經釋義便蒙
享保二丁酉歳平安六角御幸町書林柳枝軒藏版

茨城屋刊の益軒著書の広告

茨城屋と益軒

茨城屋と益軒との関係の

始まりはまだ具体的にわからないが、『家道訓』後叙で茨城屋自身が述べるように、まず和漢書の購入客として親しくなり、ついで管見によれば『頤生輯要』の出版に始まるのではあるまいか。はじめ春庵の稿『摂生精要』を託せられた益軒は友人に一覧させて好評を得たが、セの字が三つ続いて読みづらいという批判があったので相談の上で前述のように改題し、両人の共著にし内容にもたえず改訂が加えられ、後に元禄十一年のころ上方で出版元を求めた。一応吉野屋との契約が成立したが入銀五十部の上でという条件であって（春庵の『小学集疏』出版の場合も同条件であるから小説・仮名がき啓蒙書以外の場合はこの程度の入銀を要したのだろう）、それが出来なかったので、ついで相談をうけた茨城屋太左衛門（弟）が一覧の上で引受けたのである。また春庵の稿『小疾方』も元禄十五年のころ益軒が出版屋と相談の上で『日用良方』と改題し、内容に、

　灸治・湯治・獣病等も必御加可レ被レ成候。とかく民用之助ニ成候為と存候。

とし、あるいは、

民俗のために御座候間、平ことバ(言葉)に御和(やわら)ゲ可レ被レ成候。かたかなニ御改メニ被レ成可レ然候。

と繰り返し注意している。晩年に及び宝永五年ごろの茨城屋宛書翰によると、『大和俗訓』板下(はんした)清書の一覧を求め、また茨城屋を介して蔵書の売り立てを依頼し、その親密さがうかがわれる。

平易な表現を強調

また春庵宛書翰には当時の諸出版元への批判もしばしば現われてくる。村上源左衛門に対しては、同人から購入した四書の分配指引(さしひき)が済まないのに先方から済みといってきたので、「平楽寺(村上の屋号)事放逸、産業之事不ニ精密ニ」と非難する。あるいは益軒編輯の義理之書の印行を望む毛利田正太郎という「少々書をよミ他の商ヨリハ質実ニ見エ申候」ものに渡すために『中庸新疏』の編輯をいそぎ、ただいま藤兵衛に預けてある『大学新疏』、前述の『頤生輯要』も出版困難ならこちらへ廻そうという。あるいは京都の瀬尾源三郎という「文字も少(しく)存候と見へ

当時の諸出版元を批判

申」す本屋から出版快諾をえて、大坂の□和田(大カ)の如き不実な者ではなく、少々の著述でも出版したがっているから、和漢のことを書いた『格物余編』(後の『格物余論』であろう)を廻そうと得意である。

また出版元と一旦むすばれた関係を維持するにも細心の注意が払われる。宝永四-五年のころ春庵の前掲『小学集疏』を京の永田調兵衛の店から出すことにきまった時にも、この後さらに出版依頼の場合もあるだろうから、その時のためにこちらから手紙を出しておくがよかろう、自分からも添え状すると念をおしている。

益軒ファンの発生

益軒はその幾多の啓蒙的著書を介して、生前すでに多くの熱心なファンをもちつつあることを意識させられたであろう。たとえば『雑記』旧識の部によれば、

小倉ノ士藤井孫兵衛、于レ今宝永五年ニ三十幾許、禄百五十石、読書ヲ好む。損軒が所レ著の書皆買取。上京ノ時也。

とあり、また貝原家所蔵の他家からの書翰によれば、村井玄竹という医者から刊

行書以外の稿本ものも拝借願いたいとまでいってきている。

いわゆる「益軒十訓」の成立事情

元禄期に興った新興出版屋は幕府の教化策に迎合しつつ発展的体制をとったといわれる。益軒の晩年になったいわゆる「十訓」の如きも——史料がなく推定にとどまるが——出版屋側の求めによるところも大きかったのではなかろうか。彼の随想録『自娯集』や日記においては、必ずしも封建教学の鼓吹者とは思われぬ、自由で豁達な面が随所にうかがわれるからである。

四 『筑前国続風土記』

背振山国境争い

これらの紀行記出版に先だち、元禄元年(一六八八)に益軒は筑前国領内巡行の藩命をうけた。かねて古風土記に倣って筑前の地誌をつくる志をいだき、あらかじめ藩当局に請願していたのであるが、『黒田家譜』改定本献上がすんだので、ここに地誌編纂の認可が下りたのである。もっともこの年正月早々既述の背振山藩境争いがおこり、藩としても領内調査の必要性を再認識させられたであろうし、益軒自身も藩命によりこの解決に奔走した（後述）。争いはながびき元禄六年に幕府から検使が派遣されて現地を視察し、その後両藩の民を江戸へよんで裁決するに及び、最後の判決は次のように下った。古代の正史・勅書には筑前領と記されているが、幕府が差し出させたいわゆる正保絵図の福岡藩領内図には描かれず、むしろ肥前藩のそれに記されていること、また寺社領寄附・神社修造も肥前側からなされている事実に基づき、背振山嶺筋を両国の境とし、社寺は彼に属するものとされ、ここに当藩は敗北したのである。

『筑前国続風土記』編輯のため領内巡歴西方へ

前に戻り、『続風土記』編輯のため領内巡歴の命を受けた数日後の四月十日、彼は甥（おい）好古および藩役人をつれ西方の怡土（いと）・志摩郡方面を廻り、山があれば登り高所から俯瞰（ふかん）することを心がけている。まず一日目は姪浜（めいのはま）に留まり近くの青木村庄屋宅に宿泊、二日目は今山（古代の石斧製作所跡があるので知られる）・志登（しと）（戦後支石墓群の発掘でしられる）を経て前原（まえばる）に泊り、三日目は終日の雨をついて波多江を経て井原村に泊ったが、ここはこの地方の一中心地でここから藩命が村々へ伝達されるので俗に井原触とよばれていた。四日目は曇天のなかを雷山を経て三坂村に泊り、五日目は晴れたなかを一貴山を経て深江に至ったが、その海浜で数年前松の根から出た神功皇后の鎮懐石（皇后が三韓征伐に懐中にいれてお産の期を伸ばしたと伝えられる）といわれる大石を見て「ソノ真偽未詳」と非合理性をわらっている。六日目は加布里へ出て乗船して辺田へ向った。宿泊所では毎晩地方の庄屋を集めていろいろ聞取りをしている様子である。ついで五月には同じ伴をつれ南部の諸郡巡歴にでかけ、大宰府—都府楼跡—天拝山—竈門山を経て下座郡から上座郡へ出て、秋月の妻の実家に憩い、古処山に登り帰郷した。

鎮懐石を批判

背振山問題と彼の入京奔走

その後漂着船検分のしごとを終えて七月には藩命で甥好古、高弟の春庵および藩の役人二人・従僕二人をともない京都に行き、翌二年五月まで滞在したが、背振山事件の史料蒐集のためだった。彼から立花実山へ宛てた書翰（春庵が書き、益軒が訂正と署名をする。佐賀市野中万太郎氏蔵）によれば次のような次第である。

横川雞足院と会う

比叡山横川（よかわ）華蔵院の話しによれば肥前領背振山にある寺が叡山東塔正覚院の末寺で、末寺の僧が叡山に修行や位階所望のため登っており、従って叡山は肥前方に味方するであろうし、また天台門主たる日光門跡（もんぜき）もそちらへ組するであろう。門跡に対しては知友の禁中役人を介して運動してみよう。また叡山の所蔵記録が肥前側に有利に書き替えられた形跡があるから誰の指図によるものかも調査する。叡山第一の学僧横川雞足院（けいそく）とは松下見林の紹介で知合いだが、この人は「仏書に限らず何にても書籍をすき申たる僧」で「誰にても学問仕る者を親み申と聞え」ているから面会相談したところ、叡山においても峯を境に東塔は近江国、西塔は山城国となっている由である。背振山においても上宮は筑前領、下宮は肥前領としてよろしいはずである。また資料になる貴重な書籍類も、自分のかつての久しい在京遊学中にできた多くの学者・知友を介して容易に入手写本しうるつもりである、と。

その後、諸調査の結果を同四年に『背振山記』（筆者未見）と題してまとめており、さらに幕吏派遣の際には村の老翁として活躍した、あるいは炭焼夫として弁明したという言い伝えのあることは、彼が現地においてなんらかの方法で最後まで努力したことを物語るものではなかろうか。

『続風土記』の編輯過程

『続風土記』の件は、元禄三年藩命で福博の諸寺を歴訪して故実を調査し、五月末から翌月中旬にかけ東南の諸郡、早良（さわら）・那珂・御笠・粕屋（かすや）を巡遊。一月（ひと）後には好古を従え東方諸郡、粕屋・宗像（むなかた）・遠賀（おんが）・鞍手・嘉摩・穂波を一ヵ月を費して廻った。その成稿の自序にも記すように実地踏査で得た資料と京都遊学以来蒐集の資料を好古に託し、好古は自ら蒐（あつ）めたものをも加えて十四郡の草稿を作り、しばしば改編した。それを益軒と春庵が校正し、最後に益軒が校閲するという方法がとられた。

好古の功績

好古は途中病没したが（後述）その業績の方が自分より大きいと益軒

自ら語っているほどである。元禄十六年、『続風土記』を藩主綱政に献上するに先だち、春庵にあてた書翰で、

好古死後の事は拙者書加えたる分に仕候へバ（責任は自分にあり、御家本で公儀（幕府）には出ないのであるから少々書違えていても追加として補い得るので）不苦（くるしからず）候。好古姓名を記候も、実に彼者（かの）も精力を出（し）たる事に御座候間其まゝニ而（て）書加へ申度候。

と相談し、その結果は現行本にみるように次のように記された。

貝原篤信選定　貝原好古編録　竹田定直校正

草稿の順序

草稿は順を追わず取掛り易いところから随時着手していったもようで、元禄四年のころには那珂郡・早良郡・古戦場記等が校正のために春庵に廻されており、古戦場記は持ち運びの途中城廓前の簀子（すのこ）町店頭に置き忘れられていたといって藩士が拾い届けたこともあり、互いに一層の用心を喚起させられた。

この大著完成に先だち、関連した小著をまとめる機会にめぐまれた。この年に

『筑前名寄』

なった『筑前名寄』二巻がそれである。筑前国内には万葉以下の歌集や文学作品に登場する名所が六十余ヵ所あり、それらを考え索めてきたが、地方巡歴の折に周ねく問い諮ってその地を比定し見聞したところを編輯したもので、春庵に浄書させ立花実山を介し綱政および老君光之へも献上した。

『続風土記』と立花一門

同六年の「学功」（『玩古目録』の附録としてこうした項目が設けられ著述や編纂物を一年毎に記す）には『続風土記』を改むとしてその郡名を記していないが、一々記し得ないほど多くできていたのだろう。というのはその前年に好古を伴い再び西方の諸郡を廻り、以後献上までは巡郡の記事が全然見当らない。またこの五年に『筑前土産考』の草稿が春庵へ廻され、引換えに校正済の十七冊を受取っているが、これは現行本三十冊の半ばを過ぎている。

本書編輯のための巡郡の許可願い、用紙筆墨代等については小姓頭一千石の立花小左衛門がことに当っており、この文化事業も文治主義にたつ立花一門と密接な関係があることがわかる。完成が近づいた元禄十四-五年の書翰によれば福岡・

博多の校正と草稿を急いでおり、案外地元が諸種の事情でおくれている。とくに博多部の草稿ができず、筆耕者の末永虚舟（直方支藩出身益軒の門人）をして無聊に苦しませている。その原因の一つは立花実山から、彼が当時の博多の東南端矢倉門に創建した東林寺（後述）についての由来書を容易に送ってこなかったからであった。入手の後さらに春庵に宛てた書翰によれば、

福岡・博多部がおくれる

松月庵（実山の別荘）および東林寺の記事が詳細にすぎ他と不釣合だが、それでも悪いことはなかろう。実山の命をうけているので（『続風土記』作成に関しては）、当方が困ることは少しもないのだから、これ以上に長くなっても宜しかろう。この別荘を書いた以上、他の家老達の別荘をも記さねばなるまい。（意訳）

実山への媚態

としている。彼を抜擢登用するに預って力あった立花一門に対し益軒も媚態を呈しているわけである。

好古の早世

こうして完成を急ぐ元禄十三年に好古が三十七歳の壮年で没した。文学の嗜み

があり博雅・忠厚にして君子の行いありと評された人物で、益軒が最も寵愛し、上京にあるいは韓使接待に伴った甥であり、『和爾雅』『八幡宮本紀』をはじめ多くの著述にもその援けが多かった。益軒の悲嘆が大きいにつけ、いまさらのように老いの疲れが身にしみ、

拙者作候物ながら、至レ于レ今候而ハ老耄筆力難レ叶候。

最後の巡郡の計―元禄十六年

として、遠慮しがちな春庵に容赦なき校訂を依頼した。その助力をえてともかく十四―五年に改正を加えたが、最後に疑点解決のためもう一度の巡郡が必要となった。春庵に相談して、

（前略）一、権太郎（藩のお絵師、上田）巡見之事得二其意一申候。拙者も見残申たる処少々有レ之気がゝりニ候。大老不相応ニ有レ之候へども迚之事と存候。数日之間ニ仕廻可レ申候。農之妨ニ成申事ニ而ハ無二御座一候。春ニ成候者申上たく候。此由も内ゝ（立花）小左衛門殿へ被二仰入置一可レ被レ下候。それも大老無用ニ何も被二思召一候者止可レ申候。五―六日之間

ニ仕廻可ㇾ申候へバ病軀ニさハり申事ニ而無ㇾ御座ㇾ候。勿論公儀御費ニ毛頭も成不ㇾ申候事候。御国中遍歴仕候事ニ残候而ハ気ガヽり存候故ニ候。

これが幸いに実現して翌十六年二月下旬には家を出て二日市温泉に浴し、上座郡へ行き左右良山に登り、朝倉郡へ入っては仲哀天皇行宮跡といわれる木の丸殿遺跡を訪い、三月には志摩・怡土両郡を歴遊することを得た。七月から八月にかけ成稿に最後の目を通し、十一月に綱政に献上、褒美として時服一襲を賜わった。当時の彼の健康は些か損われて前月以来週期的に軽い下痢を患っており、献上の翌日にははなはだしい疲労をおぼえ、それは久しく癒えなかった。とはいえ一週間後には藩主の命により登城し、藩の文庫にはいった「世界之図」に好学の血を涌かせて見いるのだった。

世界之図

その後も命により登城して本書を訂正し、翌年および翌々年には七十八・九歳の高齢をおかして近郡を歴遊している。春庵への書翰によれば藩境や掲載地図の

宝永一―二年さらに巡郡

問題がのこっていた。藩主献上本には画工に命じて地図をかかせ川筋・谷筋・名所所在地をいれたが、これが事実と甚だ相違しており、改めさせねばならぬと歎いている。こうして宝永六年八十歳になった自序に、その苦辛を述懐して、

その苦辛

> 国の内を里ごとにあくがれ(憧)ありき(歩)、高き山に登り、ふかき谷に入り、けはしき道、あやうきほきぢ(がけ道)をしのぎ、雨にそぼち、露にぬれ、寒き風熱(あつ)き日をいとはずして、めぐり見る事凡八百邑(そやほさと)にあまれり。ことに邑(むら)ごとの土民等に其所々を、おほなくたずねとひて、見し事聞し事を、みづからふところ紙に書しるし侍る。

としたが体験がにじみでた名文である。

本書の構成と特色

本書の構成は提要二巻、福岡・博多を含め郡記二十一巻、古城古戦場記五巻、土産考二巻、計三十巻からなる。ただし既述のように宗像郡をのぞく十四郡と土産考は好古の草稿になった。益軒の主著には必ずといってよいほどにまず「提要」として総論ないし概論的なものがつけられており、当時の他の人の著述と較べて

大きい特色をなすことが指摘されているが、本書の提要はことに充実している。まず筑前国の歴史的概観から始めて郡高・村高・民戸数・人数等々に多くの統計資料を引用し（身分職業別人口にブランクの箇所があるのは、藩からの資料提供が間に合わなかったのであろう）、ついで河川・山野等の地理的概観や特色にわたる豊富な資料は貴重である。本書はついで藩主一族・家老達にも献上されており、自序では「政治の一助ともなれば」と記すが、将来次第に流布（るふ）することを予想していたと考えてよかろう。

考古学的遺物について

次に各郡の記載をみて気づくことは、既述の紀行類の場合と同様に考古学的遺物への関心が強く、かなり詳細に述べられていることである。たとえば都府楼南の大野山には鎮護のため四天王を祀ったので四王寺山ともよばれ、今では恰好（かっこう）のハイキングコースになっているが、寺の蔵跡からでた焼米については、

四王寺山の焼米

其所に米の焼たるが石となり、炭の如くにして今猶（なお）あり。是は米蔵炎上の時、米も焼

たるが残れりという。上座郡高野村八並長者が宅址にも、焼残りたる米あり凡米は焼ぬれば、久を経て石と成て朽ずとなん。

とし、さらに伯耆国（鳥取県）汗入郡名和庄に名和長者の屋敷跡があり、そこでも同様な現象が見られたと附記している。彼はつねにいくつかの共通例をあげて結論を確かめる方法をとっている。当時としては焼米が炭化することを、石となると表現するより他に方法をもたなかったのであろう。また秋月の古処山を説明しては城址の背後の大岩に蠣殻が多く附着する事実に注目し、日本にも唐土にもあることとしながら説明はしていない。巨石記念物についても既述の『豊国紀行』（終稿は元禄七年）に福岡県京都郡黒田村（現勝山町）のものを、当時この地方にいた香月牛山の案内で見学した記事にうかがわれたが、本書にも逐一記されている。

「土産考」に見る石炭

附録の「土産考」には生産品から動植鉱物にまで及ぶが、当時からようやく利用され始めた石炭についての次の記載は貴重な資料として後世によく引用されている。

〔焼石〕　遠賀郡・鞍手郡・嘉摩郡・穂波郡・宗像郡の中、所々山野に有レ之。村民是を掘り取て、薪に代用ゆ。遠賀・鞍手殊に多し。頃年糟屋の山にてもほる。烟多く臭悪といへ共、能もえて火久しく有。水風呂のかまにたきてよし。民用に使用。薪無き里に多し。是造化自然之助也。

はじめの計画では郷土出身の各方面にわたる有名一流人をも記す予定だったかとも思われる。すなわち春庵から郷土出身の相撲取の名をきかれて、

拙者天性不レ好ニ相撲一候へども、耳目にふれ候故覚エ居申候。

相撲取より生産技術者が大切

として二―三の名をあげている。いまでは国技とされる相撲を天性好まないと率直にのべるのも面白いが、彼としてはむしろ鍛冶・鋳物師などの技術者をも書き加えよと主張した。相撲は一代限りだが技術は伝承されて日常生活に役だつことが大きいからというのである。

第六　還暦前後

一　藩財政問題に建策

前節では五十歳から六十歳代の彼の活動を紀行記類を中心に見てきた。当時の彼はその他に藩内でどんな仕事を課せられていたか、あるいは自ら求めて果さねばならなかったか。

まず五十歳の延宝七年、続いて翌年と相継いで藩財政問題につき家老に建策するところがあったが、二度とも彼の学問指導の面でいわば知己に当る人物であった。

福岡藩が実高以上に草高を評価して将軍よりそれに相当する御判物をうけ約五

千五百余人の家臣を養う体面を保たねばならなかった事情、さらに二代忠之の時代に栗山大膳の騒動をひきおこさねばならなかったほどの藩主側の濫費についてはすでに略述した。加えて粗放な領国支配が財政面に暴露し、忠之の晩年には藩士に対し十分の一の借知（しゃくち）を断行して不足を補わねばならなかった。明暦元年（一六五五）襲封した光之は江戸藩邸より借知中止令を出したが、財政恢復を意味したのではなく、引続き諸士倹約令を繰返し出さねばならなかった。

藩の財政救済策

ついで延宝元年（一六七三）には収取率を引上げ、また土地生産力の相違による収取高の開きを解消し藩士給与の矛盾を解決する政策をとるに至った。すなわち国中おしならして平均収取率を三ツ五分として慶長より二分の増徴をし、また給地分も蔵入地（くらいり）同様に堤・川除（よ）けなど荒廃を防ぐため五厘（五％）ずつの米を出させて風水害を防ぐと同時に、さらに平均収取率より率の低いものは御足米（おたしまい）でカバーすることを約したので、給地も蔵入地同様の得分（とくぶん）しかもちえないようになり、蔵米取

地方知行・蔵米取りともに実質的相違なくなる

りも地方知行も実質的な相違はなくなった。さらに損毛の年には損亡の得米高を平均にし高に応じ蔵米取り・地方知行の双方にかぶせるようにし、損毛の負担を藩士すべてに公平に課する方針をとった。この方法は十四年後に「公私便ナラザル障アリテ」として止められたが、その後もしばしば危急に臨んで採用されていることが注目される。事務上多大の繁雑さを伴ったであろうことが予想される。

その後も生活難に喘ぐ藩士の窮状を救済し得ず、延宝三年には多大の金銀を貸与したが、「諸士ウルホフ体モ見エズ」と評される状態で、再び六年に京より金銀を借りよせ低利十五ヵ年賦、利子不足分は公庫より弁償という一層徹底した手段をとった。諸士倹約の法式も強化され、「廿ケ年已前の儀を以考候ハ事ニより身上一倍も華美成処出来候」と評し、「毎々古風に立帰り諸事分限よりも質朴ニ被仕候段」が肝要と訓示が出された。

延宝七年の建策

益軒はその翌年および翌々年に当路者に建策し反省を促したのである。両建策に共通して世上の取沙汰と、古人の説すなわち中国聖賢の説を伝えるにすぎないと予防線をはりながら、情理を尽して自説を述べた。

借知制を批判

まず世評に再開始の噂(うわさ)がある借知制の理想的な方法から説き、財政緊縮論・藩札発行の件におよび、租税の本途物成(ほんとものなり)一本化を主張した。忠之時代の借知は家中困窮がはなはだしくない時代だったからそれほどの痛みはなかったが、当今は貧窮状態だからそのために失職の下人(げにん)が数千人におよび、社会不安を齎(もたら)すであろうと反対し、かわりに本高以外の附加高に対し借知制をとることをすすめた。本高から同率でとれば下禄者ほど困窮が甚しいとするのである。また財政不足の補いに百姓・町人から加徴するのは「非理」だとし、町人の如きは運上まぬがれの祈禱をしているとの風評ありと忠告している。

藩札発行を説く

その代りに藩札発行すなわち「札遣(さつつか)ひ」の利を説き、昔から行なわれているし目下多くの藩で使用しているから良策に違いないとし、社会習俗を一応肯定してかかる彼の立場を示す。なるほど周囲の諸藩、小倉・久留米・柳河ではすでに一六七〇〜八〇年代から使用に踏みきっていた。中国を規範とする儒者共通の傾向から、益軒も唐書に記されるように一度に多額を発行しなければ宜しいとし、その利益は利足なしで銀子を借用すると同様だとし甚だ楽天的である。藩当局が藩札を発行したのはこれから四半世紀後の元禄末年だから、彼の意見は直接には採用されなかったわけである。二度目の宝永七年(一七一〇)の藩札発行に先立ち、命により調査に当った高弟春庵は彼に参考書借用を依頼した。彼は、『事文類聚』『事言要玄』『三才図会』の依頼書以外に『潜確類書』『博物典彙(てんい)』も役だつとて加え、先年同法施行のため調査を命ぜられた際に一応まとめておきながら提出し得なかった書類があるから後便で渡そうと述べている。

宝永七年の藩札発行に際し

もう一通の延宝八年(一六八〇)のものは大老一万五百石の黒田平左衛門重種へあてられた。この人は既述のように彼の組頭立花勘左衛門の兄であり、益軒は彼から

大老黒田重種あて建策

招かれて儒学、とくに朱子学諸経典の講義を国許や江戸藩邸でしばしば行なったほどの間柄だった。ここに師としての立場から呵責(かしゃく)なき批判を加え反省を促さねばならなかった。藩政の不評が噂にのぼり、その非難のまととなっているのが重種であり、その強い自我が学問によって矯(た)められず、むしろ逆に一層増長させているいると観察したのである。

民は天の生んだ子

そこで尊公の病根は才力人に勝れるためにおこった慢心で、人を咎め自らを許す弊に陥っていると指摘し、学問の大益は気質を変化させることにあるべきで、自己を繰り返し反省し、己れに打ち克つ工夫が必要とし、朱子学の修身の工夫を改めて説いた。敬天思想にたち天を民衆の味方とみる彼は、ちかごろ東方に赤気があるのは天の戒めであると忠告した。借知の結果当春には一千人以上の浪人をうみ、商工の不況を齎していると実状を示している。民は天の子であるから治者は恵みをもって導かねばならぬと、かねての持論を主張することを忘れなかった。

延宝八―九年の飢饉

益軒が憂えた東方の赤気は、秋には大旱魃による未曽有の不作となって現われ、多くの餓死者を出した。博多でも町奉行は御救米を施し、翌年四月下旬に至るまで一日一人籾三合の割で延べ約三千九百人に及んだ。なお博多町人の訴えで正月早々に穀留を命じ、旅商人買占めの米八千俵を地元相場で強制的に買い上げるという事件もあった。

知行地の農民に恵む

この年益軒は正月五日恒例の如く年賀にきた別府・酒殿の知行地の農民九戸に各々等級をつけて計百七十一匁の銀を与えた。当時のこの地の相場に直すと二石五斗余りになる。民は天の子として慈恵の心をもって接することを説いてやまなかった彼にとっては、当然果すべき義務とも考えられたであろう。その『篤信一世用財記』によれば、知行地の農民の飢えを救うこと二―三度に及び、計銀二百二―三十匁を与え、また銀を借し利子を少しもとらなかったという。

元禄十三年の飢饉に際して

この地方を襲った次回の大損毛は元禄十三年の洪水の年で、あたかも益軒が致仕した年であった。当時の彼の態度は『雑記』の次の語からうかがい得る。

一、采地の農苟くも餓えて死に瀕するに非んば財を借す勿れ。苟くも已むを得ずして之を借す、利を収むる勿れ。只本財（元金）を納るれば可なり。此事既に神に誓ひ了んぬ、忘るゝ勿れ。（もと漢文）

隠居後の彼の生活は必ずしも豊かでなく次第に慎重な態度に変ってきている。この文につづけて、銀を借す場合には代官を保証人にたてる必要ありとし、あるいは郡奉行が実地見聞して救済することになっていて給人が貸す必要はないと後継者のために『備忘録』に記している。あくまでも「入ルヲ計ツテ出ヅルヲ制ス」という経済理念にたつ彼のなし得る限界が示されているといえよう。しかもなお宝永二年秋の飢饉に際し、自分の扶持米の一部を乞う人に与えざるを得なかった。

二　朱子学への疑問と当時の学友

中老以後の益軒の活動の一端を見てきたが、学問への研鑽はこの時代にどう進められたであろうか。学問は多くの人々に真理として仰がれるために公共性をもたねばならず、つねに同志との意見交換により切磋琢磨して現実指導の理念としての力をもたねばならない。とくに朱子学では広きにわたる知識を収得しながら、それらを義理の立場から裁いてゆくことが要請されている。

人事廃し難く学問中のこと

益軒は雑務に追われて成果をあげえないことを必ずしも悲観せず、「人事廃シ難ク学問中ノ事」としながら、「いかんともすべからず」と歎かねばならなかった。郷党で学問上の指導者のみならず同輩さえ見出し得ず、むしろ藩は有能な学徒竹田春庵・鶴原九皐・櫛田渉(号は琴山)らを益軒につけて学者養成を計っており、彼の責任は重且つ大であったと考えねばならない。そこで彼のとった方法は既述のように参覲交代その他の機会を利用して旧友との交際を保ち、さらに新しい学友を得ることであった。

天和二年――朝鮮信使と藍島で筆談の年――江戸入府した彼は酒井河内守忠明

幕府儒員人見友元との親交

の邸で幕府の儒員人見友元（ゆうげん）と初対面の機会を得、以後二人の親交が始まった。友元は『本朝通鑑（つがん）』延喜以後の編輯を林春斎・鵞峯らとともに命ぜられた儒者で、木下順庵らと当時ならび称された学者である。翌三年の益軒の春庵宛書翰によれば、春庵所望の天文用算法書『周髀算経』を友元から借りて写本を作らせ、みやげにしようとしている。

元禄五年の入府

貞享元年江戸入りの際には友元・順庵へ博多帯を持参し、元禄五年入府の時にもとくにこの二人との交際がひんぱんに日記に出てくる。この時の状況を報告した書翰（宛名がないから東軒夫人宛であろう）には次のように記される。

聖堂を見る

江戸ニ於テ光之公へ拙者同道の中、拙者一人召寄せられ拝論仕り、猿楽参り候時両度聴聞仕り候へと仰せられ候。林大学頭殿（鳳岡）へ初て参り候へば結構なる相対（あいたい）（もてなし）にて、案内を請い聖堂へ参り御戸内まで拝見致し候。人見友元・木下順庵ハ旧識故、節々出会い殊の外の取持ニあい、学論など仕つり、書状も節々申し通じ候。友元には琴をも弾ぜられ候故所望仕つり候。琴は今は世に絶え、存じたる者稀に御座候。帰り申す刻は同道多く御座候て所々遊観ハ仕らず候。

こうした親交にもとづき益軒は後に『続和漢名数』の序を友元に依頼しているが、現行本にないところから、果し得なかったことと思われる。

木下順庵との交友

順庵との交友は遊学の命で初入京した壮年時代、その講義に列席した時から始まっており、順庵の書翰は貝原家に二通現存する。一つは彼が将軍綱吉の侍講となった天和三年のころ、得意の絶頂期で、「一生之学問冥加之至極」とし、

（前略）拙者学派弥（いよいよ）以て世間ニ広ク成可ㇾ申候ト大悦仕候。今迄ハ林家ならでハ公用不ㇾ被二相調（ととのえ）一様ニ御座候処ニ、如ㇾ此御座候ヘバ、上方学派瀰漫（びまん）可ㇾ仕候。貴様も同流之上方学流ニ御座候ヘバ御満悦可ㇾ成候。

と率直に述べている。才識をもち詩文に勝れ、朱子学に拘わらぬ広い教養をもって門人を指導し、林家を圧倒する勢いを示し始めた有様がうかがわれる。江戸期

朱子学への疑問を順庵・重元に示す

文化が上方から江戸へと東漸したことは周知のところだが、儒学においても同様で、上方学派が将軍侍講へと進出したと欣んでいる。その欣びを益軒に頒とうとしているところに注目したい。既述のように益軒の学問は上方学派の中で成立し以後もその刺戟をうけて展開するのだが、多く九州にあったため必ずしも時流に阿ねらず、自分の思索の時を充分にもちえた。

もう一通は元禄五年益軒最後の江戸入りの際、批判を求めて預けたところの著述に対する返答で、

御疑目両巻は何れも尤の事だが、火災後は参考書物を文庫へ入れているため直ちに考え得ないので、後日にゆっくり講論しよう。(意訳)

と逃げている。幕府儒員の順庵を相手に朱子学への疑問を吐露しその批判を求めたのがそもそも無理であった。この疑問は土岐重元へも提出したとみえ、その返書に、

学文無ㇾ油断ㇾ一と見え申候。別幅理気之解再三読過、不ㇾ浅被ㇾ感嘆ㇾ一（後略）

とあった。

この二人につぐ江戸の学友としては黒岩慈庵・谷一斎らがいた。黒岩は土佐の人、京に出て闇斎に学び帰国後藩主の侍読をしたが、旧師野中兼山の没後は致仕して江戸へ出た。黒田家が江戸邸内に藩黌（はんこう）を設けた際にその教授として三百石を得、のちに江戸常詰となった。彼が貞享四年江戸より下り福岡に約一年間滞在した時には益軒もしばしば饗応している。谷一斎は土佐南学で有名な時中（じちゅう）の子で、当時江戸へ出て稲葉正休（まさやす）に仕えていた。その学風は「悟性中人に逾（こ）えず、而も勤苦志を求む。是（ここ）を以て其の学体用あり」と評された純粋朱子学徒であった。益軒は彼に対しても既に数年前の延宝初年のころに疑問を打明けたが、却って手きびしい反撃を受けた。すなわちその返信には次のように記されていた。

藩江戸詰の儒者黒岩慈庵

谷一斎、益軒の新説を仁斎と同じと評す

前回の書翰で初めて貴兄の学識のあらましを識（し）り得た。深い追究の成果は固（もと）より自分の如き愚夫の窺い得るところではない。しかし貴兄の疑う箇所はいずれも聖賢の奥義であり、義理の本源である。この点に解釈の相違があれば朱子学体系のすべてを疑うことになる。（意訳）

とし、それでは結局仁斎説と同じではないか、すなわち、

人の語る有り、京師販家の妄生元吉（源吉すなわち仁斎のこと）なる者あり、高明（益軒を指す）の言う所と粗相類すと。（もと漢文）

と酷評されねばならなかった。これに対し益軒は、

疑なければ則ち進まず

程朱の説を批判すべきではないとの御意見はもっともで、末学の輩が軽々しく議論すべきではない。しかも自分は見識が浅薄で平素からの疑問が解けず良友に相談しようとした次第。しかし程朱を無批判に信じ自説をまげて従うのも程朱の意図ではない。朱子の言に「疑なき者は疑あるを要す、疑ある者は疑なきを要す」と。また「大いに疑へば則ち大いに進むべし、少しく疑へば則ち少しく進むべし、疑なければ則ち進まず」と。今日の自分の疑いは他日の進歩の階梯になるかもしれないので許してもらい

たい。（意訳）

かように彼の心中にたかまってきた朱子学批判の傾向は、旧友のすべてから積極的あるいは消極的に否定された。

それなら次に益軒自身は当時京都におこりつつあった新しい儒学に対し、どんな態度をとったであろうか。この間の延宝八年入京時の感想を一斎に次のように報じている。

延宝末の京都学界評

洛下の儒学は年を逐うて衰え、未だ学を好み道を尊ぶの人あるを聞かない。義理の学（朱子学）を講ずるのを聞いてはこれを悪（にく）むこと仇敵の如くである。且つ旧友も多く物故したので徒（いたず）らに憂えて心ふさがる思いであった。京都の風俗も薄いことがこのようで歎ぜざるを得ない。自分は遠遊千里の結果失望して帰国した。しかし江戸は天下の都で英材の集まる所だから好学俊秀の徒がさだめし多いだろうと期待したのに、貴方の話によると左様でもない由、ますます失望を深くした。京・江戸において然り、まして況んやこの辺境の地においておやだ。（意訳）

仁斎の古義学の流行

このころ京都では仁斎の古義学が隆盛を極めつつあった。この地方の朱子学者那波魯堂の評によれば、元禄中期より宝永・正徳末まで古義学の盛んなことは、「世界(日本中の意味)ノ十分ノ七」を席捲したとなした。

益軒の古学派批判

益軒の仁斎学に対する批判は後述するが、「或人ニ答ウル書」において、陽明学を偏曲した学風で広大さや精緻さがない、と非難したついでに、さらに次のように評したのがそれに該当するのではなかろうか。

> 又一種の学問あり、居敬の己れを律するを厭い、而して之を目して拘泥と為す。格物の多功を悪みて之を目して支離と為す。別に放曠(ほしいままにして心ひろし)して簡捷の方となし、聖人の域に真直に達せんと欲す。

すなわち一部の者からはその説を仁斎説に類似すと評されながらも、益軒は自説を仁斎のそれとははっきり区別している。仁斎が別に一派をたてたのに対し、益軒はいわば朱子学の構造を是認しながら、すなわちその内部に立籠りながら、しかもいくつかの点に関して批判的たらざるを得なかったのである。

『西帰吟稿』

江戸からの帰途、まず日光に遊びついで足利学校を見たのは貞享二年（一六八五）の春だった。この旅行は妙義山に登り中仙道にでて西行し、東近江より敦賀に遊び入京するというコースをとり、彼には珍らしく『西帰吟稿』と題する詩集をまとめた。孔子を祀った足利廟および足利学校の古蹟は聖賢の学に志す彼にとって無量の感慨を与えた。

足利の宣廟を拝す

一径苔深く洞門を鎖す、斯文（聖賢の学）未だ喪わず像なお存す。廟堂閒寂（ひっそり）として窮極すと雖も、万古の儒宗道自ら尊し。

足利学校

足利の郷庠（郷校）渡瀬の浜、残鶯鳴き断えて春に勝えず。落花寂寂として重門静かなり、芳草庭に満ちて人かげを見ず。（もと漢文）

京都交友のタイプ

『元禄太平記』に見る益軒およびその交友の評判

天和および元禄初年の上京では相変らず二条や堀川の本屋を訪ね、交友も昔ながらの藤井懶斎・黒川道祐・松下見林・中村惕斎・米川操軒らの常連であった。多く朱子学派で、独自の学説はなく儒書の註解と門人教育にすごし、市井で高踏的生活を送ることに愉しみを見出したと評される人々であった。しかし著書を介して出版界とは縁故が深く、時代がやや下るが元禄末の出版界評判記『元禄太平記』（本書の作者、都の錦は武士階級出身で、闇斎・仁斎の門に入ったこともあるという経歴の持ち主であることに注意したい）には次のように記されている。やや冗長にわたるが雰囲気がうかがえるので引用する（なお人名の傍らに……のあるのは益軒と交際のあった人、——のあるのはとくに親交のあった人）。話は船中で一緒になった京と大坂の本屋が語る出版界の景気・不景気論から始まり、当時の出版傾向に及ぶ。

出版界の傾向

京都本屋　（前略）当世は只堅ひ出物を取置て、商売の勝手には、好色本の重宝記の類が増しやといへば、大坂本屋　仰ればさふじや、已に大坂に於て、家内重宝記が出来始しより此かた、其類棟に満ち牛に汗せる程あり、然れども此頃は、はや重宝記も末になり、万宝に移る、諺解古ふなれば、詳解あらたまり、大成すたれば、集成興る、兎角書物も飛鳥川、符貼の変る世の商売、時移り事去り、古板尽き新板興る中にも、永ふ流行は好色本なり。

益軒の書いた百科辞典的著述の題名が『万宝鄙事記』『諺草』『和漢名数』『和字解』『日本釈名』等々と多様を極めているのも一つにはこうした本屋の販売政策によったのであろうか。

ついで儒書の近刊予告があり、益軒の作として『大学新疏』が推薦され（室鳩巣に同名の著述があるからか、本書は出版に至らなかったようである）、益軒の人物は次のように紹介される。

松下見林・益軒・好古

参宮行きの乗船者　近年和国の故事に骨を折り和書を数多述べらるゝ人は、松下見林・貝原篤信・同好古なり。是等は何れも博文広才の人なれども、此君達の作の物普く世上に用ゐられず、たま〳〵売れぬ書物あるは如何成ゆへぞや。京去ば右の人々博学に因て、其述る所見識一段高し、故に仮名書の文と雖も、白人の為に面白からず、又初学の者は和書を見る事稀に、中より以上の学者ならでは其書を見ず、さるに因てぬし遠くして売兼るこそ道理なれ。其中に貝原氏の集められし和爾雅・歳時記・和漢事始、是等は売易き物なり。八幡本記・諺草・日本釈名・初学知要なんどは売れ遠きものなり。

当時はまだ彼の自然科学的労作が出版される前であり、こうした批判を受けるのは当然だったと考えられる。次に彼の学友がいかに評されているかを見よう。

松下見林

倩松下(見林)氏の作には運気論大抄と国朝佳節録は絶ず売れ侍り。異称日本伝極めて重宝なる物なり。是見林二十年が間気を尽し心を砕きて集められたり。然れ共初学の見ては面白からず、史書を見たる人の為にはよき物なり。幷に列王廟陵記・公事根源集釈よろしき書なれ共、是皆主とほき物なれば、是等は書物屋永代のかつぎ物なり。

朱子学者評

ついで朱子学万能の時勢を讃えた後、当代学者の総まくりに至る。

京倩其後に朱子学に眼をさらす。性理の沙汰、儒学のみかは、日の本の神道一流おし立て、仏家を破りぬつといいで、因果を捨て智慧自慢、仰げば高き山崎嘉右衛門、近代の儒宗我朝の朱文公とは是なるべし。つゞいて理学に名ある人々、林春斎・松永昌益・

鵜飼石斎・三宅道乙・人見友元・山本洞雲、是等は何れも博識にして自然に君子の学徳あり。

次に今の本当の儒者は誰かとの問に対し、

仁斎論

京お江戸の沙汰は申すもおろか、先は都の名にめでし、博学明辨徳行を兼備へたる君子之学、今は唐にもあるまいと朱子を非に見る伊藤源介、古今無双の大儒なり、(中略) 本より其身貧くて、蔬食をくらひ水を呑み其を楽しむ道徳は、顔子に負けぬ器量なり。今伊藤氏を誹る者は、朱子と源介と学問の違目を見て、実から伊藤をしらぬゆへなり、源介の道統の伝は孟子は孔子から直に継で、今孔子の出さしやっても我言を易じと、聖人の相手に取て心術を研ぐ君子、当世の出来物なり。

中村惕斎

次に中村七左衛門、表徳号を的斎といへり。其徳行をくらべては、伊藤は中村が上に立ん事難く、的斎は源介が下に為ん事難くなんおぼへける。偖礼楽・暦数に於ては、中村氏に及ぶ者なし。是亦大禄を以て彼方此方より召さるゝといへども、金銀・米銭をば比叡山を十づゝ十重ねても、箸一本とも思はず、只清貧を悦び、西九条に引籠り

藤井蘭斎

天命を楽む所は、其気周茂叔と荷負はゞ、棒が折んと思ふ。

藤井蘭(マヽ、懶)斎、是亦隠儒にて道を楽しみ、老荘の学問に於ては此人に次者なし。陸象山と首引しても負ぬ程の男。(カッコ内著者註)

外題学者

次に外題学問には、

宇都宮由的、松下見林・伊藤素安・中島庄助・毛利貞斎、是等は徳行に構はず只博文を好み、書数に渡る事を専にして誉を求め給へば、普く世上に名を呼るゝゆへ外題学者と名は侍る。

五井加助

最後に大坂の学者としては、

理学をつとめて徳行の学者五井加助、此人の教はげしくて遠了凡の風あり。

こうした学友達の紹介によってであろう、貞享初年には明の進士呉蘇原(延翰)の『吉済漫録』を、また元禄五年には伊藤仁斎の『童子問』初稿を入手した。前者に触発されて彼の朱子学批判が昂まってゆき、後者に基づき仁斎説批判が具体的になされた。

三　仁斎説への批判—『童子問批語』

ここに問題にしようとする『童子問批語』は二種類ある。一つは貝原家所蔵本で初稿・再稿が合冊され、とくに初稿には抹消・修正・加筆が著しく苦心のほどがうかがわれる。他は麻生文庫から慶応大学図書館に寄贈されたもので春庵の筆になる成稿であり、貝原家本の再稿の部と大体同様でこれを改補し句読点をつけてある。文中に誤記が往々にしてあるのは、仁斎攻撃に急なるあまり文章の推敲(すいこう)に暇(いとま)なかったのであろう。執筆年代は初稿元禄五年・再稿六年・成稿十五年である。成稿の前年に益軒は仁斎の『大学定本』を読んでおり、これが成稿を促した直接的契機をなしたと思われる。ところで天理図書館蔵「古義堂文庫」にある仁斎の稿本を見ると、彼が初稿から成稿までに稿を改める回数のはなはだ多いことがうかがわれる由である。益軒は仁斎の先述した両著の共に初稿本の写本を入手しているのであるが、仁斎への関心が並々でなかったことを物語る。次に『童子問批語』の体裁はまず『童子問』中の問題箇所十数条を抜萃して巻頭にのせ、ついで序を記し、「老体で逐一明弁できないからその尤(ゆう)なるものをあげて臆説をのべ、先正のために弁明する」として、逐条批判に及ぶ。

仁斎学への関心

次にその批判を聞くに先立ち、仁斎の経歴と学説を『童子問』中心に一瞥(べつ)しておこう。

古学派の擡頭

朱子学における理気二元論、すなわち現象を本体の派生とみる観念的立場は、当時の封建社会ではあるが商業・高利貸資本の進出がめざましい時勢にそのまま受けいれることは到底困難であった。この「理」を事物の間に備わる条理として具体的に解釈したのは山鹿素行であるが、それは主として人倫道徳を指し——士族の彼にとっては具体的には支配者側の道徳——武士道の建設にむけられた。時としては経済をも論じたが中国のそれを祖述したにとどまり、自らの観察と思索

山鹿素行

の結果ではなかった。

仁斎の立場

こうした朱子学批判の態度を受け継いでさらに徹底させ、古学派という一つの新しい学派にまで成長させたのが伊藤仁斎であった。朱子学心酔時代から陽明学、ついで仏教への沈潜期を経て自らの学派を創ったのは三十二歳のころからであった。

仁と誠

すなわち朱子学の「理」を排して仁すなわち愛を人倫社会の最高道徳と見做すに至り、また「持敬」（天地人に対するつつしみの態度。朱子学で真理に到達する方法として重んじた）を却け、誠を立てることとすなわち真実で偽りのないことを最も重んじた。これは京都の一材木商の子として生まれた彼の市井人としての自由な生活体験に基づいてなった思想で、武士出身の素行においては到底達し得ない境地であったとされる。やがて朱子学の観念性を批判し、ひいて朱子学そのものをもその静止的な人生観のゆえに否定するに至る。すなわち朱子学では中世スコラ哲学同様に自然法の立場をとり、人間を小宇宙として、根源的実在としての太極の理から天道を、さらに人道を演繹してきた

一元気論

が、仁斎においてはまさにその逆であった。彼は人倫社会のたえざる活動性から帰納して一元気論に達した。天地を陰陽の往来・消長によって成立するもの、すなわち一元気の作用によるものとして、朱子の「理」は否定された。理の立場をとれば、「残忍刻薄の心勝れ」て「寛裕仁厚の心」が寡くなるというのである。本来聖人の教えは実行を尊んだのに、後世の朱子学においては余りに理論的穿鑿に走りすぎる、ともなした。そこで彼によれば、人道は天道とは次元を異にする人間固有のものであり、且つ公共性をもつものでなければならなかった。また朱子の説くように性が本で道が末となすのは倒説だとし、漢代および宋代の儒者が

道・教・性

性・道・教と称していたのを順序を替え、彼は道・教・性とした。そのわけは道は至大なもので教えによって初めて知り得るものであり、また教えを可能ならしめるのは人の性が聡明で善であるからだとなした。

益軒の批判態度への疑問

さてこれに対する益軒の批判態度には、意外なほどに朱子学遵奉者としての立

場が強烈である。これから数年後にはすでに『大疑録』の草稿がなっていたことを考えると、その開きの大きさに驚かざるを得ない。一つには彼が朱子学に対し批判的たらざるを得ずして悩んでいたのに、仁斎がすでに充分に批判して自説を主張する態度に些か嫉妬を覚えたのかもしれない。人は往々にして自己に近い思想的立場にある者に対して最も激しい対抗意識をもつ。益軒の態度にはこうしたものが多分に感じられる。

批判の要点

すなわちまず道を人間社会固有の行動規範とするのを駁し、天地人に共通する法則・規範性で、人道は天道の特殊な現われすなわち理一分殊と説き、朱子学の立場を固守している。次に仁斎は道に達する方法として「忠信」を重視し、これを薬草中の甘草に喩えた。益軒もこれを「仁義の実」として重視したが仁斎の言に慊らず、医薬知識によって比喩の揚げ足をとった。薬草中には甘草がなくてもあまり功を損わず却ってこれが害をなす場合もある、仁斎は忠信をもって多くの道徳中の一つとして軽視する、と非難した。「仁」に対しても朱子学にたち、「天地生（ずる）レ物（を）ノ理」とする益軒はこれを深奥にして知り難いものとし、仁斎は果して真に仁を知っているのであろうか、と反問している。

次に朱子学における禅宗的思想・用語に対しても弁護し、「理学」の称も儒学の分化に伴う必然的要請によるとした。また仁斎が仁義を解して「愛して過不及なきこと」、すなわち「中」とするのを「乱雑無章（あやなし）」として慊（あきた）らず、中とは至善の境地だとしてさらに重視した。ついで仁斎の「中庸」と中とは異なり前者には異本が交るとする説をも肯定し得なかった。「明鏡止水論」を寂滅の説として否定する態度に対しては——益軒も後年には否定に至るのだが——物には体と用、静と動があり、静をのみ好むは仏教徒だが、動のみを愛するのは狂妄（きょうもう）の徒で、聖人の心には両者が併在する。仁斎が動をのみ偏好するのは「中」を賤しむことになるとした。

こうして仁斎の学説は「執(とりて)レ一而拘滞(こうたい)(を)」、すなわち一方にのみ執着・拘泥し、高慢な態度をとり全体を見ようとせず、従ってその優れた智能を認めることはできるが、穿鑿にすぎて却って無智に及ばぬとした。最後に結論として、

仁斎の学説は郝景山の『時習新知』によるとす

仁斎の学、郝景山(かくけいざん)(マヽ、空白)――等の所説を宗とす。其説往々時習新知の録する所と同意なるもの多し。(後略、もと漢文)

ときめつけている。仁斎学説の典拠を明代の儒者郝景山の『時習新知』にありとするが、益軒は本書を元禄十二年および宝永六年に読んでいる。

郝景山の思想

わたしは『時習新知』を入手し得なかったので、『明儒学案』巻五十五、「給事中郝楚望先生敬ノ部」に収録されている要約によってその異同を検討した。郝景山の思想には仁斎と類似する万物の動的把握が全体的に漲(みなぎ)っている。天に天道があるように人においては至善なる性を前提とし、性は大虚(宇宙の本体)と同体である。そこで人は性の培養を俟(ま)たずして安定を得るはずであるが、不安定なのは気がこ

れを動かすからだとし、学問の要点は気を養うにありとする。「気常ニ運ビ、性常ニ定マル」で、人間界の悪、自然界の天変地異はすべて気が勝った場合に生ずるとし、つねに性への復帰を説いた。しかも彼は動を重視し、「動ヲ離レバ性ニ非ズ、動ヲ厭ヘバ学ナラズ」とするのであるが、こうした飛躍の背景には仁斎が却けた動静一源（さらに顕微無間・仁智一体等々）とする対立物への統一的な見方があった。この観点は四時の運行、草木の成長枯死、人間の成壮老死等を順序を追って遂行せしめるのが天命の本然であると認めたことに示唆されたと思われる。こうして本質的には天・性を重んずるが、現象面における気をも軽視せず、「浩然之気ト呼吸ノ気ハ只是レ一気」として精神的な面と物質的な面とを併存し、また元気は天地間にあってはその運行を滞らしめぬ作用をし、人においては魂魄となるとした。この一元気論と万物の動的把握こそまさに仁斎学説の中心をなしており、益軒の指摘はこの点を衝いたと思われる。なお性善説の力説、動静一源をはじ

動的把握

一元気論

相違点

め対立物の統一を説く禅・老の思想が重要な役割を果している点、心・性・虚・霊などを根源的実在とする点などはむしろ仁斎の斥けたところであることも附記しておく。

安東省庵の仁斎学への心酔を知る

ところで益軒の仁斎説への関心はこれで収まるものではなかった。この年か翌年のころには筑後柳河藩の儒者安東省庵の文集を入手熟読した。省庵が長崎に亡命した明の学者朱舜水に自らの俸禄の半ばをさいて師事した逸話はあまりにも名高い。省庵と益軒とはともに入京し松永尺五の門を叩き、また明経博士伏原宣幸と交わったが、いずれも省庵が数年先だっていた。ほぼ時を同じうして北九州の十二―三里を隔てた地にすみながら、この二人の朱子学者は相会う機会がなかったのである。

省庵没後二年を経た元禄十六年の秋、当時七十四歳の益軒は『省庵文集』の序文をその門人から求められて執筆、送付した。文集を通読して益軒が驚いたのは、省庵の仁斎への傾倒ぶりであった。すなわち文集掲載の省庵から仁斎へあてた送答には、仁斎説に対し異論をとなえることなくむしろ信従の深さが書裏に現われると批判し、同じく省庵の伏原少納言宛書翰に記された「仁斎を得てここに道義の学も古に劣らぬものとなった、彼は真に一日千里の器である。云々」の評語を『居家日記』に引用している。

省庵の「理気合一論」と益軒

さらに注目すべきことは本書で省庵が示した羅整庵に基づく理気合一論と、益軒が晩年に達した理気論とがはなはだよく相似ていることである。しかも益軒は羅氏の『困知記』を引用している。してみれば彼が省庵の説に示唆を受けたところもあったであろうことが予想されるのである。

山本簡斎の『仁斎学術排斥記』を入手

さらに六年後の宝永五年（一七〇八）に益軒は『仁斎学術排斥記』と題する論著を送られ、春庵へ廻送し、

> 越前の人山本簡斎、排伊藤仁斎の学の由にて一読仕り候様申し越し候。先ず御目に懸

け候。是にて排斥成るべきことに候や、御覧成さるべく候。御瞥覧近日御序でに御返し下さるべく候。（書下し文に改む）

と書き添えている。本書で排斥がなし得るであろうかとの反問には、仁斎学を高く評価してきていることをうかがい得るといえよう。その後加賀の前田綱紀に仕えた旧友稲生若水を介して返書を送っているが、その内容はわからない。当時の彼は自ら朱子学批判論をまとめつつあり、春庵に示し批判を求めながら異学の誹りを惧れて公表を憚っている状態であった。

山本簡斎の思想的遍歴

山本簡斎については詳細を知らないが、『大人名事典』に引用された、『越前人物志』によれば、城下福井の商家に生まれ、一生を思想的遍歴に過した特異な人物と思われる。まず仏書耽読から始まって青年期に仏門に入り、諸国を修行して明の帰化僧隠元にも会った。ついで熊沢蕃山を訪い仏典の非を教えられ、二十五歳にして儒に帰し一応帰郷した。その後再び出て、伊勢の度会延佳に神道を学び、

「神道中興の器」と賞せられた。三度目の上京では再び蕃山を摂津有馬に訪ねて親炙(しんしゃ)すること多年、蕃山をして「学を以て気質を変じ得る」稀なる人と評されている。しかも彼は伊藤仁斎に傾倒したこともあるようである。興味ある事実としては、仁斎が門人および面会者の名を記した『諸生納礼志』に、しばしば簡斎の名前が出てくる。延宝末から元禄初年にかけて簡斎は書状により、上京の折には同道して国元の町人・書生・医者・役人等を仁斎に紹介しており、その心酔ぶりが察せられる。それが十数年後、死没に先立つ二年前になると、むしろ批判者の立場に廻ったのはなぜであったか。山本簡斎研究家の御教示を俟つ次第である。

益軒と仁斎の類似点

しかし晩年の益軒の思想はすこぶる仁斎と似てきているという指摘もあるので、一言触れよう。筆者の卒読(そつどく)によれば、㈠気を重視する、㈡仁即愛とする、㈢史書を重んずる、これらの点が気付かれた。㈠は仁斎のように気一元論に徹するには至らなかった。しかし三十九歳の著『近思録備考』に示された解釈は八十三歳に完成した『自娯集』にそのまま受け継がれ、理気合一・不可分論であったが、『大疑録』では一歩仁斎に近より気先理後説の傾向がうかがわれるのである。なお『養生訓』に元気を保つことが称えられているが、これは仁斎の影響というよりむしろ中国養生科の説によったと考えられる。㈡はいわゆる『益軒十訓』の随所、とくに「五常訓」に示されるが仁を体、愛を用として一応区別している。益軒が仁斎をまねたとまではいえなくとも、示唆されるところがあったであろうことは疑い得ないのである。

益軒の朱子学批判は晩年に及びますます昂(たか)まってくるのであるが、その間には彼がライフ゠ワークとした自然科学部門の著述が俟(ま)っていた。これらの研究が彼の経験・実証主義精神を徹底させ、朱子学の観念性を衝くのに預って力があったと考えられるのである。

第七　和学と神道

一　『玩古目録』について

前章では益軒の儒者としての研鑽（けんさん）の過程を見てきたが、上京滞在中には公家社会との交際も頻繁かつ密接に行なわれている状態を知り得た。彼が有職（ゆうそく）故実の学や宮廷に伝わる古楽に関心をよせ、古楽の指導を受ける状態をも知り得た。その並々ならぬ熱心さはこれが儒者のなすべきことかと疑われるほどであった。彼が幼年期にすでに和書への教養を培（つちか）われたことは既述したが、藩士に就任後もこの傾向はますます昂（たか）められた。藩の彼への要求は一介の儒者たるにとどめず、学問的ブレインとしてあらゆる方面への利用を計ったのである。ここに素養と環境に

好事なる人物

より朱子学徒ではあるが「好事ナル人物」（南川維遷『閑散余録』）と評されるまでの博識の学風ができてゆく。

彼の読書目録である『玩古目録』をひもどくと和書が多方面にわたり、また数量的にも大きいことに驚かされる。これだけの教養のもとに、『益軒十訓』その他に示されたあの簡潔・達意にして、しかも時としては流麗な文章が初めて生まれ得たものであることを知るのである。

『玩古目録』の内訳

次に彼の読書傾向とその推移を見るため本目録に記された書名を分類してみた。漢書は桂五十郎『漢籍解題』、東洋文化研究所編『漢籍解題目録』などにより、和書は『国史文献解題』『日本文芸大辞典』などによった。

統計の末尾に現われたように、八十歳までの間に総計千百十三部、うちわけは漢書五百六十四部、和書五百四十九部で、総部数中に占める比率は大体漢書五〇%、和書五〇%になる。読み方についても特殊な場合は、「粗見」「抄録」「朱点」

「点朱要語」などと註記し、また簡単な解説や批判が加えられる場合もある。

部門わけをみると経書およびその註釈書についで朱子学および同学徒の著述が多く、朱子学徒をもって自任したその面目に背かない。また朝鮮李朝の儒者のものも数冊かぞえられる。

李朝学者の書

たとえば三十五歳以前の部に李退渓註『朱子行状』、延宝三年に『李晦斎集』、同七年に「朝鮮姜景醇雲松居士著、不記年号」として、『衿陽雑録』、朝鮮金堉著『文公家礼考証』などがあげられる。

陽明学その他

また年令別にみて初期に陽明学の書がかなりあるのは、初め朱子・陽明兼学を志したという告白を裏づけており、なかんずく『伝習録』を十二遍見たとその傾倒ぶりを示している。子書中の「其他」は道家・兵法家などに属するものである。とくに注目されるのは本草医学書が五十二部に及んでいることで、科学技術書は禁書令が徹底していたからか極めて少ない。貞享二年に『天工開物』『天経或問』

を読み、蔵書中には入手時不明だが『算法統宗』もある。

和歌の書多し

つぎに和書においてはまず和歌およびその註釈書が意外に多いが、彼の関心は和歌に現われた古代人の情操のほかに名所・旧蹟の自然的景観や草木――すなわち本草的な関心から――にもそそがれていたであろう。

史書

史書の内わけは軍記物・家譜類がとくに多い。漢書・和書を通じともに史書が多数を占めることは彼が本草学者として自然的世界に関心をもつと同時に、人倫的世界にも大きい興味をもったことを示す。つぎに「字書」とは字典および語学・文法書をも含めたものである。なお「仏教」として漢書の「仏書」と区別したのは後者が仏典中心であるのに対し、前者は批判書・霊験記中心であるからである。

後年になるにつれ和書の読書量ふえる

つぎに十年ごとに和書・漢書おのおのの読破部数を比較してみると――漢書の場合には部数は少なくとも冊数が多いことも考え得るが――次第に和書の方が多くなる傾向を示し、五十代以降はつねに漢書を上回る状態を呈している。同様な傾向は日記の記載方式や内容にも現われ、初・中期のそれは簡潔な漢文体であったが、七十歳以降のことを記した『居家日記』になると和文体になり、内容も日附をとばし且つ随想的になっており、東軒夫人の代筆の所もふえてきている（晩年にも初・中期と同様な日記も他方において書いていたのかと思われるが現存しない）。以下二―三の例をひいてみよう。

二　新刊書の入手法と書評

『居家日記』の元禄十二年のころには藩内学友を介して借覧した『扶桑拾葉集』その他六十数部の平安から室町期に至る詩歌・小説・紀行などが記され、必要に応じて内容も略記されている。翌十三年の頃には契冲の『日本紀』『古事記』中の古歌への註を「好書（よき）也」と評し、また末兄の長子好古（よしふる）・門人鶴原九皐（きゅうこう）らに写本させた神道書十余部をあげ、さらに『文章規範拾遺』を京の筆耕に浄写させている。

彼のために写本した人

しかし最も有力な筆耕者はその高弟春庵であったことが、彼にあてた多くの写本

複刻書・長崎舶載書への注意

依頼状からうかがわれる。竹田家にはそれらの写本が数部現存している。

また国内での複刻書・長崎舶載書への注意も怠らず、この年には前者に関しては、

一、抱朴子（ほうぼくし）・捜神記既に刊行、荀子揚倞註（じゅんしようけい）・夢渓筆談・漁陰叢話も刊行之由、玄達申越し候。

一、斉（マヽ、済）陰綱目於京都刊行、十六冊、右松岡玄達加点。

と記し、後者については、

一、今年聖済惣録・読史管見・医学経綸渡り候由。

とある。この『読史管見』二十巻は春庵が購入したがのちに売るため京へ廻した。それを聞いた益軒は自分に依頼してくれたらまず筆耕に写させて後、好い価に売ってあげたものをと残念がっている。

同十四年度には貝原家の菩提寺で、その住職とも親しい間柄にある金龍寺の龍

潜庵蔵書中から仏書十数部をあげており、排仏を唱えながら関心を寄せている。

『扶桑拾葉集』への批判

十五年の項には江戸時代初期の有名な歌人木下長嘯子の『扶桑拾葉集』掲載の歌を評し、

文章戯謔（おどけ）多し、且富贍にほこりて質実なる風なし。筆力はあれど風雅ならず。詩歌も多し、詩は拙し、歌もよからず。時勢ある者にへつらへる文辞多し。

として一見識を示している。十五年の項には、

一、黄勉斎文集　加州太守（加賀藩第五代の学問振興で有名な綱紀）有。
一、農業全書　無二崑蒻一。
一、玄竹（久留米の医師、姓は村井）申越候朝鮮医書　郷薬集成

見計らい本や注文書

といった備忘がある。これに続き名嶋町本屋から寄本（見計らいのいみか）として送られたものに『越後軍記』『土佐軍記』おのおの二十五匁、『蒲生軍記』六匁に続き『蒙求大綱』『和語活法』という詩作の参考書などがあげられ、また同本屋への注文書が

記されるが、語学・歴史・医学・公事などの多方面に及ぶ十四部であった。この年京都からの書翰で知り得た彼の関心をひいた新刊書は次のようであった。

和板書籍考　五冊　元禄十五年三月板行之由。
神道名目類聚抄　七冊　元禄十四年之比京都にて発行、近年神書の内好書之由。
済陰綱目　京都にて元禄十五年板行。
類題集　三十冊　和泉板行。
両国訳通　壱冊　唐人の言葉ニ和訓付たる也。
戸次軍談　十二冊　立花氏軍記之由。

また和語の変遷、漢字の訓読などについても関心をいだいたと思われる記載もある。こうした教養にたつ彼だったから、「少々物書き申す人」の中にも用字の区別を知らぬ者が多いと嘆く場合もあった。

さらに『居家日記』を補ない、彼の書籍への関心をよく物語るのが春庵にあてた多くの書翰である。彼の許へは長崎から舶載書の目録や書商がやってくるし、また京の書肆も見計らい本を届け、それらの本を春庵を介して藩内の希望者に取次ぐ役割をいつのまにか演ずるに至っている。延宝初年に長崎書商により多くの漢書がもたらされた場合にはその目録を春庵に送っており、同七年には石摺（いしずり）・『鵝（が）鮮（せん）帖』『四書集註（しっちゅう）』『唐詩選』の持参を告げ、また年月不明の書翰では長崎の書価を報じ、

長崎入荷の書価

（前略）十三経代三−四百匁、朱子文集百四−五十匁、遜志斉集四十匁、万姓統譜百五十匁、大抵右之直位（あたい）にて可レ有二御座一候。勿論時寄本に寄高下可レ有二御座一候。統譜は和板（日本版）ニ已（すで）ニ印行仕候、二百匁許（り）ニ売可レ申候。

とし、書籍入荷のニュースを得ていることがわかる。『雑記』(上)には高価な買物として、

一、朱子大全代銀二百五匁也、元禄五年代金四両に販（うる）。（中略）同九年入銀（にゅうぎん）する。

とある。唐本が句読点をつけて印行されることもよくあったが、漢学の力を養成

するには唐本に及ぶものはないので次のような場合も生まれた。春庵の子半右衛門が使用中の和板『通鑑綱目』を、ある人が譲りたいという唐本無瑕中本価銀三百匁のものと交換してくれないか、不足額は先方から支払う由だからとし、

> 半右衛門殿御読習被レ成候ニハ唐本ニ而ちと被レ用ニ御力一御覧可レ然候。よみよき書ハ御稽古被レ成かね可レ申候。

と忠告している。

藩庁本の『三才図会』修補

宝永二年のころには藩庁の命で公本『三才図会』の落丁・すりけしを春庵と協力調査し、その個所には付紙をして長崎へ申し遣わそうといっておるが、かように藩が長崎舶載書を購入することもあったことは前に指摘した。ちなみに本書は明の進士王圻が選んだ天文・地理・人事百般を図絵を用いて説いた百六巻からなる一種の図解百科事典で、当時の博識を求める人々に愛用された（正徳年間になった大坂の医師寺島良安の『和漢三才図会』は自序にあるように本書にならったものである）。もちろん益軒もこの公本を借り出して愛読しており、彼の百科全書的な学風の形成に援けとなるところがあったであろう。

上方下りの本の集金役

上方下りの本を予約者が購入を取消したりした場合、つねに春庵が新購入者を探す世話役をさせられ、また盆・正月には販価を取立てて上方方面に送金することにこの二人の師弟はかなりの努力を払わねばならなかった。『損軒日記略』によれば、元禄十四年の三月朔日には京の書肆吉野屋権兵衛来るとあり、翌四月朔日には彼の宅へ立寄ったのでこれを饗し宿泊させている。元禄十六年末の場合には、

今年は五穀も豊饒だし、上げ米(借知のいみ)も免ぜられている。上方の書肆からの催促も急だから是非年内に取立てて送りたい。(春庵宛書翰、意訳)

と苦心している。

春庵の和書への関心

春庵も和歌・詩文にまで嗜みをもつ上から、日本古典にも関心が深い様子で、益軒は彼から『狭衣物語』を借り、また『栄花物語』写本作成について春庵から相談をうけ、自分は暇がないので第五冊まで見て、あとは東軒が読んで奇句・麗

語を抄出したが、事実の異同などは調べていない。

とても御事ニ与ニ他記一同異の処など委しく御抄録可レ被レ成候。且砕語なども御抄被レ成候や。此方のは懸ニ御目一申様ニハ御座有間敷候。

と答えている。

『万葉集』を愛好

彼が古典文学中でも『万葉集』にと

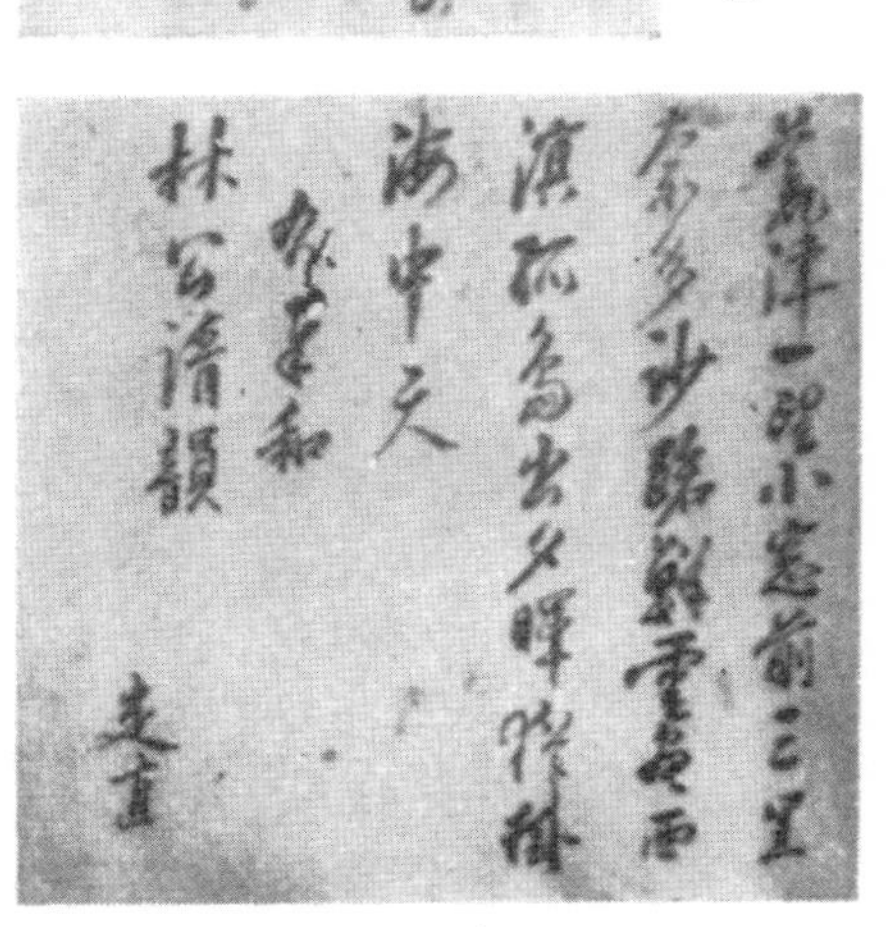
竹田春庵の詩と歌

くに注目しているのは卓眼で、ある年には、

『万葉集頭書』が京都から昨年下ったが、当年は藩の倹約方針のため購入できない。ついてはかねて貴公がこの首書を写したいと云っていたから、必要個所のみあらい文字で御書きなさらぬか、それを自分が拝借して写させたい。(大意訳)

と告げ、また宝永二年のころ刊行された北村季吟註『万葉集拾穂抄』が見計らいで届けられた時にも春庵に、

凡そ哥学被成候者は八代集よりも先づ此書第一要務と存候。大いに倭学之助にも成申すと存候。

北村季吟註『万葉集拾穂抄』

とすすめ、春庵の応諾により箱入三十冊の刊本を送る際にも、返本するのだから少しも汚さないように、ことに小口に手沢など絶対つけないようにと注意している。

こうして春庵に写本させた益軒は、また彼の求めに応じしばしば蔵書を貸与し、

自分の思索や著述のため必要になっては慌(あわ)てて返却を促している。益軒の書庫には多くの公本も蔵され借用を求める者も他に尠(すくな)くなかったようである。彼は公本の又貸しを中止したい、あるいは他人には一冊、春庵には二冊までに留めたいといっておるが、情にかられて実行は困難であったようだ。後に春庵が藩儒に就任中うちつづく放火事件に惧(おそ)れ、貸出公書を益軒の書庫に預けたこともあったが、四坪という面積で益軒をしてその狭さを歎かせている。

本の貸借制限

では次に益軒の蔵書はどのくらいあったのだろうか。現存する『家蔵書目録』によれば次のようである。

『家蔵書目録』

〔賜書〕 経・子・史書にわたる漢籍二十九部、六国史(りっこくし)以下の戦記物の和書十七部、計四十六部。

次のものはこれに準ずるものであろう。

〔延宝四年於二長崎一所レ買〕 漢籍十二部

〔延宝五年自（より）二医局一来〕　漢籍七部
〔元禄二年於二京都一所レ買之〕　漢籍八部
和書十三部（歴史・神道・地理に及び、
日本国図四十三枚も含まれる）

以上総計八十六部に及ぶ。

次に『私書目録』は次のような分類のもとに書名、各々の冊数が記されるが、省略して各部数に止める。

『私書目録』

〔経伝〕　百十六部
〔史子類 兵書附〕　三十三部
〔詩文〕　五十九部
〔字書 倭書附〕　六十二部
〔雑類〕　三十部

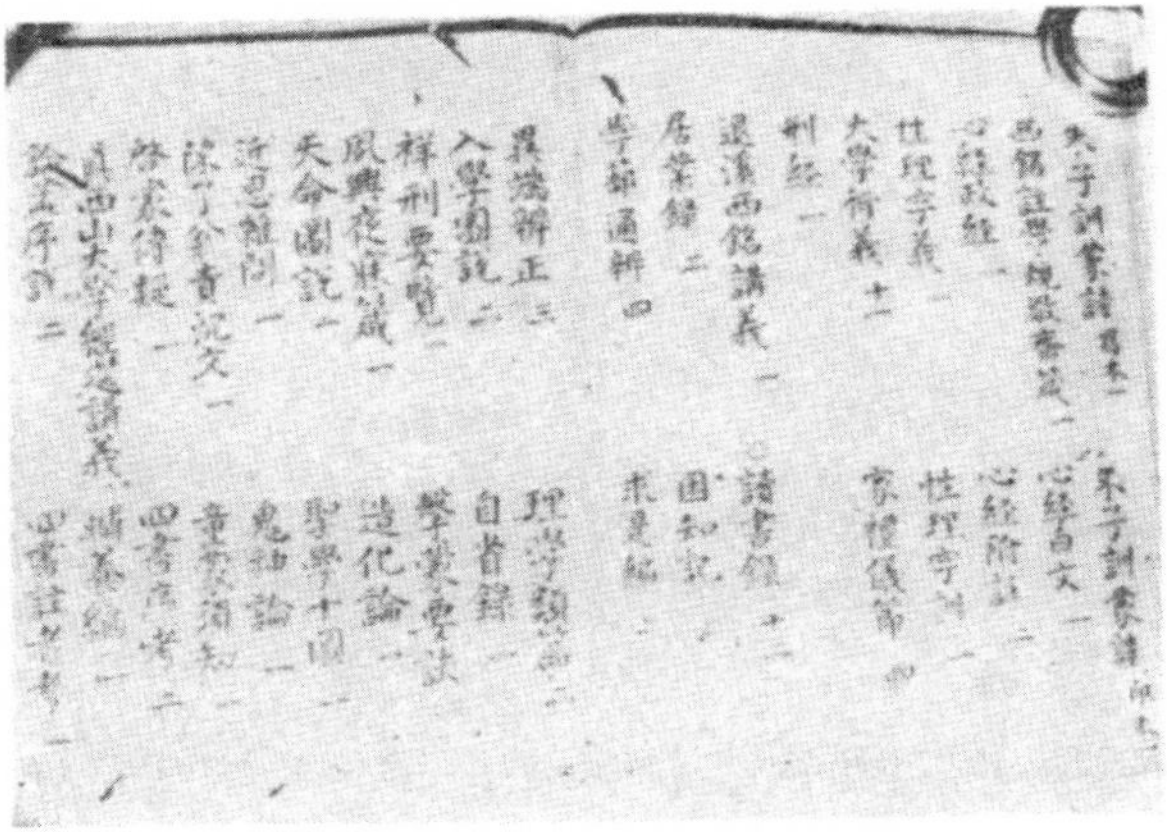

『家蔵書目録』経伝の部（竹田春庵筆）

〔医書〕　四十二部　〔神書〕　二十九部
〔倭書記録〕　四十七部　〔公事〕　三十九部
〔和歌和文仮字〕　八十五部　〔倭文真字〕　四十一部
〔倭書地理〕　二十九部　〔倭書雑類〕　八十五部
〔墨跡碑字〕　二十八部　〔倭本法帖〕　八部
〔仏書〕　二十三部　〔図絵〕　十九部

以上総計七百七十五部におよび、そのうち写本と明記されたもの百四部である。なお和書と漢籍との比は大体半々というところである。

三　『和学一歩』

これほど多くの和書を読んだ結果は、未定稿『和学一歩』となって結実した。今日貝原家に伝わるのは後に出た藩士加藤虞山（ぐざん）（『筑前国続風土記附録』を編す）の写本を末裔（まつえい）貝原遜（ゆずる）がさらに写したもので、本書の内容と書き方には『五常訓』『文訓』のそれと相連なるものがあり、恐らくこれに先立つものであろうと推定されている。

本書では和学のすすめを、

日の本に生れて日の本の事を知らざるは、人となりて人の道をしらず、人の子となりて孝の道しらざるがごとし。

和学のすすめ

として説きおこす。ついで儒教の風土観に基づき宇内(うだい)の東、陽気の発する所に位置するわが国は万物が備わり、風俗はおのずから純正で中国を除いては天下第一の上国であるが、惜しむべきことには学問・文学において中国のそれに劣り、聖人の道を知る人が少ないという弱点をもち、従って邪法キリシタンにも迷うという状態であると歎いた。

日本人は学問に劣る

こうした和学のすすめは半世紀余りを経て台頭する国学の、国粋主義運動の先駆としての一面がある。元禄前後から次第に古典の研究がすすみ、当時すでに国学の四大人の一人契冲は京都で業績を発表しつつあった。また儒者では山崎闇斎が垂加神道をとなえ神儒習合を試みつつあった。しかし益軒の立場はこの両者とは些か趣きを異にしていた。儒学を中心に和学、さらに長崎を介して蘭学の性格にもふれ、和漢の地理・歴史書を多読し、さらに自然界の事物を観察してきた彼は、人倫道徳の普遍妥当性を強調する立場に到達していた。すなわち道とは宇宙間においては運行の法則性であり、人においては仁義であり、仁義を道とすることにおいては古今東西の別はないと判断した。しかもなおこの道は時・所・位に応じて特殊の様相を現わしてくるので、彼はこれを〝法〟と名づけて道とは区別した。すなわち時に随い宜しきを異にするのだから聖人の定めたところといえども必要に応じ改めねばならない。況んや国を異にするわが国においては自ら処する方法として和学を修める必要があるので、いわば普遍に則しての個別の重要性を説く形であった。しかし本論の最後に和歌をすすめていることはこれをもって和学の精髄と見なし、また心を清浄にする方法と評価したことになる。彼が多く

和学の意義—普遍に則しての個

和学の精髄は和歌とす

の歌集を読んだのはこうした目的もあったと解さねばならなくなる。しかし彼には必ずしも和歌の情緒的ムードに安住せず、さらに強靱(きょうじん)な論理的思索を追究する面も強かったはずである。

四　益軒と宗像宮

道の普遍性と法としての特殊性の問題が具体化したのが元禄四年に成った、『神儒併行不ニ相悖(もとら)一論』であった。神儒習合思想はすでに江戸初期からとなえられていたが、さらに彼自身の神道との浅からざるつながりに裏付けられていた。その関係をたどってみよう。

神道を尊崇

遠祖が代々岡山県吉備津神社の神職であった彼は、儒学に志しながらも神道への尊崇を忘れ得なかった。浪人時代に江戸逗留中の父を訪ねての帰途、父子連れ立って伊勢の内宮・外宮に参詣したのを初めとし、五十三歳・六十三歳の折にそれぞれ立寄っている。このころ外宮の神官度会延佳により伊勢神道が復活するのであるが、益軒はこれに関心をもち延佳の著『陽復記』『中臣祓瑞穂抄』『神宮秘伝問答』などを家蔵している。

度会延佳の著述を読む

『大宰府神社縁起』

また天和二年（一六八二）には神社に祭田を寄附すべきことを藩に献言して翌年には実現するに至っている。藩は後に彼をして領内の宇美宮や大宰府神社の縁起を執筆させた。後者については、益軒の言によると同社の「旧縁起の文ハ少モ不レ用」して自ら苦心して作ったものであったが、故あって採用とならず、京の知人の求めに応じ貸与したりしている。後年に春庵が『桜井宮縁起』を依頼された際に諸注意を与え、

神怪之事も少々御書加へ不レ被レ成候而ハ彼方意ニ叶申間敷候。

といったのも自らの体験に基づいた言葉であったと思われる。その他諸社の依頼に応じて多くの縁起物を執筆し、また風土記や家譜の資料蒐集のため立寄った諸

社の社人中に多くの知人をもっていた様子である。晩年彼は求めに応じ『宗像宮縁起』を書くに至るのであるが、それには特に次のような事情があった。

宗像社の峯氏を吉川惟足に入門せしめんとす

貞享初年のころ、益軒の次兄存斎の門人中に宗像宮田嶋社人峯氏の子隼人(はやと)がいた。当時峯氏は経済的に衰えみずから田畑を耕作して生活を維持する状態であった。存斎はこの愛(まな)弟子隼人の出世をはかり、益軒の江戸参府に同伴させて当時有名な神道学者吉川惟足(これたり)の門に入れようとした。その間の滞在費は益軒負担にして軽額ですませることを計り、社中の出資でこの旅行が実現するに至った。この件で益軒は貞享二年冬に惟足を前後三回訪問している。この時の媒介者は益軒が在京勉学中に中村惕斎(てきさい)宅で知り合いになり、後まで親交が続いた伊勢出身の神道家八尾弥平次であった。しかし隼人は同三月初旬帰途についた益軒に同伴帰国しており、この間に修業がすんだのか、あるいは入門を断わられたのではあるまいかとも想像される。ともかくこの同行の旅を機縁として益軒と隼人との間には師弟

益軒の惟足訪問

関係ともいうべきものが成立していったと考えられる。

『宗像宮縁起』

元禄末年のころ、益軒は当時田島にある宗像辺津宮の社人になっていた隼人から『宗像宮縁起』の執筆を依頼されるに至った。彼にしても京都で親交をもった公家花山院家の邸内に宗像三神の祠があり、そのいわれを記した一巻物を持実から授けられた因縁もあり、記紀の古伝を中心に宗像宮に伝わる古書を参考にまとめあげた。このころ宗像では田嶋辺津宮と北方海上一里の沖合にある沖の島の奥津社の社人が本社争いの問題であたかも仇敵の如き間柄にあった。そのため記紀に基づき辺津宮を一応第一の社とした益軒の縁起草稿は社中の気に入らなかった。彼は「祭礼その他の日附は間違いがあれば訂正するが、自分の本分（信念のいみ）にそむいて記紀や『旧事紀』と異なる記述をすることはできない」として、浄稿取止めの約束のもとに草稿の返却を求めねばならなかった。

その後もなお宗像社との縁は切れなかった。峯家が相変らず財政的に困窮して

後醍醐帝の宗像宮あて綸旨を取戻す

武富一郎右衛門

返礼の書籍を多久聖廟に奉納

いるのを救う一手段として、その晩年に次のような努力も払った。佐賀の豪商であり且つ好学の家である武富家所蔵にかかる後醍醐天皇の宗像宮宛綸旨(りんじ)を入手し、隼人の手を経て宮へ返納するように運動した。武富家の一郎右衛門咸亮(しげすけ)は青年期に中村惕斎に学び上京のおり伊藤仁斎に面接を求める好学の徒で、益軒は元禄元年京都で親友の医者植木交庵宅の宴会で彼とも知合っており、その後古楽の会で合奏したこともある間柄だったので、益軒の願いを快(こころ)よくかなえてくれた。益軒はその返礼として明(ミン)末の書家として有名な董其昌(とうきしょう)の法帖その他を、武富が私財を投じて建てた聖堂に奉納するよう取計らった。武富氏の先祖は明の帰化人で、その長男が郷士武富家に婿入りし、秀吉朝鮮出兵の折に鍋島藩の軍需を援けた。その功で次男は呉服物御用商の特権を得、その孫咸亮は藩の許可を得て佐賀城下の北郊大財(おおだから)村(今は佐賀市内)に聖堂を建て、元禄五年に釈菜(せきさい)(略式の孔子祭り)を行なった。やがて藩主からその土地の寄附をうけ、彼は儒官に進められた。多久支藩主も同じ計画をもったが幕府の許しを得るのに暇どり、やがて威亮の設計面での援けを得て領内に聖廟を建立、宝永五年に釈菜をあげた。多久聖廟は今日もなお唐制に倣った祭典を励行して世に知られている（以上、木下喜作氏の御教示による）。さて、この返礼に対し武富父子は礼状をのべ、その追而書きに次のように益軒の長寿を祝った。

先生隣春を被ㇾ迎候へバ八十二歳の御超歳に御座候由、珍々重々何事乎如ㇾ之乎。奉二拝筆翰一其膏沢之潤如ㇾ流。倍可ㇾ為二御長寿一事実（無脱カ）疑乎。

話を前に戻す。彼の神道書読書暦をみると、

三十歳代四部、四十歳代十部、五十歳代十七部。

松下見林の神道講義を聞く

と次第にふえているが、五十歳代の終りに始まる元禄に至ると、在京中にはかねて交際のあった神道学者松下見林との往来がひんぱんになり、同四年には見林の『古語拾遺』講義に出席し、翌年にはその神代歌の説を聴講しており、神道への関心の昂まりを示している。また自作、あるいは甥好古作になる筑前国各社の縁

起類が十指に余るが、そのうち元禄四年になるものが五種に及び、以下八年までに大部分が書かれている。こうした時期に『神儒併行不二相悖(もとら)一論』がまとめられたのである。

五　『神儒併行不二相悖一論』

本書はもと東軒夫人の郷里である県内朝倉郡の秋月八幡宮に奉納されてあったが、後に東軒夫人の実家江崎氏が求めて秘蔵するに至り、さらに明治中期のころ貝原氏が故あって譲り受け今なお同家に伝わる短編である。奥書によると益軒が草稿を認(したた)め東軒夫人が浄写したとある。

天地間の道は一つのみ

彼は「天地ノ間、道ハ一ツ而已(のみ)」とする立場から天道・人道・神道を根源的には同一なるものとみた。神道とは「清潔不穢(ふわい)」の理に立って「誠明・正直・純一・淳朴」の徳を実現させることで、すなわち人情に基づき人倫を行なうのであるから、はなはだ簡単で浅薄なようだが、その中に深妙の理がある。わが古代神聖の伝えるところで、外国の教えを俟たずしてそれ自体すでに完結したものである。しかし中世以降伝来した儒教の教えが広大かつ精微であるから、神道を学ぶ者も儒教経典を読むことにより発明するところがあろう。儒教といっても中国古代の道徳だからその〝法〟（時・処・位による特殊性）に泥まず、道すなわち根本精神を把握する必要がある。こうして神道と儒教とは並び行なわれて相悖らない。仏教は人倫を絶滅し空理玄妙を説く教えだから到底神道とは相容れないものである。

儒学者としての基本的立場

以上がその概要である。彼が読んだ『神道五部書』、藤原惺窩の『千代もと草』、羅山の『神儒一致論』、度会延佳の『陽復記』などの影響が濃厚で、独創的なところは見出し得ないといってよかろう。すでに見たように多くの和書を愛読した彼ではあったが、儒学者としての立場からぬけ出ることはできなかったわけである。

この論は天保四年福岡藩士富永嘉種なる人が摸刻・上木して二枚物として出している。この人は諸学芸に通じ、和漢の学を修め、早くから尊王斥覇の説を主張し、その弟子に平野国臣がいる。

『神祇訓』

さらに元禄十七年には『神祇訓』が書かれた。同様の趣旨が敷衍されるのだが、『旧事紀』・記紀は史書で神道の経典ではない、神道には経典がないから四書五経に拠るべきだとする。彼の見るところでは当時の世間には「怪誕（怪しくとりとめのない話）を神道の至極とするならはし」があり、合理主義にたつ彼としてはこれを是正しようと計ったとも考えられる。また啓蒙書としての本書の立場から仏教をも一応肯定し、その本にそむかずその道を明らかにして行なうならばよいとした。具体的にいうと、「諸悪莫作・諸善奉行の如き四十二章経にとける所」を仏教の真髄と見ているが、これは朱子の仏教観を踏襲したものと思われる。仏教で悟りに到達する過程での手段としてとく社会道徳を彼はその精髄と見なし、この面をのみ肯

神道の怪誕を斥ける

仏教の出世間主義を非難

定したので、その立場はあくまで世間主義であった。なお稿本『慎思別録』中にも仏教の出世間主義を繰り返し誹謗（ひぼう）している。しかし温厚な彼であったから実際生活の面では多くの僧侶とも交わり、いろいろ益を得ている。

第八　致仕後の生活

一　一族間に悲喜こもごも

古稀の祝

元禄十二年七月に古稀の祝いを迎えたが、それは質素に行なわれた。年譜には このころ藩主綱政の礼遇はますます厚く幾度も召して饌を賜わっている。あらかじめ願っていた辞職が許されたのは翌年秋で、初めて辞職を請うてより五年の後であった。この間、同九年には西郊紅葉原（福岡市早良区高取一丁目）に別邸を賜い、加増百石を得て――その知行所は怡土郡篠原村と志摩郡馬場村――計三百石取りとなった（翌年から借知が始まったので全額を得たのは一年間だった）。これは彼が三代の藩主に仕えた功績、すなわち忠之に三年、光之に三十三年、綱政に八年、あわせて四十四年に及ぶ功を賞して賜わった

三百石取り

ものであった。家に客を招いて自祝の宴を張ること数日間に及び、親族や召使い達にも銀貨を与えて喜びを頒(わか)つという慶事もあった。加えて以後は組頭に附属せず使番(つかいばん)の列に廻されたのだから格別の昇進といわねばならない。このころ春庵がかわって侍講となり、益軒は、

春庵侍講となる

返すぐ御壮年の間寸陰を惜しまれ候て御博覧成られ候て然るべく候。

と祝辞を送った。

次兄の病没

しかし禍福はあざなえる縄の如しで、多くの肉親や一族を相継いで亡くすという悲痛事にも遭遇せねばならなかった。まず次兄存斎の病死である。志を得ずして領内遠賀(おんが)郡吉田村に隠遁し村童を教化していた彼は病にかかり久しく癒えぬ状態にあった。益軒はこの兄と二人の子を自宅に引とってその看護につとめたが、そのかいなく逝(ゆ)いた。少年期に経書講読の指導をうけており、恐らく最も敬愛した兄であったであろう。

長兄はすでに不遇の死

もっとも長兄家時もすでに六年前に亡くなっていた。壮年で浪人となり遠賀郡黒崎にすみ商人となり高利貸もして富裕となったが、金銭貸借の件で負債者の村役人から讒言(ざんげん)されたのである。すなわち役人への態度が不遜で藩法を無視したという罪名で御預け禁錮(きんこ)となった。元禄元年公用上京中にこの報に接した益軒は日夜憂いもだえて心をいためたが、まず同伴の好古を帰国させ、みずからは家老で従学者の黒田一貫にあてて書を呈した。まず伯兄家時の誤解されやすい武士気質(かたぎ)一途の性格からのべ、裁判には双方の申し分を採量すべきことを説き、最後に藩主交替時の仁政赦免事業の一つとして家時の放免を考えてもらいたいと懇願し、まことに情理を尽した名文で惻々(そくそく)として人に迫る筆力をもっている。しかしこの努力も空しく翌年秋この兄は座敷牢で病死をとげた。

甥好古の病没

またちょうど致仕(ちし)した年に甥(おい)好古がこれまた病没した。『風土記』編輯の項で述べたところである。

末兄楽軒の病没

それから二年を経て元禄十五年春には末兄楽軒が隠居先の郊外三宅村（現在福岡市南区に編入されるる）で亡くなった。父寛斎の跡をつぎ浦奉行をつとめ『浦庁令条』（一冊）を作った人で、元禄二年致仕後は宮崎安貞の『農業全書』を添削しその附録一巻を著わした好学の士である。元禄八年および翌年には入京しているが全書出版の打合せのためだろう。全書の凡例には楽軒を評して、

『農業全書』と楽軒

> 強年の比（ころ）より、世を利し民を恵むに志有て、略（ほぼ）民間の事を知り、且つ植木のわざにも就（マヽ）せり。故に添削を請う。

と紹介している。七十八歳の最後であったがその前年の喜寿の祝いに、益軒は次の祝辞を送った。

人生の五幸

> 聖賢の書を読み義理に通じ異端に迷わず、和漢の書を読み天下古今の事に通ず、平日小病なるも老いて健康なる事、喜寿を迎え得た事、屢々京都に遊び諸処の佳景を遊観し得た事、この五幸あり、天地の間に生きて憾（うら）みなしと云うべきであろう。天の物を生ずるや完全に備わった物はない。この五幸があれば他の不幸は恨みとするにたらな

い。且つ生死は天地の常理で憾みとするにたらない。(もと漢文、抄訳)

この文に益軒の円熟した境地がうかがわれる。その病死を記した日記に彼は、

予正月ヨリ今日ニ至ルマデ行イテ省ミルコト凡ソ十一度。

と記している。

益軒の看護

この前後の日記には枚挙に遑(いとま)がないほど京・江戸の学友、郷里の知人・従学者の死没が記されている。寂寥(せきりょう)の感に耐えつつ仕事を完成してゆかねばならなかった。ちなみに致仕に先立ち同年の桃の節供には家婦や養嗣と揮毫を試みたが、彼の句は次のようであった。

学を講じて余歳を楽しみ、慾を節して残軀を養う。(もと漢文)

楽軒の後継を保たんとす

致仕後の益軒には功を賞して隠居料として月俸六人扶持が給せられた。彼は次兄存斎の長子作右衛門が他家を継ぎ、次子は益軒の養嗣となったためその家系が断えるのを憂い、作右衛門の子小五郎にこの扶持を譲与して藩士としての地位を

保たせたいと願った。掛り役人は手続上の便宜から、小五郎を益軒の次男ということにして取計ろうとしたが、それでは益軒の良心が許さなかった。「愚昧ながらも平生から殿様に嘘をつくまいと決心している」のでその節を貫きたいと主張したため、この件は不成功に終ったようである。

浄書役として末永虚舟を得る

なお光之の時代に願って浄書係り一人を与えられていた。致仕後もこの者を取あげられないように実情をのべて春庵に取なしを依頼せねばならなかった。

拙者こと殿様の御恩恵をもって学問仕り苦労仕り、幸い長生きしたしるしに著述を後世に残したいと思っているが、作りかけのままの著も多くある。幸い京都・大坂の本屋中に知合いが数人あり、自分の著書を出版したいと願っている。また面識のない本屋でつてを求めて頼みにくる者もある。しかるに浄書する者が一人はいなくては、この老眼をもってしては一冊を書き上げることも難しく、かねてからの著述を世に残すことも不可能となり、それではまことに残念である。(意訳)

その結果はとくに藩が依頼した著述に関しては、従来通り直方支藩出身の末永虚舟がこれに当ることになった。

かような覚悟で隠居生活が始まった限り、世間並みの楽隠居とは到底軌を一にするものではあり得なかった。益軒の春庵宛書翰には、

鄙生致仕ハ仕候へども、如何なる生質ニ而御座候や閑暇は無ニ御座一候。御城内出入ハ省申候。

とあり、年譜にはこれを説明して、「是より後遠く遊ばず、専ら著述を事とす」とある。こうして著述とその合間々々には風雅の道にふけり得たはずだが、まだそこには世俗の問題も残っていた。後継者の問題がそれである。

二　養嗣の問題

はじめの養子に失敗す

益軒は子がなかったので、はじめ末兄楽軒の次男で好古の弟にあたる常春を養子にしようとした。六十六歳の致仕を請うに先立ちこの話は成立していたとみえ、

益軒自ら設計してその居間を造作した。翌年に常春は同居するに至り、さらにその次の年に結婚式をあげた。ところが事情あって常春は家を去り、剃髪して田舎に屛居（へいきょ）し、読書と詩作で世をすごしたのである。しかし東軒夫人が亡（な）くなった時、その墓誌銘を撰んだのは彼だったという。益軒が養子の家出を知ったのは、東軒夫人その他を伴っての最後の京都旅行中だったので、さだめし驚いたことと思われる。それから一ヵ月後益軒は江戸参府途上の藩主綱政を伏見に迎えて拝謁し夜食を賜わったが、この時養子の件を打あけたとみえる。翌日藩主は出立に際し仲兄存斎の次男重春を養子にすることを命じた。

仲兄の子重春を養子にす

長期の京都滞遊を終えて帰国した後、ここに重春を迎えて元服させ直ちに藩士当直役として仕えさせるに至った。この時譲与した金銭は具足箱に貯えられていた用心銀四百匁と銅銭三貫八百匁で、ここにも益軒の周到さが偲（しの）ばれる。

綱之、再び幽閉

あたかもこの日に綱政の実兄で粗放・乱心の故をもって嫡子の身を追われ、剃

重春の江戸供奉に際し与えた『賮行訓語』

髪・謹慎中の綱之が再び幽閉され、家来は禁錮に処せられる事件があった。彼らを支持して次の藩主たらしめようとする運動が再び現われてきたのかどうか、一切は不明である。

ところで養子重春は必ずしも後継者にふさわしいタイプの人ではなかったようだ。益軒もその人物に些か不安を覚えたのであろうか、二年後に重春が藩主の参覲に供奉（ぐぶ）することになった時これに戒を作って与えている。それが同趣旨を和文・漢文の両様をもって述べた『賮行訓語』（じんこうくんご）である。和文の方が一層詳細だが、まず若い時には努めて学芸に励み、人の道は愛敬をもって交わるにあるとして基本的態度を示し、ついで友人の選択と交際、主君に仕える心得、衣食住、最後に奴僕の使用心得にまで及び、懇切かつ具体的であった（本書は全集に洩れているが、貝原家の提供により孔版として拙編『益軒資料』第六巻に加えることができた）。しかも翌年重春は借銀を負って帰藩したので益軒は銀五百六十匁余りを拠出してやらねばならなかった。

「東戒之行」

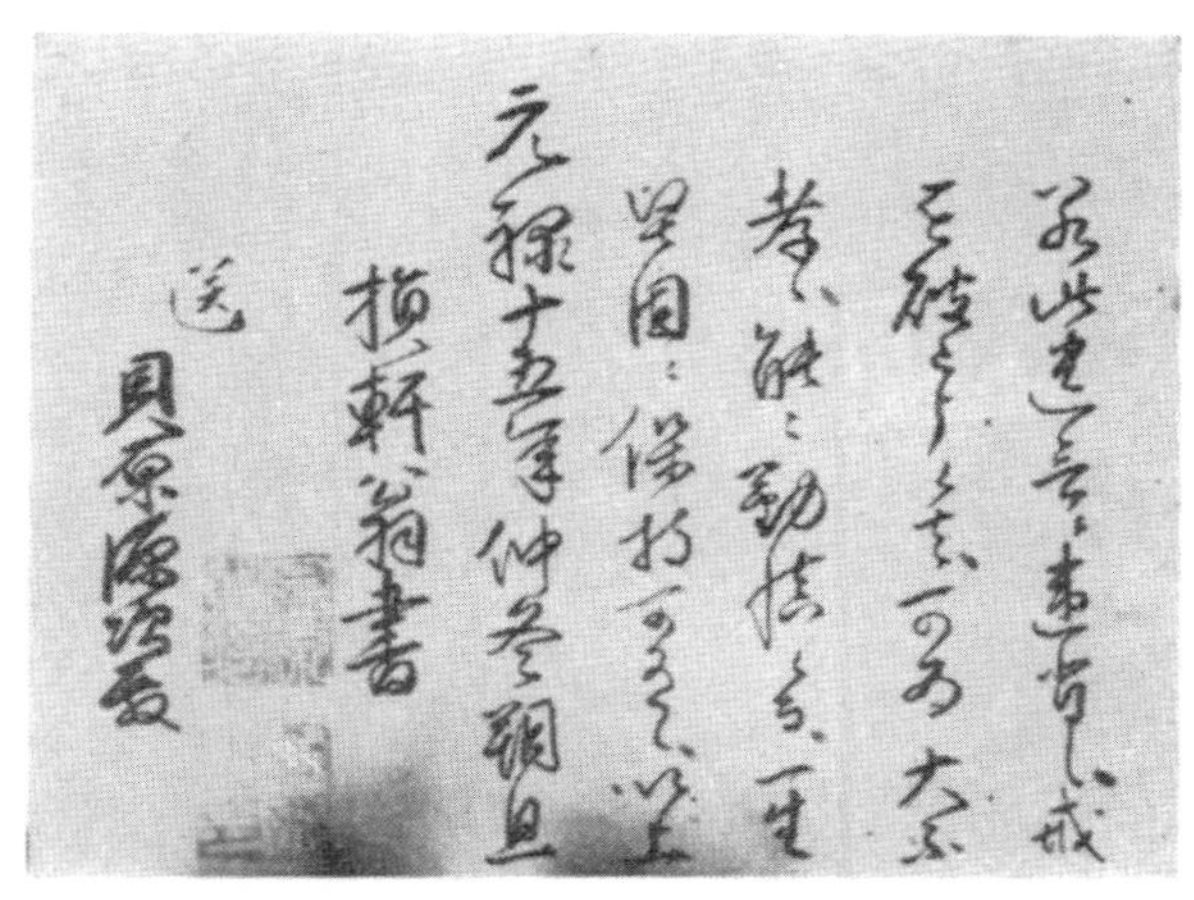

養子重春にあてた『損軒遺訓』の末尾

同年冬、重春にふたたび江戸詰の命が出た際には、改めて「東行之戒」を与えるほかに、当時江戸逗留中の春庵にいろいろ依頼し、「田舎育ちで公儀の役には間に合わぬ者だが」今さら役儀を断わり得ないと悔んでいる。さらに語をついでわが身を反省し、

わが家の財政難は致し方ないとして一応諦らめようが、いまだに自分の学問が不充分で世俗通用の俗文（いわゆる啓蒙的教訓書類を指すのであろう）をさえ完成し得ない

> でいるのは、われながら憐れむべきことだ。

と歎いている。

翌年帰国した重春は早春に東軒の兄、江崎太郎兵衛の娘を娶った。すなわち東軒の姪（めい）である。二年後に女子が生まれ益軒も孫娘を抱きえたわけだが、出産が原因したのか姪は病死した。同年末に益軒はこの亡姪（ぼうてつ）と夢の中で邂逅し会話を交えた。どうしているかと尋ねたら近くの風光の地を徘徊して楽しく暮していると答えたとあるが、益軒にとってこの十七歳の女性は子供のように思えたであろう。

重春の家計下手に悩まさる

その後も家計は欠乏しがちで、『損軒日記略』宝永三年の項には、

> 十月より久右衛門（重春がこの名をついだ）家計を改め、毎月商人より銀を受取る。

とあるのも益軒の計らいであろう。ついで門人鶴原九皐（きゅうこう）に依嘱して重春の家政を管理させたが、九皐の没後は当時八十一歳の益軒が再びことに当らねばならなかった。

『篤信一世用財記』

余命久しからざることを覚え、養子に家計をたてる覚悟を固めさせるため『篤信一世用財記』を書いた。ここには藩主に供奉しあるいは自ら多くの旅行を試み、その上多額の書籍代を支払いながら借銀せずしてやってきた自分の家計の方法が示されている。書出しには、

江戸え十二度行候。内九度ハ御救銀（特別手当）拝領不﹂申候。拝借も不﹂申候。京都え二十四度上り候。此内両度ハ妻つれ上り候故、男女両度共ニ上下八—九人ニ而上リ候。妻ニ参宮（伊勢参宮）も仕らせ候。有馬湯山ニモ上下九人ニ而入湯候。二十四度之内一度ハ（藩から）御銀子拝借申候。当地え下リ候而元利上納候。京都ニ而一度守田甚兵衛え頼金十両借リ候。下リ候而返納申候。京都上下之費財、此方より持上リ候土産、大分入候。持下リ候土産も毎度よき程費﹂財候得共、廿三度ハ拝借・他借不﹂申候。中村惕斎・松浦了貞など拙者下向の時遣銀借し可﹂申由申候得共、借リ不﹂申候。

茨城屋を介し蔵書を売る

とのべる。このころ京都の書肆茨城屋を介して蔵書の一部を売払おうとしており、書肆に家計難を訴えて、

此地家中弥困窮、別而賤息年々困窮ニ成リ、殊ニ近比又役儀かはり、増不勝手に成申候。

と愚痴を述べている。

三　古楽のつどい

風雅の道の世話人

かような問題はあったが、ともかく致仕後の生活は一応俗務から解放されていた。『風土記』や『三才図会』修復などの公用で働くたびごとに、藩主から召されて饗に預かる身分であった。また依嘱されて風雅の道の世話人になる機会も多く、藩の家老から養老の茶入れの記を京都の公家花山院家に書いてもらいたいと頼まれ、自ら作った草稿を添えて依頼文を送り、また修験道で知られた豊前の英彦山座主から彦山八境十二景の詩を請われ、知人に作詩を依頼して集まったものから選び自書して送り、また求めに応じ上方の商人や知人、すなわち鴻池・京屋・

垂水屋・茨木屋・香月牛山らに文章や揮毫を送ったりした。揮毫のうちには「天地有二万花一」と記した一幅もあった。

鴻池へ文を送る

鴻池助右衛門へ送った文は勧学論・忍説・日約説・格物説・改過編・択学術辨・智仁勇説の計七篇に及んだ。助右衛門は元禄十一年三月益軒が東軒夫人らを伴ってまず大坂に上陸した折に初めて来て面会しており、これに先立ち元禄八年一族の鴻池一兵衛が藤井正的の案内で面会している（ともに『雑記』）。鴻池とはこうした関係があったわけである。

長崎持参の地球図を見る

数年おくれて宝永八年（正徳元年、一七一〇）四月には前年来話しがあった、長崎の郭甚右衛門（唐人郭一官の後裔か）所蔵の世界図――郭氏の書翰によると「無類の物、人に見せ不レ申候、今迄不レ知国多くのす」という珍品――が益軒の序を請うために届けられた。彼は直ちに春庵へ宛て星野実宣（既出、藩内和算家の祖 測量・天文にも通ず）同伴で見学に来るよう次のように誘っている。

兼而申談候地毬（マヽ）図来候。明日於二御隙一者星野氏同道被レ成早く御出、此方ニ而蔬饌（簡単な食事）参らせ候様待申候。即此使（の旨を）星野へ被二仰入一可レ被レ下候。若明日御隙不レ被レ入

候者、廿日・廿一日之間待申候。（後略）

ところでこの結果がどうであったかは、資料がなくてわからないのが遺憾である。また京都の親友の一人黒川道祐の弟で高台寺住持植長老とよばれる人がいた。

高台寺植長老、対馬の以酊庵より帰国

彼は対馬の以酊庵（対馬における臨済宗西山寺派の総録の寺で、後には京都五山の塔頭（たっちゅう）より輪番にきて二年交代であった。宗氏の外交顧問役を兼ね、日朝通交往復文書をつかさどった）に滞在し、その帰途今津の誓願寺大泉坊（栄西が渡宋前後に滞在した寺）を益軒の世話で訪問、歓待を受け、「遂年の本望をとげ満悦」して帰ったのは正徳五年であった。

古楽のつどい

ライフ＝ワークの完成にいそしむ彼に精神的憩いを与えたのは中年のころから関心が芽ばえ、後年京都で修得してきた古楽であり、同好者が集まって合奏の会をもつことであった。彼の古楽への探究心は元禄二年に一応なり、致仕後二年を経た同十五年に大成した『音楽紀聞』一巻に充分にうかがい得る。まず致仕したころに京都に頼んで琵琶を作らせたがその値段は銀四枚或いは五枚と記している。続いて箏柱一包をとりよせ絃をかける段取になったが、それを聞いた春庵もその技術を見たいというので材料と絃かけの名人を春庵の許へ送るからその方法をよく見覚えて将来は自分でかけ得るようにと書翰で述べている。また箏の爪は東軒がつくるから適当な材料――ふる家のたる木竹で真直で古色をおびたもの――があったら提供してもらいたいともいっている。

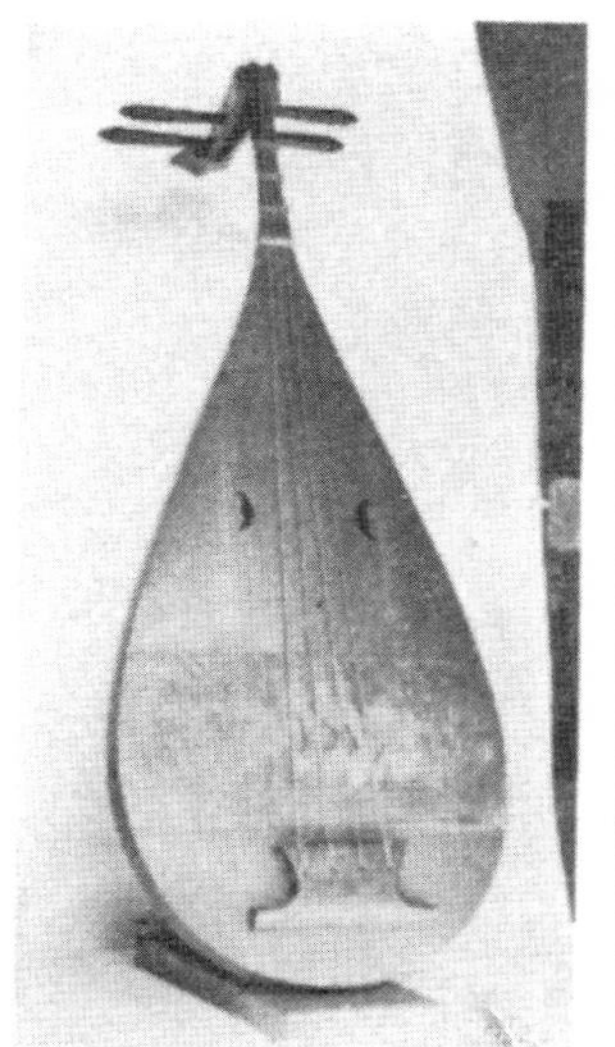
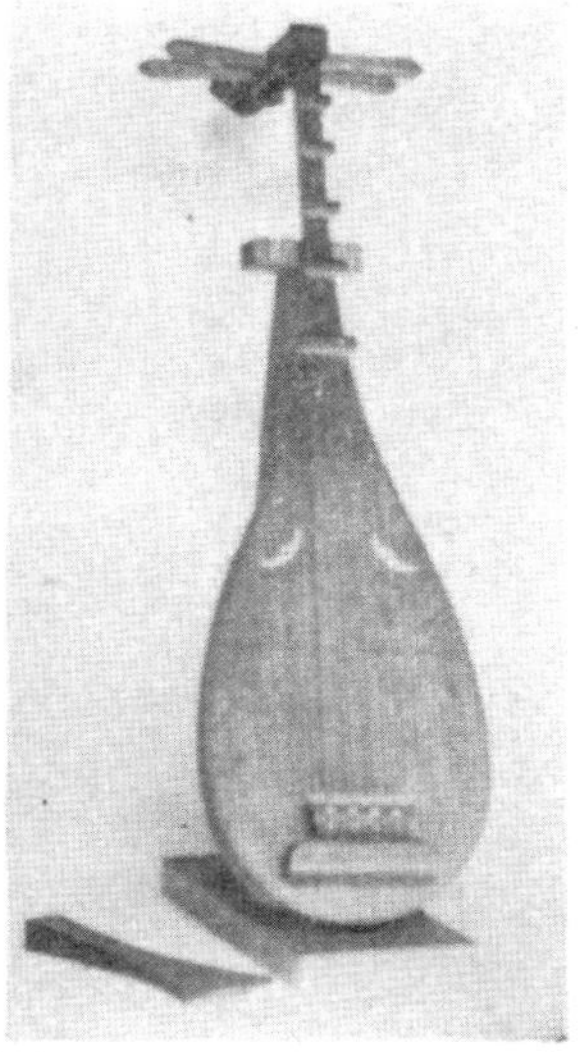

益軒夫妻愛用の和琴
(益軒が没した翌正徳5年6月，養子重春より箱崎神社に奉納された。(右が益軒，左が東軒のもの))

そのメンバー

元禄末から宝永にかけて益軒はしばしば自宅で古楽の会を催し、春庵にあてた招待状に、篳篥（ひちりき）を持参せよ、長男もつれてこい、あるいは藩士・従学者中の嗜（たしな）みある者を誘うように、和算家・天文家の高畠武助には和琴を持参するよう連絡せよなどと依頼している。他にひちりき十五石の藩抱え楽士や極楽寺の僧なども招いた。東軒夫人も重要なメンバーの一人であったことは、ただいま東軒が病後保養中のため合奏なりがたしとして断わった場合もあったことでうかがえる。秋月にすむ東軒の両親も音曲を好んだとみえ、益軒の楽会招待状には目下彼らが寄留して合奏を切望しているから是非行ないたいと記したものもあり、また東軒同伴で秋月に赴く途中、大宰府宮の前で奉納の合奏をしたこともあった。『損軒日記略』宝永三年三月二十一日の項には、

大宰府宮前で奉納の合奏

将レ往二秋月一先至二于宰府一、宿二于連歌屋昌純一。今夕於二天満宮前一加藤弥三之亟（藩士千石）・高畠武助及家婦奏レ楽。

とある。帰宅後四月末には、

因(り)二極楽寺之楽会招(きに)一予及家婦赴(く)レ之(に)、設(く)レ饌(を)。

とある。自宅での場合、会はおおむね夕飯後に行なわれた。近頃衰弱しており昼夜の応接は健康に差障るのでと弁解している。たとえば宝永四年（七十九歳）の場合の如き、春庵の老母も参加することになったので余り簡略なのもどうかと思うが、致仕後つねに淡薄なものをとっているので御言葉に甘え糕（こなもち）一種しか出さないから、と断わっている。

四　立花実山の最後

この前後の日記としては『居家日記』（元禄十二年より正徳三年まで）があるのみだが、ここに現われる益軒は行動者としての立場から観察者としての立場に完全に移行しており、その記述は上は天変地異から下は人事百般に及ぶ。恰も朱子学で説く「格物致知（かくぶつちち）」

を地でゆくかの如き豊富さである。老いてなお衰えぬ旺盛な知識慾が察せられるというべきだろう。宝永二年（一七〇五）の項には、

先君光之と綱政の不和

老君（光之）と邦君（綱政）の不和、四月に漸く多し。

とあるが、不和の理由については一切記されない。ところがこれに先立つ二月に綱政の嫡子吉之が江戸藩邸から初めて入国しているが、これは襲封の予告と考えられる。その間の動きを『損軒日記略』の記事と継ぎ合わせると次のようになる。

光之の嫡子吉之（後の宣政）、後継者に内定

老君光之が四月初旬庭井野別荘から帰城すると早々に吉之は江戸へ帰り、入れ替りに参観を了えた綱政が帰国する。してみると不和の原因は後継者に関する問題ではなかったであろうか。一旦江戸へ帰った吉之は秋には婚姻の式を挙げている。『日記略』によれば挙式の前日光之と吉之とは改めて面会しており、光之も吉之の将来の襲封を承認したと解してよかろう。それにしても隠居の身の益軒が、この間のいきさつに多分の注意を払っていることが注目される。

当時の藩政をみると、同年春には諸士倹約令を出し、年末には元禄十六年飢饉救いとして民間に貸与した米二千俵の十年掛り返納計画を打切り、残余を農民に与える策に出ている。

光之八十の賀

一年こえて宝永四年正月光之の八十の賀が開かれ、益軒も自分を寵用してくれたこの老君のために詩を献上し、数日後には召されて長時間侍坐し饗に預ったのだった。『黒田新続家譜』（竹田春庵編）によれば翌二月には乱心のため幽閉の身にあった光之の長子綱之（泰雲）が許されているが、死期の近づくのを知った光之の口添えによってであろう。三月末再び光之から召され饌と珍酒を賜わった益軒は、求めに応じ老君の脈を診察した。光之が亡くなったのはそれから一月余り後である。

立花一門の凋落

その後一年にして藩政史上に起った一大変化は立花氏一門の凋落である。光之の寵愛を得てその一門が富み栄え、綱政の代にまで及び約半世紀にわたって要路を占めていたのが、急転して職を奪われ多く拘幽の身となったのである。とくに哀れをとどめたのが実山であった。元来立花氏は柳河藩主の一族で途中から黒田家に仕えて出世したのだから、譜代の旧臣から嫌われるのも当然だった。筑前人の「立花ぎらい」は伝統的感情として幕末まで尾を引いている。しかも実山は文治派の最高峯として綱政擁立運動の中心であったらしく、武断派から大悪人視されたのも止むを得なかった。

実山の人物——随筆に見る

実山が元禄末年に書いた随想に『松がね』『南窓随筆』『病臥随筆』などがある。わたしが見たのは益軒の七代の孫貝原信進が作った写本で、文化六年にその養子信春が書いた後記によれば、

> 亡父（信進）は常に実山を欽慕し、時に遇わずして非命に仆れられたことを悼み、これらの写本を作っておられたので借りて一読した。この書を播いて悲泣に堪えない。自分もこれに基づきさらに写本を作ったが、涙に濡れて硯池にむかった。

潔癖、非妥協的

と述懐している。本書にうかがわれる実山は病弱ではあるがひどく潔癖質で、良

心に対してのみ忠実であり、世俗に対しては非妥協的な性格と見うけられる。真夏の炎暑中にも障子をとじて室内に正坐することを好んでいる。他から権勢を羨やまれながら自らは当世を「偽りの世」と評し、仁義忠孝がすべて売物になっているとして道徳的精神の頽廃を歎き、仏教的な超脱の域を求めて、

「偽りの世」

　塵あくたすむも濁るもとゞまらぬ　水こそ水の心なりけれ

と詠んで、清濁併せ呑む境地に進みたいと悶（もだ）えている。

光之は死に先だち実山をはじめ数名の近臣に隠居料の中から加禄を与え、またその遺言によったのか綱政は彼を中老に任じた。しかも当時いまだ五十三歳の実山はその年の九月に致仕した。八歳より仕えた光之の霊をとむらうためで、直ちに東林寺で出家し、そのなかの松月庵を住居とした。

東林寺

東林寺は実山が明光善寺積峰（せきほう）の会下（えか）の祖忠と協力して元禄九年矢倉門に建てた曹洞宗の寺で（今は数百メートル南方の博多駅前三丁目に移転）ある。翌年大乗卍山（まんざん）和尚を招き光之・綱政両君に願

って卍山を東林寺開山として住持させ、またさらに両君の許しを得て加賀国大乗寺の直末寺（じきまつじ）となった。ここには実山の希望で如水以下の黒田藩主、および祖先立花道雪以下の霊牌を安置した。綱政の夫人が柳河の立花氏出身であったため、藩からも手厚く保護されていたのである。

翌年七月綱之は痢疾がもとで危急に陥いり、急を聞いて遊猟の場からかけつけた綱政にみとられながら最後を遂げた。その一月前から立花一門の拘幽（こうゆう）

立花実山の『梵字艸』（東林寺所蔵）

『瑞鳳山東林寺後々記』と『梵字艸』

が始まり、実山は嘉穂郡鯰田村（今は飯塚市に属す）の六畳一間の小宅に幽囚され、昼夜厳重な監視のもとにおかれるに至った（この小宅を彼は招月庵と名づけた）。火を禁ぜられ紙墨を制限された生活の中で彼は『瑞鳳山東林寺後々記』と『梵字艸』三巻を残している。前者巻末の自叙では全く不意打ちに綱政派遣の使者により捕えられ、「実山が往年光之公に仕えた時の政治のしかたが、綱政公の御心にかなわないのだ」というのみで罪名もつげられず謫居の身となった過程をのべ、逆境をもって信仰を深める所以と諦めている。後者は極小型の随想録で、世を歎き諦念を固めてゆく状態を物語る多くの和歌・詩をふくみ、十一月九日で終っている。それは彼が命により遣わされた農民からだまし討される数日前であった。なお本書巻一に述べるところによると、自分は光之公に対し一言一事も欺き偽わる心なく忠勤を励んできたつもりなので、後の鑑みとして伝えてもらいたく、致仕後に日記の中から要目をぬきほぼ草稿を作っておいた。公の三回忌に霊前に備えて敬白し、貝原篤信・竹田定直（『黒田家譜』および『続篇』の編輯執筆者であった）らにも伝えておこうと他の雑務は後廻しにして取掛っていたのに、幽閉の身となって不可能になったと悔んでいる。

益軒、白虹の出現をいぶかる

益軒も老衰の身ではあったし、恩人の逆境に対しいかなる救命運動を試みたのか、日記には少しもうかがい得ない、ただ実山の死の数日前に春庵にあてた書翰によれば、怪しい白虹（しろにじ）の出現に不吉な予感をいだいている。

仰せの如く西方に白虹が見える。遠近が計り難いので本邦の分野なのか西蕃のことか詳しくわからない。遠いなら本邦のことには当るまい。『文献通考』等を取出して調べたいが、火難を恐れて書庫の奥深くに収めているのですぐには取出せない。

第九　ライフ＝ワークの完成

一　八十の賀宴

八十の賀

宝永六年（一七〇九）を迎えてここに益軒は耆宿の域に達し、秋には養子久右衛門（重春の通称）の計らいで親戚・朋友を招き賀宴を設けた。客は午後から集まり夕方に及び散会したが、多くの賀詩が寄せられた。それらの二・三を披露すると、

八十の賀を祝ひまひらせて

万代（よろずよ）の君が齢（よわい）はものゝふの　八十瀬（やそせ）の波に遊ぶ亀かも　七十二翁曙山

奉賀

豊饒如ニ北海一、寿算似ニ南山一。積善多ニ余慶一、楽（しいかな）哉八十顔。　蘭堂

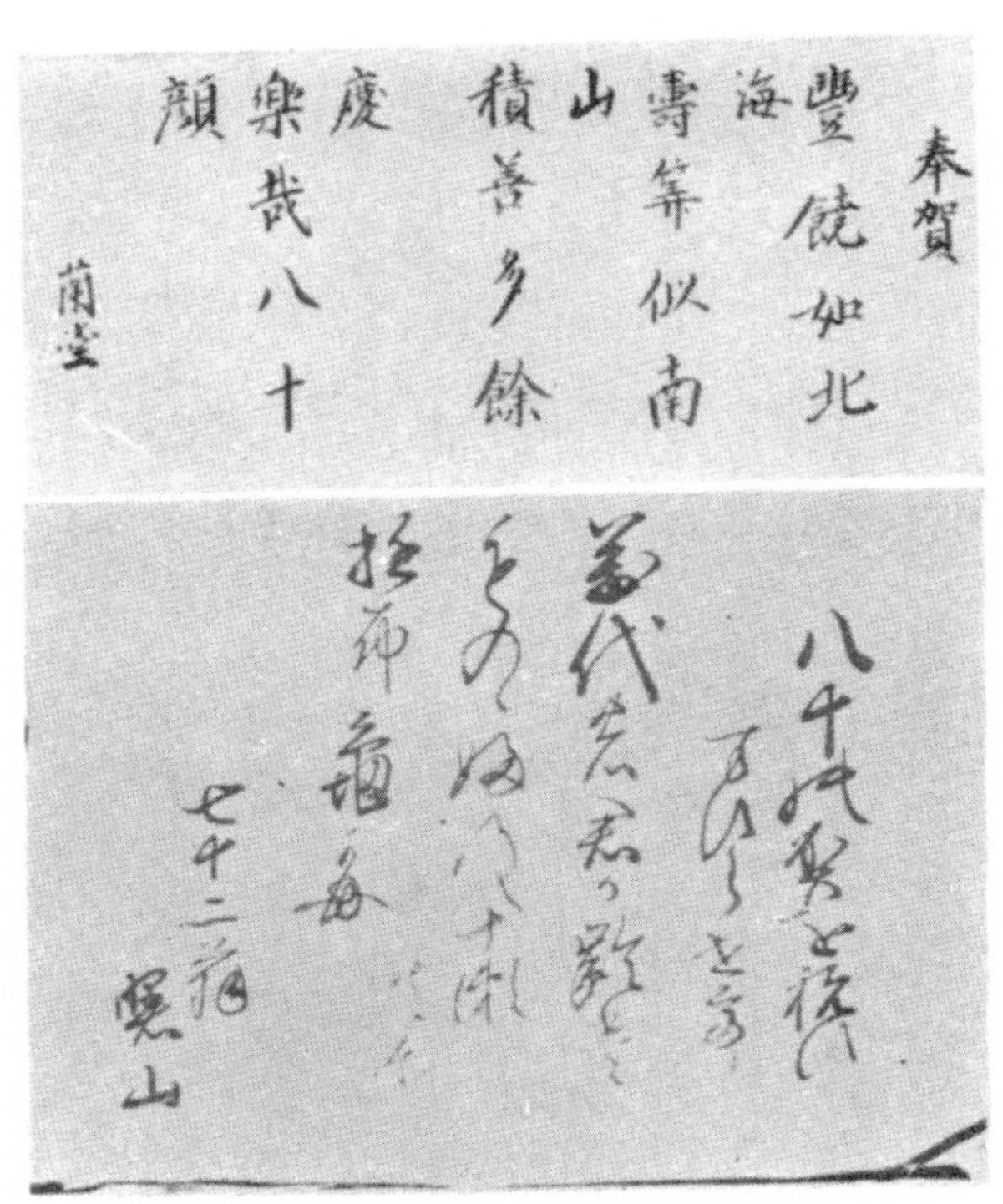

奉賀
豊饒如北海
壽算似南山
積善多餘慶
樂哉八十顔
蘭臺

八十の賀に寄せられた詩歌

君家伝宝養生訓、継レ之承レ之有ニ令聞一。八十自存童稚顔、平時不レ見賁兼慍。

大賀信朝再拝

ここに春庵の献詩が見当らないのは不思議だが、なにかの理由によるのであろう。翌年正月春庵から除日（大晦日）の感懐を述べる詩を示された益軒はこれを賞讃し、詩中の「残編満ニ案間一」と「堆書若レ望レ洋」の句には全く同感だと答えている。

晩年に益軒と改号す

ここで一つ断わっておかねばならぬことがある。というのは今まで益軒という名を使い続けてきたが、実は再出仕以後は損軒と号し、益軒と号するに至ったのは晩年のことで——益軒研究家井原孝一氏によれば——七十八歳の後半からであろうと推定された。彼の名を一段と有名にした著述が以後数年間に相継いで完成・出版されたので一般には益軒の名でよばれる結果となったのである。なお同氏は改号の動機を一応推定して、この年五月に彼を寵用した老君光之が病没したこと

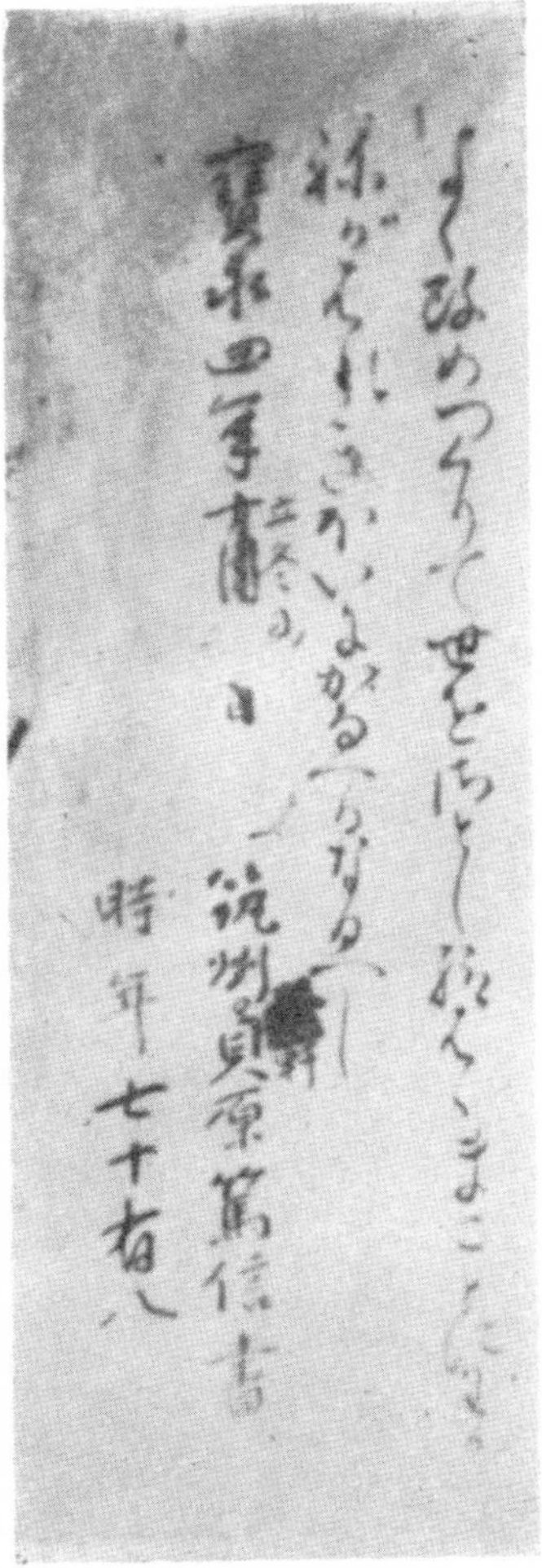

益軒と号した初め
（春庵に浄写させた『大和俗訓』の後尾に自ら署名し，益軒と訂正している）

『易経』より

をあげておられるが、益軒がここに肩の重荷を下ろし心機一転を計ったものと考えるのもまことに当を得ている。こうした損軒から益軒への改号が『易経』の損益の卦（け）によったものであることはすでに古くから指摘されている。すなわち中国古代に始まる、自然現象の変化に伴う人事の変動を予測したこの一種の自然哲学では、すべてを陰陽二元論に基づき相対的に考えた。損は益をふくみ、益は損を

益軒愛用の文机と筮竹

（筮竹は益軒自身が萩の枝で作ったもの。掛軸には上に益軒が「改過説」を書き，下の大書の字は東軒夫人の筆（『福岡県の歴史』より転載））

ふくみ、相対的な現象で因果関係にたつものと解した。陰が極まって陽を生ずるように、ここに従来の久しい拘束から脱して主体性の回復を覚えたのであろう。

江戸時代において、易（えき）は自然を人間の立場から考察する方法を指導したといってよかろう。当時のあらゆる科学者が——たとえば地動説の本格的紹介者として有名な志筑(しずき)忠雄の如きも——易を学び、自然観察法や相対的思考法を収得するところが大きかったことはすでに指摘された通りである（三枝博音氏『日本の思想文化』）。益軒も易に多大の関

『易学提要』

心をよせていたと思われる。京都で勉学中の三十六歳の折にその講義を試み、同年『易学提要』をまとめた。これは朱子学派の人々の易説をまとめたものである。貝原家には今もなお彼が使用した筮竹(ぜいちく)が遺っており、寛文・貞享の日記には下男の採用に際しこれで占(うらな)っている記事がしばしば現われる。

ついで翌年初春には藩主綱政から門人鶴原九皐を介して、「益軒翁も耆老(きろう)（八十歳）に及んだので以後は登城させることをやめ、ことがあったら人を送って問い計らせることにしよう」と。しかしこの約束は必ずしも励行されず、翌日には登城して綱政の病を診察し、ついで『改正黒田家譜』を献じ、また綱政の公子和泉の名前を択(えら)ばせられたりした。

二　いわゆる『益軒十訓』

このころの彼の円熟した学風と豊富な人生体験とは多くの大衆教訓書を書かせるに至った。ライフ＝ワークに多忙なはずの彼にこれだけの余裕があったとは驚異であるが、そこにこそ彼の幼少年期、さらにその後も接触した一般民衆への深い愛情がこめられていた、と考えられる。

明治における『益軒十訓』の役割

それらは当時版を重ねたがさらに明治二十六年には女子教育奨励会幹事兼東京女学館教授西田敬止により集大成して『益軒十訓』と題して出版された。その目的は国家主義・保守主義的立場から「普通教育ニオケル修身用ノ参考書」としての役割を担わせられたのであった。しかしそう言い切ってしまうには惜しいほどの独創的思索が随所に光っているのを見逃し得ない。その書名・巻数・著述年代（不明なものは初刊年代）および判明した入銀（予約価）は次のようである。

『家　訓』	一巻		貞享	四年（一六八七）	作
『君子訓』	三巻		元禄十六年	（一七〇三）	作
『大和俗訓』	八巻	五　匁	宝永	五年（一七〇八）	作
『和俗童子訓』	五巻	四　匁	同	七年（一七一〇）	作
『楽　訓』	三巻	二匁八分	正徳	元年（一七一一）	刊
『五常訓』	五巻		同	年（一七一一）	作
『家道訓』	三巻		同	二年（一七一二）	刊
『養生訓』	四巻	二十匁	同	三年（一七一三）	刊
『文武訓』	三巻		享保	元年（一七一六）	刊
『初学訓』	五巻		同	三年（一七一八）	刊

まず『君子訓』『文武訓』は為政者を対象としたもので、後者では忠孝・義勇がもとで武芸は末とし、前者では庶民を愛することを強調している。とくに独創性をもつのは『楽訓』『大和俗訓』『和俗童子訓』『養生訓』であるが、『養生訓』については後述するので、ここでは前三者の内容を紹介しておこう。

『楽訓』

『楽訓』では当時の享楽的風潮に対し、より本質的な人生の楽しみを説いた。すなわち天地から受けた根源的な生命力による悦びにあるとした。それを触発してくれるものとして自然の風物美と意志的な読書をあげた。

『大和俗訓』

天地の万物創造の徳

『大和俗訓』は古聖賢の説いた道徳・作法を俗語をもってとき、「民用の小補」にしようと試みたもので、まず人道をといて、人は天地の所産であるから天地の万物化成の徳に従いそれを援けることにあり、人類を初め万物を敬愛すべしとした。ついで心の平和を保つ修養の大切さを強調し、古代道徳の精神を保持する必要はあるが、礼(作法)は当世の風俗に従うべしとして時勢の推移を認めた。商業

「利」は公共物

社会の進展に伴う「利」の問題に対しても罪悪視することなく肯定し、但しそれは天地より生まれて天下の人に与え、人を養う理であるからいわば公共物で、個人の独占すべきものではないとして相互扶助を説いた。

『和俗童子訓』―実際的教育論

本書の続篇として、とくに就学以前の幼児を対象に説いたのが『和俗童子訓』で、

益軒の教育論を詳細に展開したものとして名高い。育児の体験を実際にはもち得なかった彼がこれだけ緻密に述べているのは驚嘆に値するが、父寛斎や兄存斎から受けた教育を懐想しながら理想型を打出したものと考えられる。その構成は、

㈠・㈡ 総論 ㈢ 随年教法 ㈣ 手習ひ法 ㈤ 教女子法

からなる。総論では早くから教える、師友を選ぶ必要、両親に対し姑息の愛を排し義理を通す厳正さを求め、また礼儀作法の日常生活における重要性を説く。児童の遊戯本能を認めて、

遊戯本能

小児の遊びを好むは常の情なり。道に害なき業ならば、あながちに抑へかゞめて、其気を屈せしむべからず。

とする。また学問と技芸との関係を本と末とするが、後者中の算数を重要視して

算数をいやしき業とするは国俗のあやまり。

とし、四民ともに必要だと力説する。㈡では徳育を重んずる立場から愛敬の心法

をとく。㈢・㈣はとくに緻密で、まず㈢では智育の中心になる読書について年を負って簡より繁に至る教材の配列法、その習得方法を具体的に示し、実行により習慣化させようとする。朱子の勧学・読書の法によったところも多いが、これらの見地を広くとり自己薬籠（やくろう）中のものにしており、同様な態度は㈣にも強い。すなわち書字の道徳的・芸術的意義を酌みながらも実用的見地を重視し、当時の書道の二大派である、和様（わよう）・唐様（からよう）に対しても一層高い見地にたち包括的である。ここにも彼の、学問は「博ニシテ約」、すなわち博きにわたる必要があるがさらにそれをよくしめくくりする必要がある、との持論が実行されている。㈤は結婚前の女子教育を十七ヵ条にわけて説いたもので、これを後の人が字数を三分の一に圧縮して十九ヵ条にわけ、結婚後の実際生活に重点をおいてまとめたのが『女大学』である。

いわゆる『女大学』の種本

かように十訓の内容には優れた点もあるが、これらを通ずる基調は結局は封建

享保以後の教学奨励策

道徳を鼓吹(こすい)する立場にあった。享保のころから強化されてくる為政者側の教学奨励策と相俟って、他の著者による教訓書とともに広く一般に読まれた。そのため益軒の教訓書と銘打って多くの偽書さえ生まれているもようである。

聖書翻訳に際し和文の模範とさる

さらにその簡潔にして豊熟な文章も模範とされたであろうことは容易に予想し得る。しかし明治初年に行なわれた聖書の最初の翻訳に際し、模範にされたとは全く予想以上であった。吉野作造の語るところによると、宣教師らは聖書を多く

『女大学宝箱』の見開
（文化11年版。大坂柏原清右衛門，江戸西村源六出版）

の人に読ませるため文体をできるだけ通俗的にしようとし、他方日本人側委員は聖書への神聖視からそれも限度があるとし、ここに模範として選ばれたのが益軒の文章だったという。こうした事情でヘボン・フルベッキ・ブラオンらの著名宣教師も実によく益軒の文章を暗記していたというのである（『明治文化研究』「聖書の文体を通じて観たる明治文化」、村上寅次氏の御教示による）。

三　『大和本草』の資料蒐集の過程

彼の科学的業績として最も優れたものであり、且つ彼みずから最も多大の努力を払ったのは宝永五年（一七〇八）、七十九歳に及んで大成した『大和本草』十六巻および附録諸品図二巻である。まず本書が出現するまでのわが国における博物学史を略述しておこう。

わが博物学史

博物学は古来「本草学」の名で呼ばれたのであるが、これは中国で医学の補助をなす薬草の採集から始まり、さらに動・植・鉱物をも含むにいたり、それがそのまま大化改新後わが国に伝来されたのである。一般に普及化し著しい発展をとげたのは江戸時代で、故白井光太郎博士の名著『日本博物学年表』をひもとく時、その盛んさに驚ろかされるほどである。

江戸時代における盛行

当時はすでに本草学の名称のもとに本来のそれ以外に名物の学（後述）、物産の学（主として産業上の立場からの研究）をも包含するにいたり、記述態度も応用博物学の範囲を脱してまさに純正博物学に近づくものさえ出すに及んでいるのである。一般普及化の基点をなすのは元禄前後で、それはまず漢名の物を日本の物に推定することから始まり（もちろんこれは最初に経なければならぬ段階で、古代の伝来当時すでに『本草和名』（延喜十八＝九一八年のころ、深江輔仁撰）『和名類聚抄』（延長年中＝九二三～三〇、源順撰）を出している）、これと併行して中国書に盲従せず自ら実地採集を行なうにいたった。

『本草綱目』の影響

まず漢名に和訓をつける態度は、明の李時珍著『本草綱目』（一五九〇）の第二版を家康の命で長崎へ行き購入した林羅山が、適当に抜き書して『多識篇』（寛永七年、一六三一刊）

と題して出版したことに始まる。『本草綱目』が江戸期の本草学界に普及したことは著しいものがあった。従来の文献的考証を主とした非実用的体系を排し、薬物学的な面よりもむしろ博物学的記載に重点をおき、新しい博物学への出発点をなした名著であった。

益軒の『多識篇』評

益軒の『玩古目録』によれば『多識篇』を三十五歳以前に、同増補版を延宝六年、四十九歳の折に読んでおり、後者を、

好書ならず、再見すべからず。

と評している。寛永以後多くの和刻本が出ており、益軒もその一つに関係していた（後述）。

続いて和訓を施したのは中村惕斎著『訓蒙図彙』二十一巻（寛文六年、一六六六刊）で、本書は初めての動植物図説であった。

中国書の模倣を脱し、実証的博物学書の出現

日本の本草学者の説が中国書に盲従せず、実証的になってくるのは前述の向井

『庖厨備用倭本草』

元升の『庖厨備用倭本草』十三巻（寛文十一年、一六七一刊）からで、『本草綱目』の知識を日本における事物の知識と比較し、さらに日本の古説への批判が随所に見られるのであるが、彼自身も本書成立の由来をのべて、山老・漁翁および俗間にこれを聞いて得るところがあったと記す。同じく京都の黒川道祐はその著『日次紀事』（歳時記）や『雍州府誌』（山城国の地誌）において具体的な農業栽培技術を説くが、これもみずから見聞するところという。また儒医兼本草学者稲生若水は加賀藩主前田綱紀の命により『庶物類纂』一千巻の著述を企てるのであるが、その序には『本草綱目』を評して実際に見て書いたものとは思われぬとまで酷評しているし、またその門人松岡恕庵は本草学者として有名で――彼がはじめ儒者を志望して闇斎・仁斎に学んでいることは注目される――、その門人が百人を越えたといわれる。

『雍州府誌』

『庶物類纂』

上述した惕斎から恕庵にいたる一流の本草学者と益軒は交際しており、とくに惕斎・元升・若水とは親密であった。彼の博物学的業績がこうした雰囲気の中にあって大成されていったことを記憶しなければならない。

『大和本草』の内容

前に戻って、『大和本草』自序で益軒が語るところによると、本書は、『本草綱目』の千八百余種から日本にないものあるいは曖昧なものを除いて七百七十二種をえらび、他の諸書から二百三種をとり、その他に本草および群書にのせぬ日本の特産三百五十八種と、オランダ・南蛮からの渡来品二十九種を加え、その名称・来歴・形状・効用等をのべ、必要なものには挿絵もいれてある。日本の本草書中では最も自説と独創にとむ名著として定評があり、ここに初めてわが国に体系的な生物学書が出現したわけである。その特色は白井氏の次の評に要約される。

その特色

一、最初本草に関する総論を出せること。

二、『本草綱目』の分類に従わずして、自己の理想に適したる新分類法により記述せしこと。

三、漢名の詳（つまび）らかならざるものに強（しい）て漢名を設けずして、和品として論じたること。

四、本草以外の群書を抄録して参考に便ぜしこと。

五、仮名文を以て記述し、通解し易からしめしこと。
六、虚誕(きょたん)の説なきこと。

次に理学士後藤閑之助氏はこれを次のように補われる。

(前略) 以前の如く有用品のみならず、無用の小草でも学問的見地から記載してあり、之は有用応用科学から純正科学への第一歩を意味す。更に日本の古書をよく参考し自ら各地をよく歩いていること。

本書成立の契機

次にこれらの評価を検討するに先だち、本書成立の過程をたどろう。益軒が本草学に関心をもつにいたった個人的動機は本書の序文でみずから語り、さらにその門人鶴原九皐(きゅうこう)が敷衍(ふえん)してのべる。すなわち生まれつきひよわで病気がちだった

自己の健康増進のため

彼が天命を保つ方法としてえらんだ手段は、飲食に供する品物の形状をよく識(し)り、性味の良毒を明らかに区別することにより、すなわち飲食療法により健康増進を計ることにあった。その方法としてまず第一に本草・医学書さらに地誌・史書等

から必要記事を抜き書きしたが、この場合既述のように父寛斎の指導が大きかったであろう。また数十回に及ぶ旅行でこれを実地に見、また本草学者に問い訂（ただ）したと思われる。また二十代の二回の長崎ゆきは医学修行のためかと推定しておいたが、この際中国・オランダ・南蛮より渡来した本草関係の物を実見したであろうことは想像に難くない。

向井元升との親交

藩命による二十八歳の京都遊学の場合、いち早く向井元升と面会していることは指摘した。つづいて『寛文日記』（三十二歳から四十歳まで）に記されるころになると、しきりに彼と相往来し、ともに遊行し饗応し、彼の紹介で公卿とも近づきになった。元升は八条金剛寿院宮の難病を、後水尾太上皇の詔により調薬し、治癒させて以来その名は京に識られ、朝廷との交わりも親しかったといわれる。現在貝原家には

貝原家現存の元升・元端の書翰

元升の書翰が二通あり、一つは新宅移転を報じ、他は延宝四年で前年の大火災の被害をのべ、米価騰貴と相俟って餓死者も少なくないが、さすがに都で河原・東

山の遊興客も絶えないと報告している。また益軒はその子元端とも親しく、元升没後には上京のたびに彼と会っている。元端も朝廷に出入りし霊元天皇に面謁を許されていた。天皇の『乙夜随筆』には元端との会談が記されているという。既述したように益軒が元禄時代公卿の許へ出入して古楽を学び得たのもこの二人の紹介によるものであった。延宝五年元升は死没し、十数年を経た元禄六年に益軒は元端から亡父の碑文を依頼され快諾した（これにさきだち元端は再度安東省庵に依頼したが文章が拙いからと断られている）。翌年元端から遣わされた使者に元升の経歴の草稿をも添えてもたせ、その結果次のような礼状を受取っている。

元升の碑文を書く

> 今度之儀誠以御厚恩終身難レ忘銘二肺肝一候。殊更家僕義色々御懇意被二仰付一朝夕御馳走殊ニ御屋敷内拝見、御学斎（書斎）等迄御自身御導御見セ被レ下且又罷帰候時分、白銀等拝受仕候義、帰家以後段々申聞候。於レ私忝次第、兎角御礼不レ得二申上一候。

こうした厚遇や、また『雑記』の旧識中に向井家家族全員の名前・年齢、娘ならば嫁入先まで記していることに、その交際の深さをうかがわせる。

益軒は『大和本草』自序で元升の『庖厨備用倭本草』を次のように紹介し、拠るところが大きかったことを明記している。

> 都下の名医向井元升翁は予の故友たり。その著わすところの庖厨本草は国字を以て食性を記すこと詳らかたり。この書（『大和本草』）頗ぶる彼の翁（元升）の説を採用せり。世間に本草を読む能わざる者亦た多し。然らば則ち右二書（『庖厨備用』と人見元徳の『本朝食鑑』）世に功あるや少なからず。本邦飲膳の正要というべし（下略、もと漢文）。

これに続いて稲生若水（通称一格）の業績を次のように絶讃し、これにも拠るところが大きかったとする。

> 博く群書を考えて品物に精詳なり。本邦古来本草の学を言うものその右に出ずる能わず。

稲生若水との交際のはじまり

若水との交際がどうして始まるかは不明だが、元禄元年から翌年にかけ好古・

春庵を伴っての上京のおり初めて会っている。

九月六日　黒川道祐初来。

とあり、続いて、

同廿五日　稲生一角初来。

とある。道祐は人見元徳の兄であるばかりでなく、前出『雍州府志』の土産門には実際の知識に基づき動物について記している。そこで道祐の紹介によるものかとも考えられる。これより十数年前に『校正本草綱目』の翻刻がなったが（寛文十二年、一六七二）、これは益軒の助力で刊行されたため世に「貝原本本草綱目」の称があるのだが、その第五冊に彼による「本草綱目品目」および「本草名物附録」がある。「品目」は綱目にのせた品物の目録をあげておのおのに和訓のよみがなを施して研究者の便に供したものだが、すでにここに後に大成される『大和本草』への第一歩がうかがわれる。「名物附録」は綱目の遺漏を補ってその品物をあげ、おのおのによみ

貝原本『本草綱目』

がなを施した数枚のものにすぎないが、とくに彼みずからの見解を加えたところもすでに現われてきている。してみればこのとき京都で有名な二人の本草学者との交際が始まったことは、益軒のもつ日本の本草学を大成させようという決意が一段と鞏固（きょうこ）になり、且つそれがすでにかなりの程度まで進捗していたことを物語ると見るべきだろう。

若水との植物採集行

その後も若水との交際ははなはだ親密で、薬草の採集や見学に相携えていっておる。例えば、

元禄元年十一月十五日　与二一格一（一角すなわち若水）同往二于北野花圃・平野・千足村・鷹峯薬園等一。

十八日　遊二于光雲寺・万無寺・白川奥・鹿谷一。稲生一格従来見二薬草一。

同二年三月廿七日　与二稲生清宇一（未詳、一族ならん）同往二紅森一而食飲、尋二薬草一。

ついで四月には来訪した若水を饗応し、続いて、

十九日　与二稲生清宇一同往二鞍馬・貴布禰一。先往二連台野一見二土岐氏之薬園一。
廿八日　又直往二北野平野郊外一索二薬草一、入二樹木商宅一見レ花。

さらに元禄四年に益軒が企てた最後の京都行においても若水の方からしばしば訪問してきている。当時本草学界の第一人者だった彼が益軒に対しこうした態度をとったのは、益軒が彼より二十五歳の年長者であり大儒であったからばかりでなく、彼が益軒の本草学的知識に対しても充分な敬意を払っていたからであろう。また元禄二年の若水の著『炮炙全書』には益軒が序を与えている。この交際はその後十年余りも続いたとみえ、『居家日記』には疑問点につき若水から得た知識を綿密に記している。二―三の例をあげると、

若水が教示する場合

元禄十三年の条
一、若水より婆羅得ノ種子、梅はちのたね下る。六月十二日
同十四年の条
一、若水曰、サクラ近来ノ見ハ西府海棠是也。ワシノオト云、桜ナルベシ。

一、又曰、鰣魚ハハスニ非、与ニ本草一不レ合。又曰、タコフネ、貝類ニテ見事ナル物也。江撓と云説あり非なり。海鰍は与ニ鯨鯢一為ニ一物一。反魂煙はきさみたばこなるべしと云。

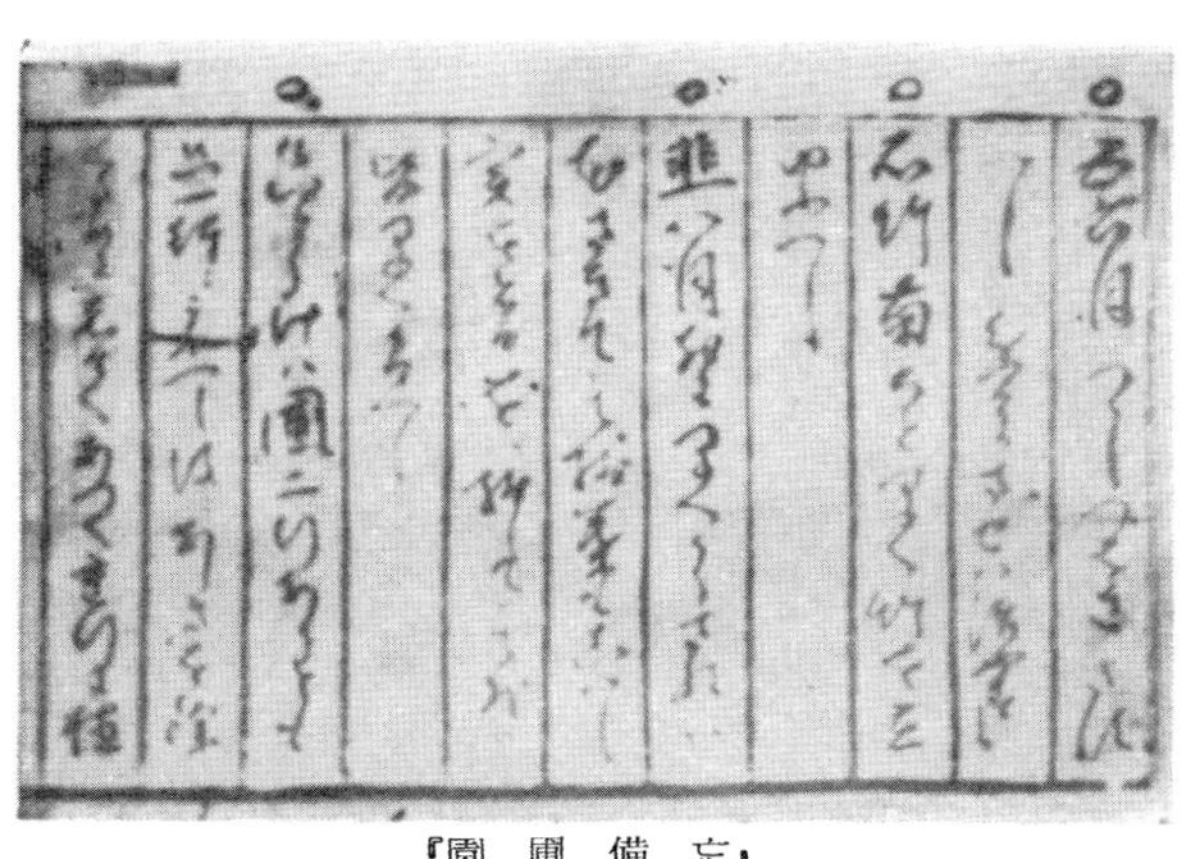

『園圃備忘』

（写真判読）

○五六月つゝじ・つばきさすべし。盆にさせば活やすし。

○石竹・菊など早く竹を立ゆふべし。

○韭八月前に早くからざれば、花さきて其残葉もこはし。実をとるをば残して、其外は皆早くかるべし。

○けいとうげは（以下本文二六三ページ三行へ続く）

これらの記載よりして若水から得るところ尠からぬものがあったと思われる（この人により最も完全な『本草綱目』の校訂版が正徳に出されたことは周知の通りである）。また同日記元禄十三年の条によれば松岡恕庵とも文通しており、彼から『抱朴子』『捜神記』等の中国本草関係の古典が複刻刊行されることを知らされている。

自宅で実地栽培―『園圃備忘』

かように一流本草学者と交際・文通により指導を受けるばかりでなく、自分の庭園に実地栽培も試みている。小冊子の稿本『園圃備忘』によれば花樹・野菜数十種を栽培してその効果をも記している。元禄七年に成稿の『花譜』の総論では栽培法が詳述されているが、こうした体験に裏付けられたものであった。『園圃備忘』の記載を『大和本草』のそれと比較すると次のように符合する。但し後者は博物学的記述を主としたため栽培法は簡略化されている。

実験栽培のデータ

雞冠毛

〔園圃備忘〕

けいとうげ

○けいとうげ、よきたねも変じてあしくなるもあり、多くうへて花初てさきたる時にあしきは除去べし。

○けいとうげハ圃二行ありとも只一行ニうふべし。後ニあしきを除くためにしげくあつく重行に植べし、二行にうふべからず。

○南園のつゝじの南のはしに東西にけいとうをならべうふべし。余地少ありてもよし、たんとく(特檀)ハうふべからず。わきにしげりて妨ぐ、ならべて多くけいとうをうへて花初てさきたる時あしきは除べし。(濁点は筆者。以下同じ)

〔大和本草〕

(前略)しげくうゑて花初て開く時、あしきをば早く抜出て、好花を養ふへし、云々。

らっきょう

『備忘』の記載は極めて簡単なものが多いが、なかには次の薤のように栽培が困難なのか詳細なものもある。

○薤ハ六月節中ノ比ヨリホリ出シ、好日ニヨクホシテシブカミ(紙渋)袋カ紙袋ニ入置、秋ち取出シウフベシ、水気アレバクサリヤスシ、ウヘサル以前ニ先小便ヲカケテホシテ後ウフベシ。ウヘテ後早ク糞小便ヲカクベカラズ。葉ヲカリテ可レ食、韮ニマサレリ。
○薤ハホリテ二日目ニホシテ即根ヲワケテウフベシ。ウヘテ四―五寸ニナリタル時、上ヲフミ付ベシ。如レ此スレバ根マルク大ナリ。一所ニ二本不レ可レ植、一本ヅヽ間ヲヲキテウフベシ。

また稲をも栽培したとみえ次のように記す。

○南小池に稲を南の方に二―三行東西列をなして可レ植、中と北とには不レ可レ植、睡蓮など少あるも害なし。

かような花樹・野菜の栽培は他の日記や書翰にもしばしば現われる。またこのためには当然

知友と種子のやりとり

種子のやりとりをし、春庵宛書翰によれば椿・秋海棠の苗、無花果の樹枝などを与えている。また春庵の祖母永閑に対してはすでに延宝末年、

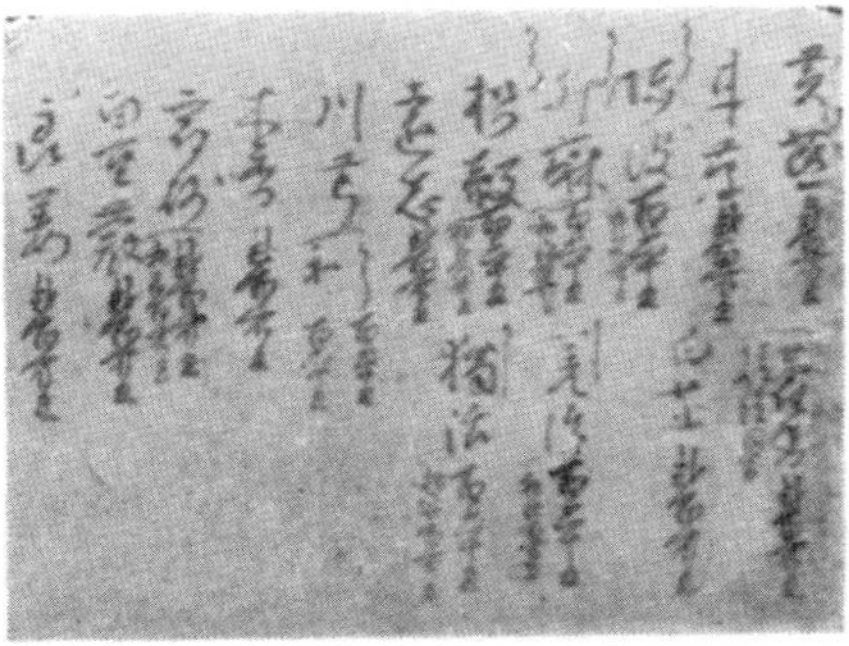

産の薬草とその分量を記した注文表

近畿旅行のみやげとして伊吹山の麓を通った際につみとったいぶき艾葉（もぐさ）二包を送り、また庭園に熟した唐いちごを進呈している。逆に春庵から貰う場合もあり、

南京芋

南京芋三顆（つぶ）をうけた際には、この仁（種子）は未見の珍奇なもので一顆でも貴重だから植えておこうとのべ、また豌豆（えんどう）・甘露子（みょうが）の種や菊苗を求めたものも見うけられる。また

甘藷を藩主に献上

彼は元禄年間に花樹を愛する藩主光之に薔薇（ばら）・紫荊樹（すおうのき）・蜜橘（みかん）・花柚（ゆず）を献上しているが、さらに宝永二年十月薩摩から初めて伝来した甘藷も彼の手をへて献上されたのである。

また春庵も本草学に対する学識があったので、益軒から彼にあてて次のように

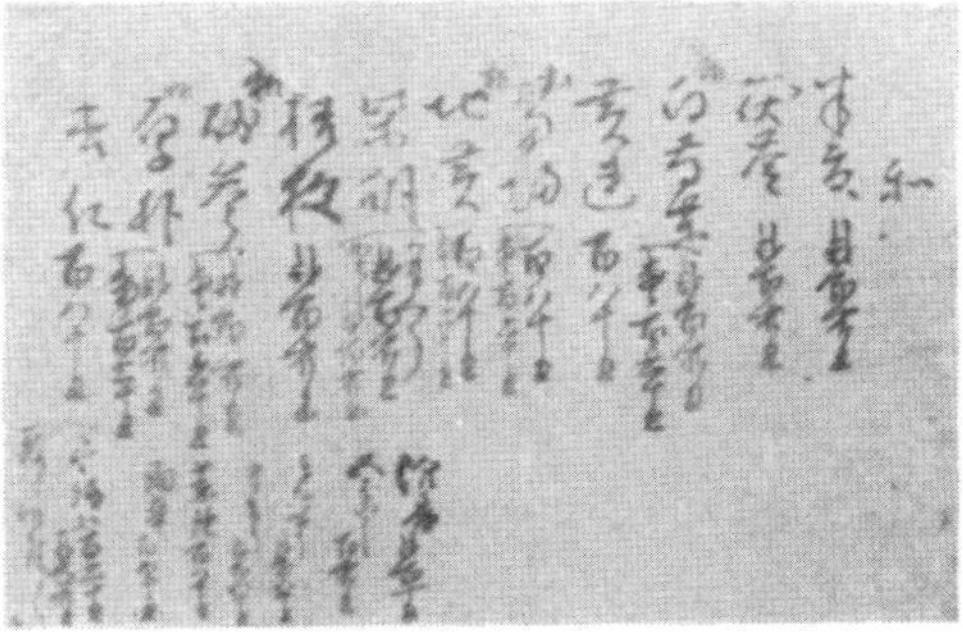

竹田春庵に依頼した和産・中国（から）

質問する場合もあった。動物の分布図や渡り鳥の習性についてはっきり自説をのべたのは益軒に始まるというが、この点を確かめようとしている。

鳥の分布・異名を尋ねる

一、鵺　鬼つぐミと云、常のつぐミ三倍大なりと云。当国有レ之乎(か)。

一、喉紅鳥(のごとり)　当国有レ之乎。

一、からびハ　とまびはと同乎。

一、いすか　もずの大サなりや、当国に在乎。

一、あいさと　小がもと異(なる)乎。小がもの類此国所在何品か。たかべハ小鴨なるか。

一、鳧(かも)類　何品あをくび・あかゞしら、此外ニくろも

一、よしごいぼん　友小鷺、同乎。

一、くろとりとくいなと同(じ)乎。わたり物歟(か)。

一、つぐみにくハ　鳥と云一種あり。

一、野鴈　他邦亦有レ之乎。わたり物か。

一、虫くひ鷹の類　当国に在(る)ハ其品何ぞ。ちうひはちくまハ同(じ)物か別物か未詳。のセ

も同類なりや。むしくひたかハ惣名なりや。夜鷹と云物あり、又別物歟。
一、けり　しやくなぎ　かもめなどもわたり物なるか。
一、らいと云鳥有り　かもめの類か。
一、お保鷹　隼　つミ　ゑつさいなど皆わたり物也や、当国に皆有レ之候や。
一、しぎの類　其品如何。

草稿本との比較

なお貝原家所蔵の草稿本『本草之稿　貞』（年代未詳）があるが、分類は粗漏で種類も多くなく後になるにつれ思いついたままの列挙になっているので、別本草稿『大和本草』の補遺として綴ったと思われる。記載例をあげて現行本と比較すると後者は次のように読み易くなっている。

野猪肉の効用

〔草稿〕	〔現行本〕
野猪	野猪（ゐのしゝ）
世俗往々以レ此為レ不レ益レ人、然今試に少	国俗猪をいのしゝとよむ。誤也。猪はぶた

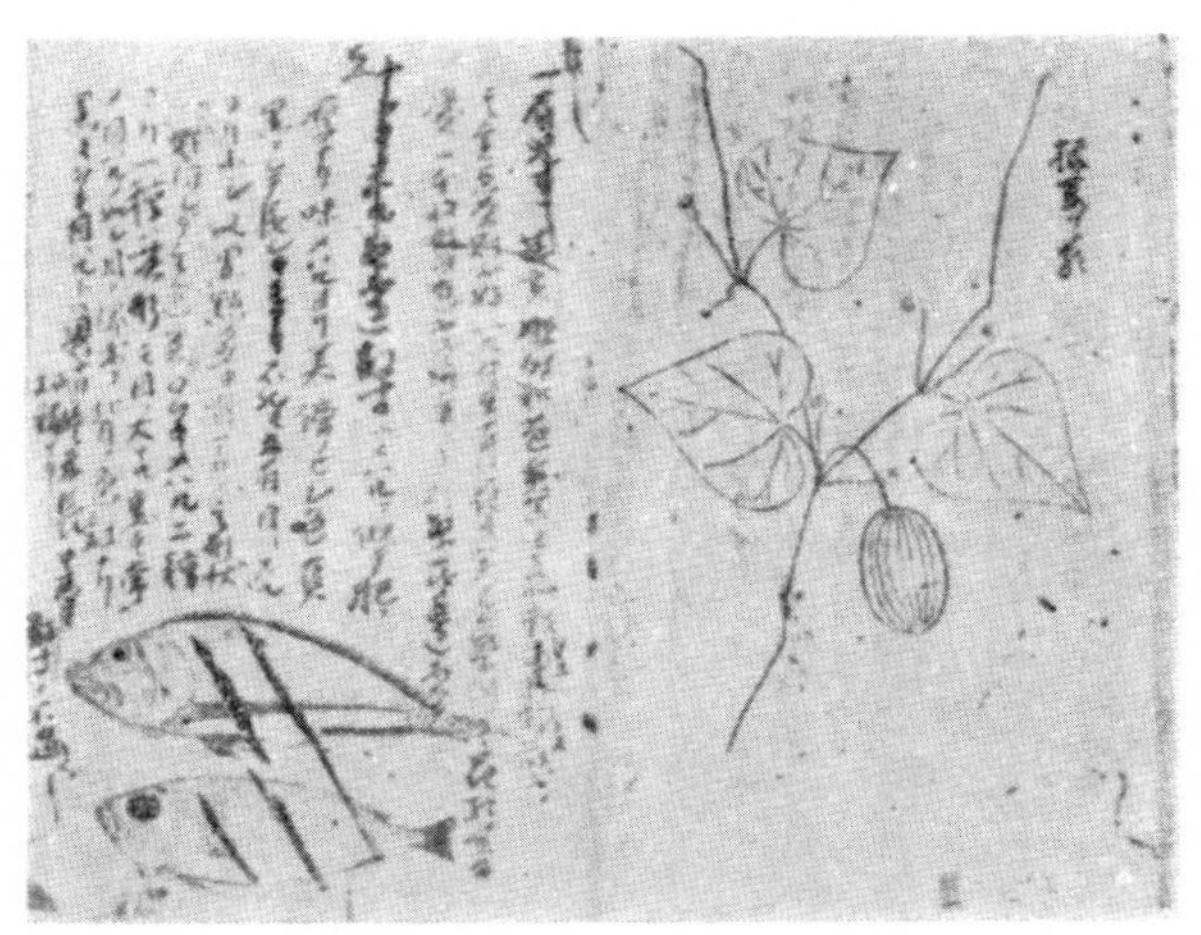

『大和本草』草稿

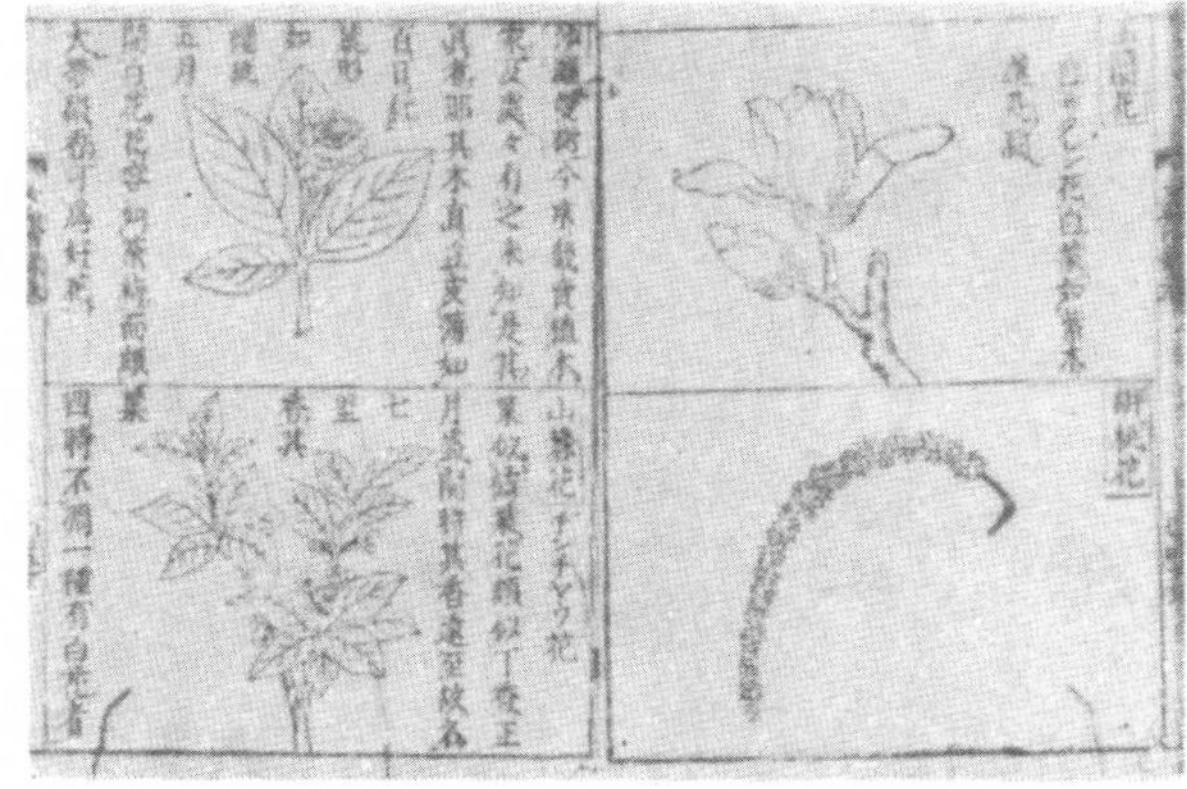

刊本『大和本草』諸品図

食不レ発レ病、世人貪ニ其味之美一喫過多、故損レ人而已、綱目野猪説曰、不ニ発レ病減ニ薬力一、与ニ家猪一不同、不ニ発レ風虚ニ気、灸食腸風瀉血食、医心鏡曰、久痔下血野猪肉二斤著ニ五味一炙り空腹ニ食レ之、作レ羹亦得、詵曰、脂令ニ婦人多レ乳治ニ疥癬一、

なり。(中略)猪油はぶたの油なり。野猪は姙むこと四月をへて子を生む。夏四-五月子を生む。野猪肉を食すれば、能痔血を治す。牡者肉更に美なりといへり。十月以後味美。前足味美。凡野猪及雞肉を煮る法、前日より淡醤水を以久しく煮おき、明日将レ食まへに又よく煮れば、堅肉も軟なり、野猪の性不レ悪。然るに食傷する人多きは、味美にして多食する故なり。

益軒、野猪肉を愛好す

以上の記載から彼が野猪の肉を愛好したことがうかがわれるが、春庵への書翰には彼をしてこれを求めさせている場合もある。またこの草稿には蛮の産として海人と海女についても記しているが、これはそのまま成稿附録の部に見られる（海人とは海中にすみ全く人の形でただ手足に水かきがある動物、海女は半身以上は女人で半身以下は魚身でいわゆる人魚かと説明しており、ともに想像上の産物である）。益軒は『大和本草』自

序で、

惟事ノ迂僻怪誕（かたよったこと、あやしいそらごと）ニ近キハ則チ舎テ、取ラズ。

怪僻の記事をへらす

としながら、現代人から見れば必ずしもそうでもない場合が往々にしてある。しかしながらこれは当時の知的標準から考えねばならぬ問題なので、『本草綱目品目』の「人類」の項で多く怪僻に類する三十五種をあげながら――これは原著者李時珍が列挙したものに振仮名をつけたためこうした結果に至ったのであるが――、『大和本草』においてそれが十種に激減しているのは益軒にこの自覚が強かったことを物語るといえよう。

本草関係の蔵書・読書歴

次に蔵書や読書目録によってとくにどんな本の影響を受けたかを見よう。その主なものは次のようである。

〔家　蔵　書〕

○賜書　万治二年（三十歳）　『本草綱目』

○延宝四年（四十七歳）　長崎購入　『博物典彙』
○元禄二年（六十歳）　京都所買之　『三才図会』
○医書　『本草約言』『本草辨疑』『本草蒙筌』『本草源始』『本草綱目総目』『本草食鑑』
○倭書雑類　『花壇綱目』

〔読　書　歴〕

寛文四年（三十五歳）まで『本草綱目』（熟覧）『本草序例』『多識編』『三才図会』
同　五年（三十六歳）『草木子』『居家必備』
同十二年（四十歳）『農政全書』（既見）
延宝六年（四十九歳）『博物典彙』
天和三年（五十四歳）『花壇綱目』
貞享二年（五十六歳）『花史』『庖厨本草』
元禄二年（六十歳）『紅毛本草』十四巻『本草薬名備考』
同　五年（六十三歳）『李時珍註食物本草』
同　六年（六十四歳）『救荒本草』

同　九年（六十七歳）『名花譜』
同十一年（六十九歳）『本朝食鑑』
同十二年（七十歳）『花鏡』
宝永三年（七十七歳）『本朝食鑑』『斉民要術』
同　五年（七十九歳）『本草序例』（大観）

以上がその大要である。予想外に少ないのに驚くが他の雑書からの引用、自らの見聞に基づくところが大きかったわけである。

再び『大和本草』の内容について

次に『大和本草』の内容と意義に一言ふれる。まず総論は「論二本草書一」「論二物理一」「論レ用レ薬」「論二飲食一」の四項目からなる。第一項では本草学に博学・該(がい)合(ごう)（かねひろい）・多聞・多見を必要とすると説き、聞見寡陋(かろう)・妄(みだり)に聞見を信ず・偏(ひとえ)に己(おのれ)の説を執る・軽卒に決定するの四条目を厳禁し、さらに李時珍の分類法への疑問をのべる。その結果彼が採用した分類法は『本草綱目』と比較すると次のような相違を示す。

その新分類法

〔大和本草〕

水・火・金玉土石・穀・造醸・菜蔬・薬・民用草・蓏・蔓・芳草・雑草・四木・薬木・園木・雑木・河魚・海魚・水虫・陸虫・介・水鳥・山鳥・小鳥・家禽・雑禽・異邦禽・獣・人

〔本草綱目〕

水・火・土・金石・草・穀・菜・果・木・服器・虫・鱗・介・獣・人

その学問的価値

とくに草木虫魚については著しく人為的に細分化されている。故江上悌三氏の研究によれば、本書中に動物に関しては四百種にあまる種類がのべられ殆んどすべての門にわたるが脊椎動物が大部分を占め、当時無脊椎動物にまでは注意が及ばなかったことがわかるとされた。続いてその魚の識別力は相当たしかであり、また陸虫の中に蛇などの脊椎動物が入っているのは解剖学的知識のなかった当時としては止むを得なかったであろうとされる。ついで第二項では彼の動物学的知

法則性への努力

識がうかがわれ、すなわちその発生・生態・分布に関する知識を概括して法則的

なものを打出そうとしている。また天地間に理に外れたことが決してないことを主張し、世間で理外のことがはなはだ多いとするのは理を窮めることが精密でないからで、その常体のみならず変体をも知らねばならぬと説く。

天地間に理外の事なし

次に興味をひくことは南蛮種、さらにオランダを介しての西洋種にも深い関心をもち、それらは蛮語の発音で記してある。鎖国後日なお浅く儒者の間には西洋のあらゆる文物を否定する傾向が強かったこのころ、彼は気候風土によりその上に成立する文物が異なることを当然の現象として肯定している。

南蛮・西洋種にも関心

本書は出版当時から社会の要求を充すものとして需要が多かったとみえ、彼の春庵への書翰に次のように語られる。

本書の売れ行き

『大和本草』を最近送ってきた。全部で十五部、そのうち拙者に送られた一部を除くと残りが十四部、買主も多くはなかろうと呉服町本屋に三部依托した。ところが予想外に希望者が多く、直方・秋月・久留米にも送らねばならず、そうすると残りもなくなるので本屋依托分を取返そうかというところ。このたびの送本分は入銀の値段（予約価）通り二十匁でよい由告げてきた。春になってもし貴方も必要になったら（数日前の書翰では従学者の藩医達がおのおの購入することを告げ、「医者にとっては購入の必要があろうが、そうでない者―春庵をさす―は一覧で事が済むだろう」と謙遜していたが）、一部位は初めの値で送ってくれるだろう。当地の本屋の手に渡ったら定めて倍値になると思われる。上方では初めから希望者が多かったので入銀の値もたかく定めた由を聞いておる。（宝永六年十二月二日、意訳）

実証的態度

本書は既述のように中国の本草書や群書、さらにわが古典によるところが多いが、しかも一応は彼自身の経験あるいは考察を経ている。漢名のものを日本のそれに比定する方法として中国書の説明をあげ、その後に「今按ずるに日本の□□なり」と断定し、また引用文の後には「按ずるに洵に然り」、あるいは「然らず」、また「今試みるに洵に然り」といった評言がしばしばつけ加えられる。従って検証の結果は中国書の誤りを訂正する場合も生ずる。たとえば蜂蜜の甘さを説明して李時珍は蜂が自らの大便をもって花粉を醸すからだとし、陶弘景（南北朝時代の道士、医家。『本草集注』の著で名高い）は人の小便をもって醸すからだとした。これを怪しんだ益軒は蜜蜂を久しく飼ってその習性を知った人の数人にわたって詳細に聞いた結果、次のように反駁するにいたった。

蜂の大便、人の小便を用ると言へる説、甚非なり。蜂毎日巣の内より多く出て、其口及翅の間、腹の間に花を挾来りて房にぬり付て醸し成せるなり。蜂の糞は皆下にあつまる。時々是を取てすつ。すてざれば虫生じて害あり。是蜜は蜂の糞に非ず。蜂の蜜を醸すは粮にせんため也。何ぞ我が糞を粮として食すべきや、此理なし。又人の小便はけがらはしく塩あり。これを加ふべき理なし。況岩蜜・木蜜・土蜜は百花の精潔なる精液を用て作り出せるなり。蜂の大便、人の小便を用ゆと云事、返す〻ひが言なり。不レ可レ信。

と述べ、最後に古人の言よりも実証を尊ぶべきことを次のように強調する。

古人博洽と雖も自ら試み知らずして漫説す。伝え誤まる者多し。一人虚を伝うれば万人伝えて以て実となす。孟子曰く、尽く書を信ずれば書なきにしかず。誠なるかなこの言や。吾れ蜜蜂のために免を訴うるのみ。(もと漢文)

また稀には彼自身の観察になる記載もあり、かぶと虫の如きその好例であろう(全集本『大和本草』三五七ページ)。

道学的評価の同居

次に本書を一読して気づくことは記述が単に説明におわらず、道徳的立場からの価値論や警世の言に及ぶ場合がしばしばあることである。たとえば蕨を説明した後に、

> 予貧民の粮とする蕨もちを試食す。其製甚粗糲なり。又粉醬を調和せず。故に一口も不レ能レ食。貧民の艱苦あはれむべし。民吏は此難苦をよく体察すべし。

とし、葛の項の最後にもこれらが山野に多く生ずるのは天地の民を恵み給う自然の理で、民を預かる役人も天地の心を体認して民に対し仁の心をもって当るように、と結ぶ。また猫についてのべた後に、同じ動物仲間の鼠をとる猫は至って不

仁なる獣で飼うべきではないとまで極言する。しかし彼自身はこれを飼育し春庵に与え――「去年のものに較べ顔相好見で定めし逸物であろう」と推薦する場合もある――また春庵から貰いうけている。また当時の類書に従い薬用としてのみ、いらや天霊蓋・人骨につき述べては、人をもって人を喰うのは仁心をもつ人間のなすべからざることと排している。彼の科学的著述におけるこうした道学的評価を、現代の合理主義にたつ科学者は、当時の道徳に対し自らの科学的立場をカモフラージするための方便と解するだろう。しかし時代の一般の思潮や益軒自身の性格から考えて、これは大体彼の本心と解してよいのではあるまいか。

いわゆる「二重真理」の問題

当時からいわゆる「二重真理」の問題、すなわち形而上学的さらに道徳的真理と科学的真理との対立の問題がおこってきつつある。それはまず天文学界において尖鋭なかたちで現われた。たとえば渋川春海が民間にあった際には、「形気の天」すなわち自然科学の対象としての天文学に偉大な功績を示しながら、幕府天文方に就任すると「命理の天」すなわち形而上学的さらに迷信的天学を奉ずるにいたった如きである。

（杉本勲氏『近世実学史の研究』）。江戸時代におけるこの問題は興味あるテーマで後日の研究に俟ちたい。

「物理之学の万一を補うために」の表現

彼が本書の序文で、天地の広大な徳を知ろうと望むならば、その間接的手段として、天地の生成になる庶物の役割を充分に認識しなければならぬといい、本書出版の意義を、

物理之学の万一を少しく補う有るに庶からん乎。

となす。この物理之学とは朱子学の研究方法「格物窮理」の略語かと思われるが、益軒の場合には従来の「ものの道理」といった道徳と科学の混沌未分の状態、あるいは社会習俗性をぬけでてそこに科学性を予感させるものがある。しかも彼の自然科学的研究が一応朱子学の方法論に裏付けされたであろうこと――もちろん全面的に誘導されたというのでは決してない――は予想してよいのではあるまいか。

朱子学と自然科学

これより早くなった『花譜』（元禄七年、一六九四）において、

君子が花卉を愛するのはその色つやをめでるのみではなく、天地の万物生成の気象が

物に顕われるのを観るためである。(意訳)

と述べるのも儒者好みの表現とのみは受けとれず、本書においても『大和本草』と同様に、自分がこうした学問をすることについて道学者先生の非難を受けようとも恐れない、自分には考えるところがあるのだと毅然として言い放っている。

「民生日用」の学

さらに『菜譜』(宝永元年、一七〇四)においても「民生日用」に役だてるためという著述目的が繰り返されており、この自覚の強さを物語るといえよう。こうした意味で彼を民本主義的学者となす評価も行なわれているが、時勢や彼の藩士としての立場がその徹底を妨げたのは是非もないことだった。

四　自らの健康状態を資料にした『養生訓』

健康への細心の注意

生れつきかよわい質ではあったが絶えず健康に注意し、また克己(こっき)修養の徳にもより長生し、多くの著述をなしとげ得たとは彼自らの回想だが、事実そうだったと思われる。その結果後半生においてはむしろ一般人以上の健康を享楽し得ている。

次に彼の医学研究の過程および彼自身の病状に対する処置を日記を中心としてたどってみよう。日記にはとくに自身の健康に関する記載が豊富だが、これは研究に対する一つのデータ（資料）を供給したものと考えられる。こうした過程を経て大成したのが有名な『養生訓』である。

オランダ医学および蘭人の性道徳を礼讃

それに先だち彼がオランダ医学の優秀性を認識していたことを示しておこう。晩年七十七歳の折、長崎蘭通詞出身で楢林（ならばやし）流外科の開祖として有名な楢林鎮山からその著『紅夷外科宗伝』の序文を頼まれ、次のような西洋医学礼讃論をのべ、また『扶桑記勝』で西洋人の道徳を是認していることは注目される。これは彼の親友向井元升が西洋天文学の成果を止むなく肯定しながら、西洋人の論理的な学問方法や道徳をも否定したのと比較すると――これは長崎に聖堂を創建した彼の社会的地位がさせたところかもしれないが——まさに正反対である。

益軒

○和蘭国、又名紅夷（中略）彼国俗窮理往々善外治療病有神効、其術可為師法。（中略）其法比並中夏、為端的捷径要約而多効。（『紅夷外科宗伝』序）

○紅夷人、礼義正しく法度を守る事諸夷にまされり。毎朝父母の前にいたり慎んで礼拝す。有妻者長崎に来りても、妓女をかさず。其妻の像を絵がき、長崎に持来り、日々是を見る。男色を好まず。其禁甚だ厳なり。（『扶桑記勝』）

元升

夫蛮学之為術、未曾知理気陰陽、無五行之説、是故其教不道窮理尽性之問学、徒就形器之上以論之已、（中略）而形而上之義、則晦盲不明、否塞不通、遂執形器之説以為至矣、所以其為異端邪説者、職此之由也。

西洋文化一般を形而下の学にすぎないものとして軽蔑するのが江戸時代を通じての儒者の習いであったころ、その理論性をはっきり認めて「窮理」として礼讃したのは恐らく彼が最初であろう。西洋道徳を褒めすぎた観もあるが、その性道徳を肯定する点など益軒の立場は新しい。

二十代の病

二十代に彼が苦しんだ病は痰と眼病で、痰には晩年までしばしば悩まされた形跡が春庵宛書翰にうかがわれるが、眼病に煩わされることはその後なく、『雑記』には、

揩(すり)ニ塩(を)於牙歯(に)一、洗ニ眼目(を)一、元禄八年(六十六歳)二月十一日始。

とあり、果して『養生訓』にも牙歯と眼の健康法は朝夕の洗滌にありとし、自らもこれを実行したため当年に至っても異状ないとのべる。

日記にみる三十代の病

壮年時代、すなわち三十歳以後の彼の健康状態は日記がかなり遺っているので、それによって見よう。二十八歳より入京して勉学に励んだ彼は数年後には種々の病をもつに至っておる。『寛文日記』より抜書きしてその状態を探ろう。

寛文五年(三十六才)

三月三日　予感冒清涕（鼻汁）多出。臥蓐二―三日。（江戸）
四月廿八日　夜肛門痛甚不レ寝。依二秘結一也。（以下京都）
六月廿七日　夜泄瀉（下痢）。
九月廿一日　灸四花。
十二月廿九日（同月初旬父の死に遭う）……多日病悩気不快。

同六年（三十七歳）
三月廿二日　製二参苓・白朮散及麨一。（以下帰郷中）
四月十九日　予病二感冒一、今宵以後熱甚、頭痛至。十八日起レ痛起レ病。
六月三日　泄瀉数日不レ癒、腹張鳴動。
同月七日　此間梅雨久不レ止、湿気迫レ人。予痛未レ快。
七月七日　依二病未一レ除不二出賀一。
八月廿六日　病起、火爵（のぼせ気味）也、頭眩。
九月四日　将下応二郡（中老）正太夫之招一趣上。（中略）頭暈故不レ果レ行。

かように記載は綿密だが、頭痛・風邪が主で普通人と大した変りはないと思われる。ところが六年冬藩命で上府、ついで翌年二月末に入京したところから種々の難病に遭うにいたった。

三十代末の難病

同六年

十二月廿六日　予病ニ小便閉一。（在江戸）

同廿九日　予病未レ逾故不ニ出賀一。感寒夜甚病、晩招ニ雁林一（藩医鶴原）令ニ診脈一。

同七年（三十八歳）

正月元日　旧疾未レ愈、故不ニ出賀一。

同月六日　疾粗愈、初起出謝ニ訪病人一。

三月二日　頃予病レ淋。（以下京都）

三月十六日　疝気発、淋病愈。

同月廿一日　頃疝気痛病臥。五郎右衛門毎日来鍼ニ于肚一、今日愈。

四月一日・二日　此間予病気悩、疝・淋共起。

同月四日　往ニ向井玄升一、令ニ診脈一。

同月廿五日　向井玄升来。此間予病進盛、依レ浴ニ熱湯一、服ニ玄升処方ニ而病漸退。

同月卅日　予病粗快、故歩ニ行向井玄升一。

五月廿三日　夜往ニ向井玄升一。予頃病ニ淋閉一故也。

同月廿八日　廿一日泄瀉以後至ニ今朝一秘結、今朝初通。

七月廿六日　灸ニ于風門一各廿一壮。

八月朔日　予因ニ于病久一食ニ於淡飯一、今日初復レ常。

すなわち主な持病は痔・痰・疝気・頭痛・淋疾等であった。

五十以後の病

それからしばらくの間の日記は現存しないが、ようやく老年にむかった五十歳から六十三歳にいたる状態を『日記』五号および六号によってうかがおう。相変らず衛生への注意はこまかで咳や下痢まで記すが、秘結による痔には最も悩まされ灸を重ねている。たとえば、

痔に悩まさる

貞享二年（五十六歳）

二月朔日　自ニ今夕一痔甚痛、灸ニ水分・命門一。（江戸、以下同）

同月二日　痔痛、灸二天枢一各五十壮。
同月三日　痔痛、
同月四日　痔痛少減。夕飯後登レ厠痔破血出、夜又痛甚。
同月六日　痔痛不レ止。乗二籃輿一往二上邸一、因レ有二公事一。
同月八日　此間自レ朔至レ今痔常痛。
同月十日　自二昨夜半一痔甚疼。今昼登レ厠、肛門破血出。

こうした悲痛な記載も見え、元禄元年の冬には登城不能の症状に陥っている。

藩主からの饗応しきり

しかしこれらはむしろ彼の一時的な不養生の結果と思われる。当時すでに『黒田家譜』の編纂、藩主世子の儒学指導等を通じて藩に功労があり、学者としての声望も高まっていた彼に対し藩主は厚遇して饗応し、あるいは鶴・雁の羹や貴重薬を与えているのである。たとえば、

元禄三年九月
六日　公賜二初雁之羹一。

七日　賜ニ自所レ書之聖像一。且今夕命ニ侍食一。

廿八日　公賜レ予以ニ所レ著之服一領及黄精一。

なお時代はくだるが『備忘誌』(中巻)の「自ニ邦君一所レ賜」の中には洋薬も見られる。宝永元年正月六日として、
公旧臘所製之蛮薬まじりあんを予ニ賜。(中略)其方氷糖・巴且・杏・烏・雞肉研而相和。治レ痰養レ老。

なお在京中は下痢や痔をおし切って諸所を見物して廻っているが、あまり大した症状ではなく、世人ならば記録にとどめない程度の場合もあったであろう。次に四十八歳で初めて患い以後もしばしば悩まされた瘧は元禄四年二月末の条に「夜瘧大発」とある。この病には春庵の長男も苦しんだので、益軒の書翰中には自らの体験に照しいろいろ忠告を与えたものがあり、

瘧を蛮薬で治す

蛮語のるさりしと申ニ而、拙者ハ毎年瘧をおとし候。

六十以後、ようやく老衰の徴

とも語っている。

続いて六十四歳から七十七歳に至る過程を『居家日記』『損軒日記略』にさがすとようやく老衰の徴が見えるが、しかも次の三点に限られる。

元禄十五年（七十三歳）当年夏月ハ雖ニ短夜一必一度小便了。秋比ハ一夜ニ臥後二度も通了。冬に至而ハ臥後一度も不レ起事多し。十一月ハ脾間粗索。去月天枢（へその側方にある胃経の経穴）ニ灸故なるべし。

同十六年七月　予今月上旬腰間有ニ滞気一、屈伸不自由。招ニ玄台一而令レ鍼。

宝永三年（七十七歳）　七月八日　減ニ朝晩飯一椀一。晩喫ニ白飯一。止レ喫ニ茶飯一。

この七十七歳の年にも彼は公命で藩の『三才図会』の修復、『筑前続風土記』の改定に励み、門人達を集めて古楽の会を催しなどし、その翌年には久留米に遊び高良山に登るという、心身ともに老いてなお旺んな有様であった。

こうして健康に注意し、本草の知識も豊かだったので自身や妻や知人のための調薬が日記の随所に散見する。したがって上京する春庵に託して和漢の薬草を注文する場合もあった（二六四ページの写真参照）。こうして入手した薬草がどう調剤されたかは晩年の『用薬日記』で知ることができる。上（年代不明、宝永四〜五年か）・中（「宝永六年丑歳用薬日記幷灸治記」と傍記されるが七年の分も記される）・下（「卯年（正徳二年）用薬日記」と傍記、元年九月以降も含む。）の四半截形袖中版の三冊からなり、『養生訓』の完成が正徳三年だからその前年にまで及ぶわけである。本書は自身や妻、下男下女の同居者、その他親しい知人の症状に対し彼がなした処方で、その配合分量・服用回数、時としては効果にまで及ぶ。多く従来の処方に体験に基づき加減したもので、中に二一三は、「自家方」「新製

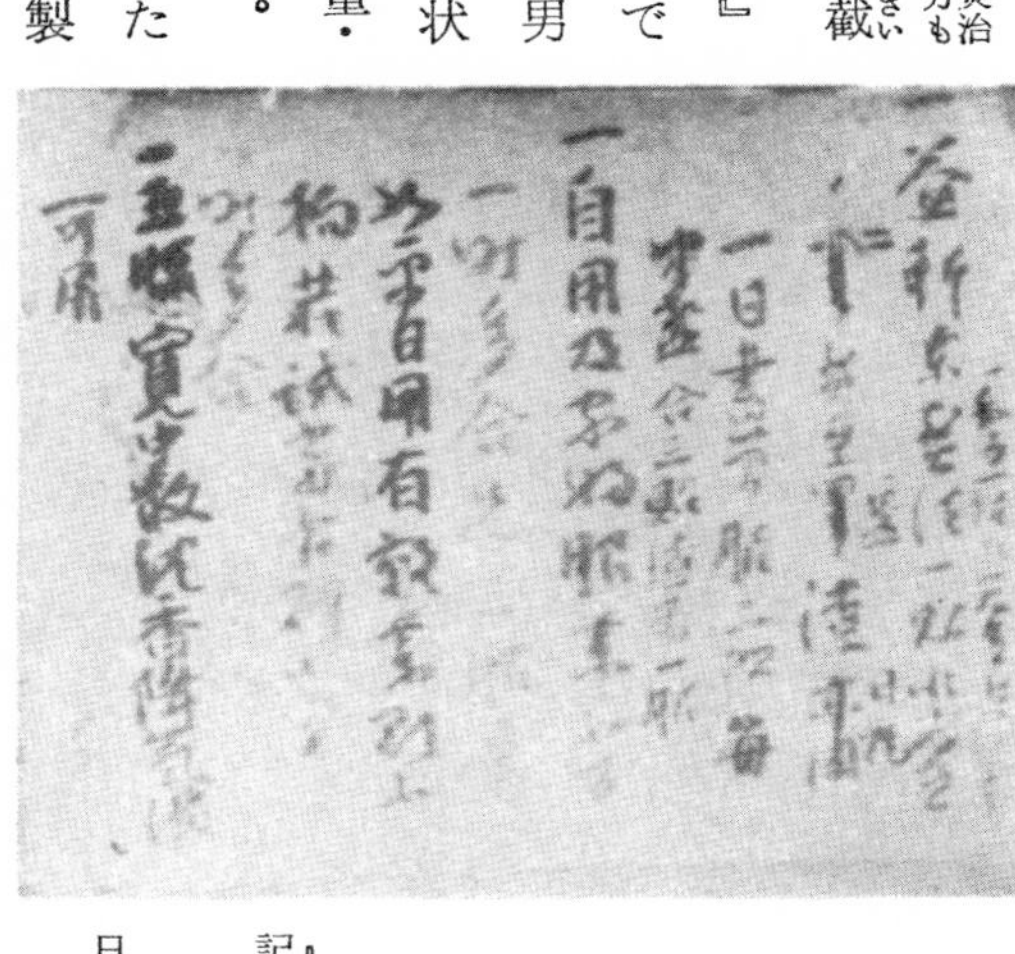
『用薬日記』

日　記』

方と記されたものもある。中巻の見返しには次のような制規がある（前ページの写真参照）。

調薬の制規

一、益軒薬煎法一貼、水小盞（さかづき）二煎至一盞、滓（ちんでんぶつ）日乾、一日昼間服二次、毎半盞合三貼、滓為ニ一服一。

一、自用及家婦服薬不レ可ニ一時多合一。先三服□（相用か）、如ニ平日用有レ効薬一則不レ拘、若試ニ（るには）当否一則不レ宜ニ一時多合一。（句読訓点は筆者）

処方例

益軒の場合

益軒自身の服用の場合を見よう。次の正徳元年（八十二歳）の記載例が通常の書き方である。

○八月廿二日　合ニ自分薬方一、茋・参朮・

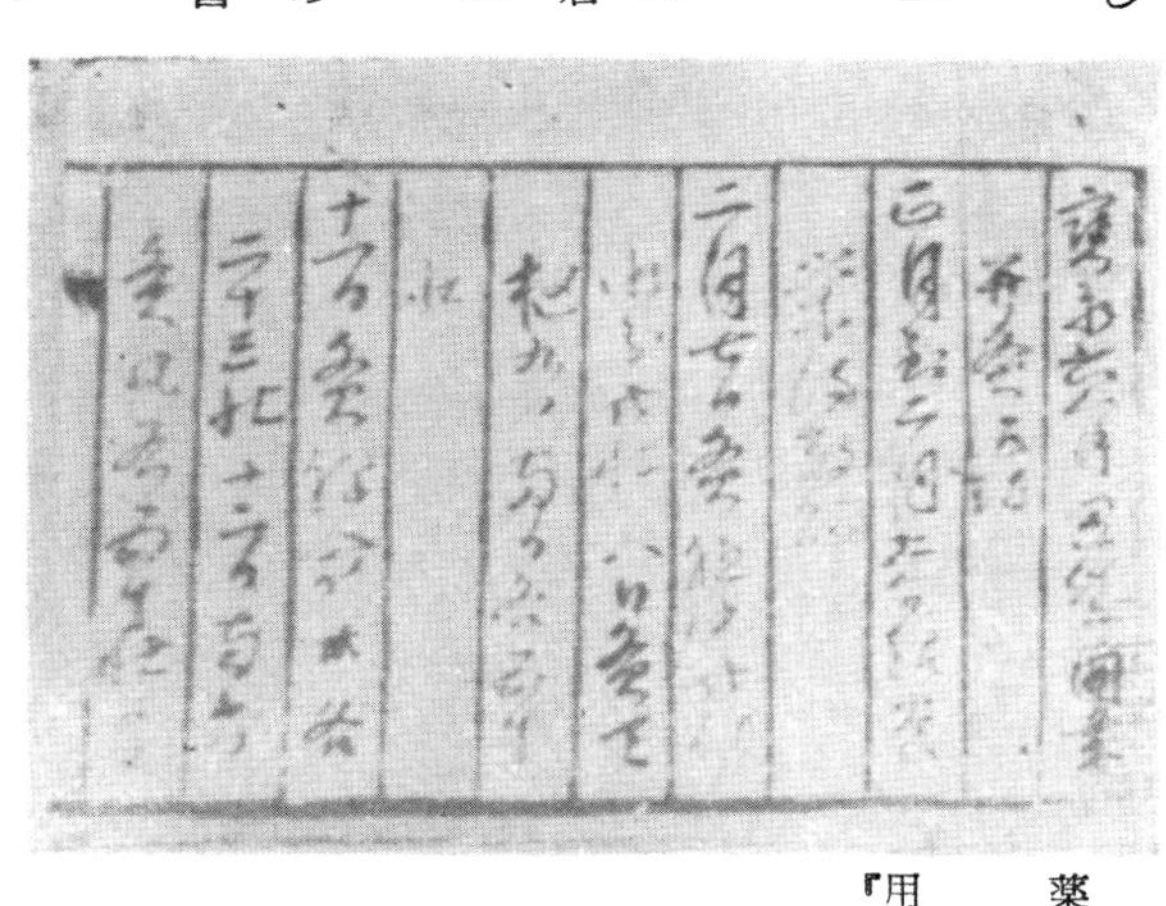

『用　　薬

帰陳各五分、牡栢・麦門・杏仁各二分五厘、五味子二分、甘黄七厘、合三匁七分五厘、
十一味三貼。

東軒の場合

つぎに東軒夫人への処方を見よう。宝永六年末から七年にかけてで、門人で藩医の鶴原正林（同姓九皐の一門）の処方に負うている。

○家婦分心気飲（この処方は記されていない）十二月用(いて)有レ効。又同十七日八貼合。
○家婦亦前方五貼、二月廿七日合。
○家婦分心気飲七貼、三月八日より用。
　家婦頃(このごろ)久患レ気痰甚苦、自レ是将不レ愈(いえ)。於レ此服ニ此薬一、一服而有レ験。
○三月十五日　家婦薬又合分心気飲三貼。如ニ本方一無三加ニ減分量一、亦如ニ元本一。

前著『頤生輯要』

こうした過程を経て『養生訓』は成立するが、これよりさき早く五十三歳で『頤(い)生(せい)輯要』（五巻）を書いている。本書は古来の医書などより摂生・療病のことに関する格言・警語を選択して纂録したもので、門人春庵の編輯するところである。本

書が一名『益軒先生養生論』といわれるのみならず、本書の構成は『養生訓』のそれと大体同様であることよりして、前者の取捨選択と自らの体験に基づいてなったのが後者であることは推察し得る。

また同じく晩年になった『続慎思録』巻五の「養生」では漢文で十数枚にわたり養生論をのべその要は耐え忍ぶことにより欲に勝つにあるとした。こうした予備作業を経ているのである。

松岡恕庵の校正

『養生訓』は著述完成の正徳三年、直ちに京都堀河の書肆永田調兵衛方から出版された。校正を短期間にすますため松岡恕庵（じょあん）に依頼したのである。恕庵からの書翰によると、本草講義に多忙の身なので夜間に少しずつ読みくらべて印刷本の誤まりを傍らに朱で記入しているが、なお校正洩れがありはしないかと心配するとのべ、つづけて、

しかし幸いにこのような好書を拝見できて保養に関する御説によって気付き、今まで

漫然として打過したことも以後は御説の万分の一をでも守ろうと欣喜雀躍浅からずというところです。(後略、意訳)

と感謝している。

同年益軒から春庵にあてた書翰には『養生訓』が書肆から多く送られてきたので希望者に取次いでもらいたいとのべ、「一部八冊、価七匁之由」と告げている。

『養生訓』の構成

こうした過程を経て没する一年前の八十四歳の高齢に及んで大成されたのが『養生訓』(八巻)であることを思うとき、本書の存在は尊い。本書の構成は総論二巻について飲食・飲茶・煙草・慎色欲・五官・二便・洗浴・慎病・択医・用薬・養老・育幼・鍼・灸法の各項目が事実に則した考えを基として具体的に詳論される。しかしその記述は道学的扮装を多分に施してあり、いわば精神修養と自然的療法とによる養生の道を示したものと解したらよかろう。益軒の後裔で前九大医学部細菌学科助教授でいられた故貝原守一氏は、本書の価値を次のように述べられる。

その価値

本書の基礎医学的な考えは、そのころまでの支那医学によったものであり、従って現代の考え方からすると正しくない点も認められるが、当時の西洋とても実験医学的な基礎理論が漸く出はじめたころで、まだ山師医者の時代であり、『養生訓』ほどの事実に則した科学的な考えで書かれた養生書は稀であった。

その医学論―古医方的

さらに同氏は益軒の医学を評して、それは、

古医方的なところも認められ、一方また宋学の本来の面目である即事的な方法を充分に駆使した点も認められるが、実際はこれらを更に超えた立場にあったといえる。

とされる。これは彼の儒学研究において、朱子学・古学の長所を用いながらしかもそれに止まらなかった態度と符合する。本書中にも、

古法をひろく知りて、其力を以て、今の時宜にしたがひて変に応ずべし。

とし、また、

古法にあらずしても、時宜によくかなへば用ふべし。

と繰り返し述べられる。この言葉よりして当時おこりつつあった古医方的傾向が

うかがわれるが、果して『玩古目録』によれば、貞享五年に古医方創唱者名古屋玄医の名著『丹水子』を読んでいる。

本書を貫ぬく思想は、人は天地の「元気」を受けて、この気をもって生の源、命の主とするのであるから、気の充足を計り減退を防がねばならぬと説くので、大体中国の養生科の説に基づく。彼がすべてを「気」で説明する態度は、たとえば養生の道は気を整うるにあり、胃の気とは「元気」の別名、毒とは気を塞ぐもの、薬とは気の偏とする類(たぐ)いである。次に彼の説く「元気」とは「人身の根本」であり、「もと是天地の万物を生ずる気」から派生したもので、内外相応ずるものと見なす。

医学においてすべてを「気」で説いた彼が朱子学の理気二元論に賛し得なかったのは当然であった。ここに彼が気に則した理を説くにいたったのは、その医学的研究に負うところ多大であったことは明白であろう。しかもなお科学者である彼には、古学派の人々——たとえば仁斎や徂徠——のように理を軽視し、あるいは無視することは到底できなかったのである。

日本人の実態に則して

本書が中国書に基づくことは既述したが、しかし彼が後序で、自ら試みて効果があったことは臆説といえども記した、と語るように、とくに飲食・用薬の項では修正が加えられた。たとえば日本人は中国人より体気が薄弱だとの持論から諸獣の肉は日本人に宜しくないとした。

松本良順『養生法』

幕末に出た蘭法医松本良順の『養生法』は益軒の『養生訓』に則って西洋医学の立場から説いたものだが、西洋風に肉の多食をすすめて益軒説に反対し、「此説うけがたし。人性何ぞ和漢ことならんや。此頃より早く太平の癖生じかゝり」し故に、こうした弱音を吐くにいたったとしている。

薬一服の含量をへらす

また同様の理由で一種の毒物である薬の用い方も減らさねばならぬと提案し、一服の含有量を中国のそれの半分にするを適当とする。ついで当時の医者が種々の理由で中国の薬量の五分の一前後で処方する態度を非難しているが、その対象は当時の後世派（中国では朱子学理論に基づく宋医学の観念性を排して金・元の医学がおこるが、これを日本化したもの。ひろく諸家の長をとり処方を重んじ実証的医学の発達を促がした）に向けられていたと解してよかろう。

本書の広告にうかがわれる時勢相

その後何度も版を重ねた後に出たと思われる、大坂の書肆多田勘兵衛方からの予約広告の一枚刷には次のように記されている（裏面は同食心得、すなわち食い合せを禁ずるものの一覧表）。やや冗長にわたるがついでに見よう。こうした販売政策もまた本書を有名にしたであろう。まず、

> 貝原篤信先生著述
> 補刻考訂 養生訓　原本八巻一巻新添、全部九巻、合巻而四冊、一部定価銀弐両、

ついで本書より得る十種の功徳を列挙す

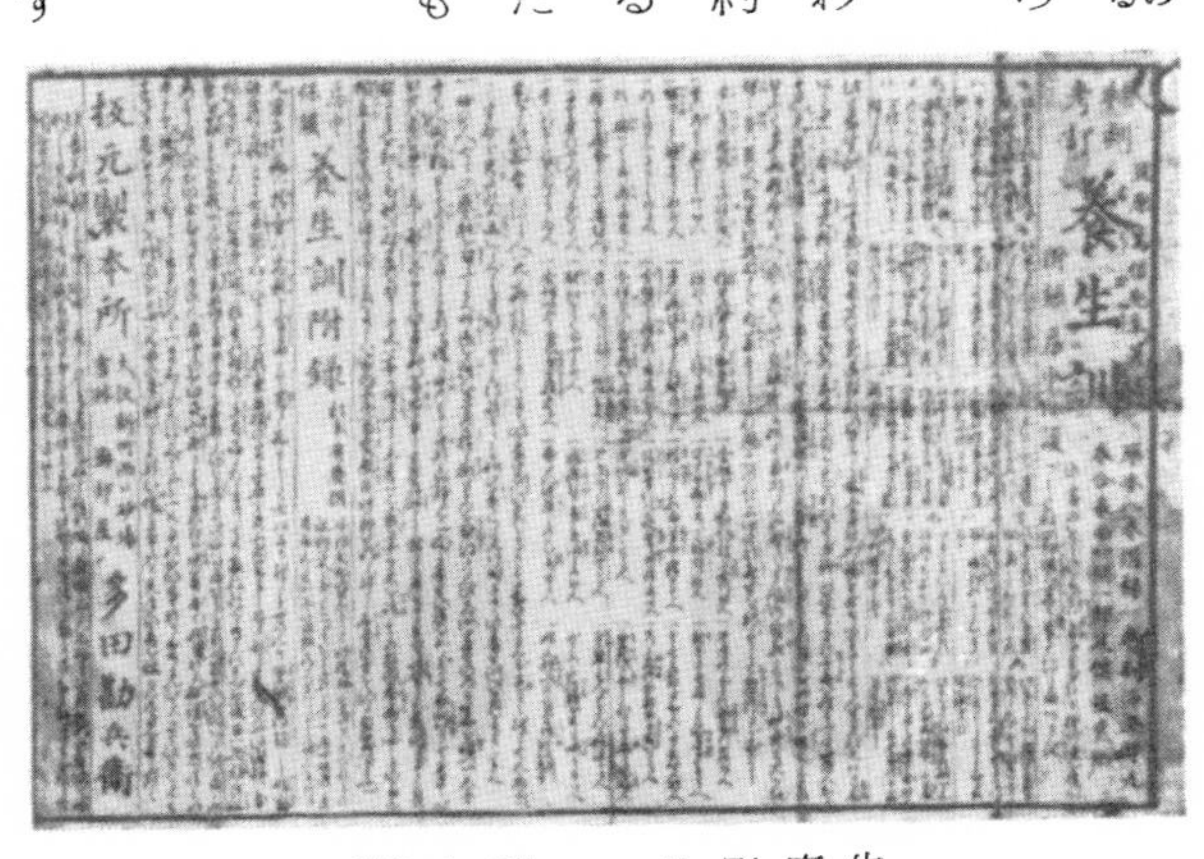

『養生訓』一枚刷広告

るが、終りに、

　此書を見れば養生の術を知る故、其身無病壮健にして士農工商其身〱の家業苦にならず、心楽んで家業出精する故富貴繁昌する。

として、当時の商業社会が追求する現実的利益に則（のっと）って礼讃する。果してその初版より十余年後に、京都の豪商三井家が家法の一部として出した『養生式』は益軒のこれによるところがはなはだ多かったのである。続いて内容紹介に入り、

　此先生は養生の道に委敷（くわしく）して自ら是を行ひ、其身終（つい）に百歳に近き上寿を保給ふ事世の人知る処也。

とし、次の病状ある人は本書を一読の要ありとして病状を列挙し、この教えを守れば、

　家内安全・富貴繁昌、神仏を祈らずして無量の寿を得る目出度書也。

と結ぶ。次に本書の不足分を補うために附録として『房中保護』（杉本有慶撰）を添えた

三井の『養生式』は本書によるところ多し

附録に『房中保護』

旨を記し、その必要を説いて、

(前略)殊に近世人々稟賦薄弱して婬慾深き故に、情にまかせ色慾をほしいまゝにして精気虚損のために生命を失ふ者甚だ多し。恐れ慎しまざるべけんや。此附録は本編養生訓にもれたる所の房中の戒と精気の保積を委敷論じたる書にして、(中略)等奇々妙々なる秘説を此度諸書の中より抜擢んで出したる書なれば、人々一日も知らずんばあるべからざる一大事の心得事なり。

となすが、いつの時代にも変らぬ世相に迎合する、あるいはさらにこれを刺戟する本屋の態度が面白い。なおこの刷物のはしに「此度板行の磨滅を補刻し其上附録を書認」めてとあるから、初版では益軒に憚ってつけなかったのである。しかし彼は本書の「慎色欲」の項で性に関する懇切な注意を忘れてはいない。たとえば年齢による性交の回数まで説くが、これは中国の『千金方』『素女経』等のそのままである。

益軒は儒医をもって任ずることはなかったが、その経歴や教養からして門人・

竹田春庵の場合

友人中には医者あるいは医学に関心をもった人が多い。その高弟竹田春庵の日記に家族の健康状態を詳記しているのは、益軒の感化によるところもあったであろう。なお元禄三年、すなわち彼の三十歳の日記には上欄に小さく同居の妻・姪(めい)などの月経の始まりと終りを記している。月経は当時の人の忌むところで彼がなぜ記したかは不明だが、このころ彼は月のみちかけと潮汐干満の理を調べており、これとの関係からこうした面にまで関心を及ぼしたのであろう。

香月牛山との関係

また若いころに益軒から儒を学び、また藩医鶴原玄益からは医を学んだ人に領内遠賀(おんが)郡出身の香月(かつき)牛山がいる。現存する益軒の日記によると、牛山(貞庵の号で記される)は貞享三年九月中旬に訪問し来りともに月を賞しており、ついで数日後におこった東軒夫人最初の重病に際し数回にわたり来診している。当時彼は三十一歳であった。数年後の元禄元年二月には益軒の腹痛に招かれて針をして癒している。ついで中津藩に医者として仕え後に京へ出て遂には後世家(ごせいか)の第一人者とされるにいたった。彼は後世家を名のりながらも各書を宏く渉猟して穏健な学説をとり、一気の流行をもってその学説の根本とし、実際の治療にあたってはむしろ古医方的だったという。この二人の門人の仲も親密で、春庵は牛山のために中国医書の写本を作るなどしており、また牛山からその著『医学鈎言』（求められて益軒も序を与えた）を送る旨を記した書翰も竹田家にある。牛山の天文・物理・哲学論を端的にのべたものに『螢雪余話』があり、益軒の影響が多分にうかがわれる。

その他益軒の「旧識」（知人名簿）中から拾うと、京の部に、

雨森良意　瘍医也。稲若水弟也。

といった知人もあり、彼から神農堂をたてるために詩文を請われた際には自らも応じ、春庵や藩医たちをも誘っている。また肥前国の部には、次の長崎の医者があげられる。

林田宗伴　長崎之医。

雨森良意

長崎の医者

長崎医　鼎庵　於高台寺（京都）（元禄二年）己巳三月朔会。

楢林新五衛門（鎮山）　長崎和蘭通事、知二外治一。乞三予字与二軒号一。又紅夷御医書（『紅毛外科宗伝』のこと）を作乞レ序、而与レ之。

西道庵　長崎吉兵衛弟、老人也。（西吉兵衛とは恐らく西流外科を始めた二代目吉兵衛であろう。オランダ大通詞として既述の『乾坤辨説』を訳した一人であり『諸国土産』（一六六九年）の著もある。その弟道庵も名前よりして恐らく兄と同様にオランダ流外科であろう。）

五　東軒夫人を失う

七十歳代末の健康状態

喜寿（七十七歳）前後のころから彼の健康も次第に衰えをみせ、思わしくない日も続いた。春庵宛の書翰には、

衰残比宿痾亦発申候而苦申候。（宝永五年）

また、

脾胃難レ調候而時々微泄仕候故、元気衰乏、対客長談難レ成……（正徳二年）

つづいて、

近来ハ事多精力少毎事遅々、はか不参……(同年)

と歎いている。なるほど『用薬日記』の自分用調剤を見ると滋養消化剤の益気湯・補中益気湯・帰脾湯・清胃湯や歯痛鎮静剤、秘結処方箋が相ついで記されている。また主として天変地異を記した『居家日記』においては宝永六年(八十歳)の項には関東・近畿の諸ニュースを、九州では紅夷舶載としてオランダ船によりもたら

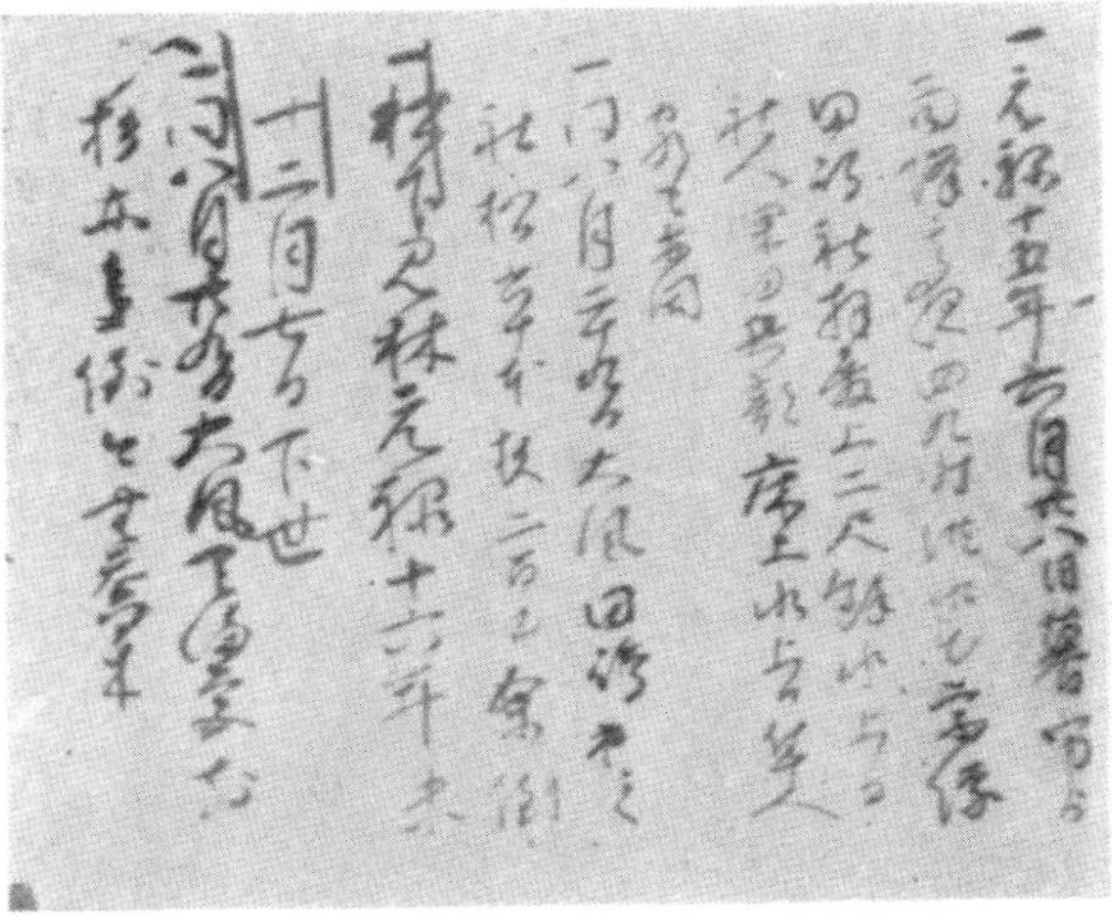

当時の自分用調剤

来の切腹を記す，左の一節は他筆)

された白砂糖・蘇芳・胡椒の分量を記している。ついで正徳元年の項には春庵を介し朝鮮信使に尋ねて得た「朝鮮先儒」の名前を記し、翌二年には「月ニ星入ル」として三日月の東端に星がかかった図を書いているが、そのあたりでこの日記も終っている。

当時の貝原家には四人ばかりの下男・下女が傭われて雑務にあたっていた。

この間にも春庵との交情はますます深まり、ようやく社会的にも多忙

一宜存心温厚和平臨事亦宜
貴徐緩而不可怱迫如教
子弟亦須優游以導之務
行雍睦之風使不至相責以
失恩至如奴婢亦宜加意
哀恤勿疾于頑愚但兇暴
不從者非此限

『居家日記』（真中に浅野内匠頭家

となった春庵の出張講義に対する諸注意、また幕府巡検使に対する応答書作成上の注意なども与えており、またこちらからは諸種の原稿の浄書をせきたてている。正徳二年になった『自娯集』の序文は春庵が書いたのであるが、その草稿に益軒の人となりを紹介し、「恭黙思レ道、実践躬行為レ務」とあった。益軒は下半句を削らせて、自分は平生著述に務めその方面の功績はあるが、実践躬行に務めたことはなく、こうした賞讃を受けることは恥ずかしいからと弁明した。

実践躬行は努めず

夫人の死

翌正徳三年の秋から冬にかけて、かねて蒲柳の質の東軒夫人の病が重く、遂に十二月末には亡くなった。かねて東軒を診察していた鶴原正林が折悪しく病臥中で心許ない、他に良い医者はないものかと春庵に相談したのもこのころのことであった。

『用薬日記』に記される夫人への処方は益軒および正林がなしており、消化滋養剤・下痢どめ等以外に痰咳どめなどであった。ともかく六十二歳まで生き得たのは益軒の指導による養生の賜物だったと思われる。地行西町金龍寺で葬式をあげ、多くの者が参列したが、今日もなおその墓は益軒と相並んで風雪に耐えている。

最後の到来を知る

四十余年の間つれそった愛妻を失い、心身の疲労と寂莫とからさらでだにすぐれぬ健康を一層害なった彼は、翌年二月まで来客を断わり家にとじこもった。春には草体の文字を数枚執筆し親戚・朋友に贈っている。また当時旧友の兵学者宮川忍斎が林羅山の賛がある孔子画像を入手し彼の賛をも求めて訪ねたが、益軒は自らの賛は恐れ多しとして明の陳風格のそれを書き与えたという。四月末から手足が痲痺して寝床についたまま遂に再起は不可能であった。一ヵ月後その噂を聞き忍斎が慌ててかけつけた際には病状の進展を詳しく語り、終りに『源氏物語』の宿木の巻にある「心やすくて暫しあらんと思ふ、世を思ひの外なるかな」の句を暗誦したというから、最後の時期が迫ったことを自覚していたわけである。

この春に『慎思録』六巻が大成した。古人の説に盲従せず慎思明辨せよと説く彼の立場から、道徳・哲学より教育にまで及ぶ自己の見解をかなり自由に述べたもので、『自娯集』『大疑録』とともに彼の晩年に到達した思想・学説を知る上に必読のものとされる。

なお『慎思録』には続篇（初めは余録と題している）として四書五経・『近思録』などの経典に対する解釈や薛敬軒論（明の進士で、明代理学の宗とされる）・仏教論・養生論などの六巻がもくろまれ春庵により一応浄書されたが、出版には至っていない。

六　『大疑録』の完成

『大疑録』は朱子学に対する疑問を体系的に述べた点においてわが国最初の書とされる。すでに早くから芽生えていた朱子学批判の態度は仁斎説批判後にどう昂まっていったであろうか。学問には絶えざる思索による自得が必要で、往々本邦の人には経典をうのみにする習わしがあると歎いたのは、元禄末年の『居家日記』および春庵宛書翰においてであった。わたしたちは春庵宛書翰を介してその一端をうかがい得るのみである。

春庵の朱子学批判論『正学辨』

このころであろうか、春庵は朱子学の方法論を批判する『正学辨』（現存せず）と題する草稿を彼に示しその批判を仰いだとみえ、それへの返書に、

この論ははなはだ明白且つ正当で、とりわけ朱子学論は最も当然で、ちょうど自分のそれぞれの考えと符合する。ただ恨むらくは当世朱子学徒の見解がここまで及んでいない。もし彼等が見たら必ずこれを非難して異端邪説とするであろう。そこで発表は差控えたがよかろう。自分も以前に朱子学を批判していわゆる虎に傷つけられる思い（身にしみて痛い思いをすること、程伊川の語）をした、だから君に忠告するのだ。（意訳）

とし、また同じく春庵の示した『明徳心性辨』に対しても自己の見解を述べた後に、

疑問は一同で討論したい

惣じて先儒の説には自分の理解できないところも多い。しかしそれを批判すると異学を称えるように誤解して非難する傾向もあるので用心して沈黙を守っている。こうした問題は一同で講習討論の上で筋が通った解釈に落着けたいものである。他日御来訪あれば互いに論じ合おう。(同上)

としている。春庵は益軒の忠告に従ったのか――後に徂徠学派への批判は発表したが――朱子学批判論は発表せずに終った人である。

『慎思別録』の批判を春庵に求む

これに先立ち元禄末年には益軒も『慎思別録』なる草稿を次のような警戒のもとに示している。

慎思別録一冊附御使候。鄙意ハ悉録中ニ見エ可申候。先年も程朱之説疑由事、又明徳心性之説貴公御解説得答候と覚へ申候。無御猶余思召之旨可被仰聞候。余情者以面接可申述候。此書他へは見せ不申候。人ニより異学之様ニ心得申候ニ付遠慮と存候。

人に異学と非難されるを好まず

彼にしてみれば朱子学を一応肯定しながら、しかもそのある個所の解釈に異論

『慎思外録』

『大疑録』初稿本

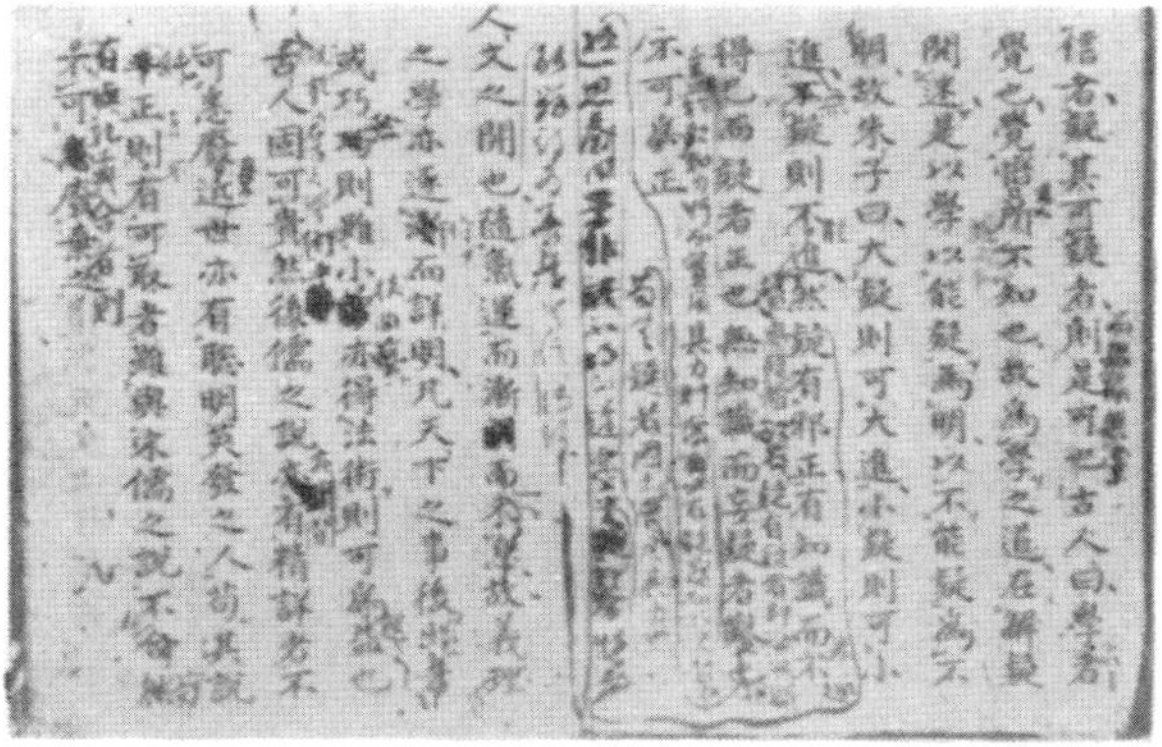

『大疑録』初稿本（浄書は春庵，訂正が益軒）（竹田家所蔵）

をもつにすぎないのだから——それがひいては朱子学全体を否定する第一歩になるわけであるが——異学と称せられるには当らないと考えたのである。

わたしは竹田家の書庫を探した結果、この『慎思別録』は探し得なかったが、代りに『慎思外録』と題する五十八条約一万二千余字からなる春庵の浄書本を見出した。さらに同人により版下用に浄書されたのではないかと思われる百九十四条からなる、すなわち現行本より二倍近く百十三条も多い『大疑録』（仮に初稿本とする）を見出し得た。外録および初稿本の内容は殆んど大差ないといってよかろう。

両者に共通する基調はどこまでも朱子学の体系を肯定しながらしかもそのある点に疑問を提出するという態度で、成稿本に較べ朱子学を撃つ態度がはなはだ微

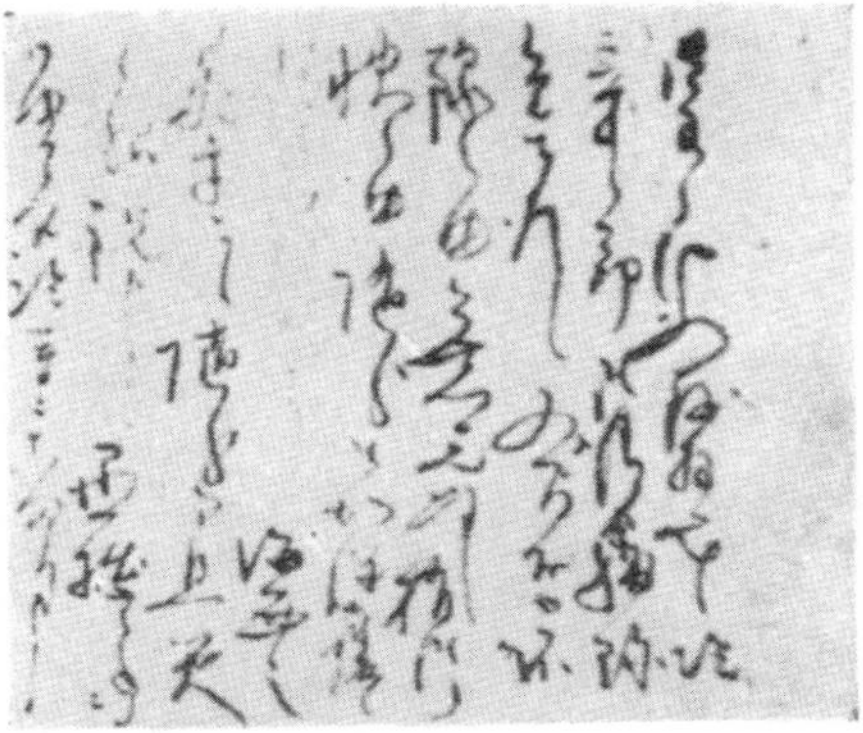

徂徠書翰

御手帋致ニ拝見一候。冷気之節御清勝、珍重奉レ存候。又百殿（稲留希賢）御不予之由、無ニ心元一存候。稍御快之由、随分と加ニ保護一候様ニ御伝可レ被レ下候。海西之英才ニ候。随分御息災之様祝申し候。愚拙無事ニ御坐候へ共、冷気ニこまり申候。

一此間之御返書拝見

（以下本文の三一四ページ七行に続く）

徂徠学派により出版へ

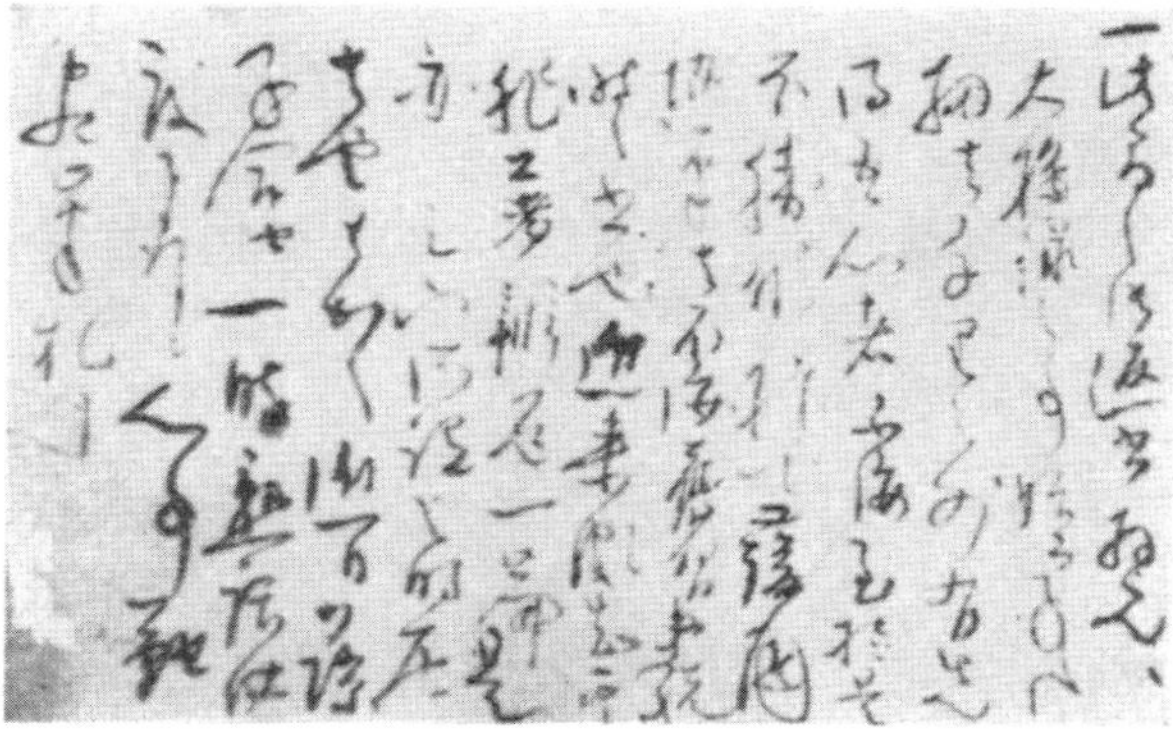

春庵宛荻生

温的であることだ。初稿本の分量が多いのは思いつくままに胸中の欝塊（うっかい）を吐露したからで、繰り返しが多く且つかなり些末にまで及んでいる。

刊本『大疑録』二巻は明和四年（一七六七）春、江戸の書肆須原屋市兵衛から発行された。巻頭に筑前貝原篤信著・仙台大野通明校とある。大野通明については詳細を知り得ないが、北海と号し仙台出身の兵学者で徂徠に学び後に兵学を子弟に教授した。『北海文集』の著がある。彼の後序によれば書肆の依頼により本書写本を入手し自ら校正に当ったという。本書が徂徠の一門人の手により刊行され、また巻頭に徂徠門下の第一人者太宰春台の読後感をのせていることなどよりして、朱子学派を撃つ手段として徂徠学派に利用された感がある。

春庵と徂徠

春台の語るところによると竹田春庵が古文辞のことで徂徠の指導を受け、徂徠も彼を好感をもって遇したという。竹田家には徂徠からの書翰数通がある。うち享保二年のものには春庵の求めに応じ詩の添削をなしており、続いて、

徂徠、『大疑録』の存在を聞く

> 大疑録之事始而承之候。扨者千里之外有下先得二吾心一者上、不佞至レ是不レ勝二欣抃一也。蘐園随筆（徂徠の初期の作、朱子学的立場にたち仁斎の古学を排斥す）者不佞旧習未レ脱時之書也。近来頗知二其非工者一。弁道一篇是亦三窮（？）説之時居者也。ちかく近日御隙承合せ一時熟話仕度奉レ存候。心事難レ尽二筆札一候。

とし同志を得たものとして欣んでいる。時に益軒没後四年で、春庵の江戸入府中と思われる。徂徠がその後本書を入手一読した形跡は見当らないから、春台が自

ら語るように彼が再三請うて後初めて借用し得たのであろう。彼は一読後の驚きを、

始めて知る、損軒先生の程朱之道を信ずること斯くの如くそれ篤く、而して之を疑うこと斯くの如くそれ大なるを。（もと漢文）

春台の読後感

と表現したが、その「論辨は宋儒範囲の中にあり」、すなわち宋学を支持してその範囲内での批判にすぎないことを遺憾としている。

朱子学批判の立場

『大疑録』ではまず孔孟に始まる儒学を受継ぐ正統派として宋学の意義を高く評価し程朱の功を重視しつつも、宋学には偏僻蔽固（かたよってかたくな）、高遠で分析にすぎる傾向ありとし、充分に尊信はするが阿ねることはできないと自己の立場をはっきりと表明する。ついで疑点を指摘し、より合理的とする自らの解釈を紹介してゆく。

その内容にたちいるに先立ち、朱子学の全体像および後継者によるその展開を

概観しておこう。それが益軒の立場を理解する上に大変役立つことになるからである。この問題にうってつけの参考書として阿部吉雄氏の「日鮮支の朱子学比較上の問題序説—特に朱子学の諸特性と日鮮への伝来比較」（大東文化研究所『東洋学術論叢』第三）があるので、以下数ページにわたって引用させていただくことにする。

朱子による儒学の深化

宋学を大成させた朱子（一一三〇～一二〇〇）の偉大さは当時の社会に深い影響を及ぼしていた仏教・道教の思想をとりいれて、人倫日用の学であった儒学をして宇宙と人間を一貫する哲学的体系へとまとめあげたこと、次に経典批判をなし従来の五経（易経・詩経・書経・春秋・礼記）中心の訓詁（くんこ）の学を変じて四書（大学・中庸・論語・孟子）中心の義理の学へと進めた点にあった。

理と気

その宇宙観において、万物の形質を「気」よりなるとしたのは従来の中国思想を継承したものであったが、なおその形相の原因となる「理」があるとして理気の相即（そうそく）不離を説き、しかも他方では気を規定し主宰する者として理をより重視し、理先気後説ともいうべき立場をとった。そしてこの理を大宇宙および類推により当時小宇宙とされた人間の、道徳の根源になるものとした。

理のもつ二重の意味

こうして理は、(Ⅰ)気の活動の法則性であると同時に、(Ⅱ)気を主宰する根源的実在である、という二重の意味を内包するものとして把えられているようである。また(Ⅱ)の立場から理が人間に賦与された場合には人間の本質すなわち本然の性を決定し、道徳的心情の根源となるものでもあった。

後継者―主気派と主理派への分裂

朱子のこの理気論は後継者により二派に分化・展開を示すに至った。

(A)主気派……主知博学派ともいうべき知識主義派で、いわば理の存在を気の活動に沿ってのみ初めて理解する立場（(Ⅰ)の強調）。

(B)主理派……自得修養派とも名づくべき精神主義派で、理を形而上的実在として重視する立場（(Ⅱ)の強調）。

朱子学派から出て主気派の立場を初めて標榜したのは明代中期の羅整庵（一四六六

〜一五四八）で、彼はその著『困知記（こんちき）』において、「理は只是れ気之理」として気一元論をとなえた。この前後に王陽明も理の独立性を疑い、理を気の法則とした点において前者と一致したが、理が人にも物にもありとした朱子の説に反対し、物の理は心の理から引き出されるものとして唯心論をとった点において相違した（羅整庵の主気思想は陽明の説に間接的影響を受けたものであろう、とされる）。

朱子の主理思想は十六世紀初頭を境界として次第に衰退し、これに代って主気思想が擡頭してくるが、明代朱子学派でこの立場をとる者には羅整庵以外に呉蘇原などがあり、海を越えてわが江戸期の儒学界にも波紋を投じた（伊藤仁斎の一元気説が呉蘇原の著『吉斎漫録』その他の剽竊によるとは徂徠学派があびせた非難であったが、これは必ずしも当っていないとわたし（井上）は思う）。

朝鮮における主理派―李退渓

次に隣国の李氏朝鮮では『困知記』の翻刻などにより主気思想が底流となったが、やがて朝鮮第一の儒宗と仰がれた李退渓（りたいけい）（一五〇一〜七〇）によって主理思想が勝利を得、それはひいてわが国にも深い影響を及ぼすに至った。彼は朱子の心を重んじ、理気の問題を宇宙論としてよりも心の問題として取り上げ、主気派にたつ門人との激しい論争を経てその論を精密化していったのである。なおこの論争は学界のみならず政争の題目となり、政界を二分するほどの波瀾を生ずるに至ったとされる。

日本おける両派の展開

李退渓の主理思想をのべた『天命図説』は恐らく秀吉の朝鮮出兵の際に羅整庵の『困知記』と共に日本に伝わった。そして藤原惺窩は『天命図説』の主理思想に、林羅山は『困知記』の主気思想に共鳴したが、朱子学草創の際でまだまとまった説を述べるには至らなかったと解される。

山崎闇斎

そこで主理思想は李退渓の『自省録』を得て悟るところがあった山崎闇斎を俟(ま)って初めて深化され、彼において朱子学は道徳的意欲をたかめる学として扱われるに至るのである。

林羅山

主気派の展開は博学を旨とした林羅山に始まりさらに新井白石や益軒によって受継がれた。彼らに共通した文献実証主義がより徹底した場合に古学派の勃興を招く結果になるので、伊藤仁斎や山鹿素行らはいずれも林家系統の学者であったことが、これを裏付ける。

こうして主気派は事実や存在を客観的に探究する科学者の立場に近く、主理派は哲学者・宗教家のそれに近い。しかもこの二つの傾向は朱子自身に内在したもので、そのいずれを重視するかによりかような相違を来たすに至ったというのである。

益軒の気一元論的立場

以上が阿部教授の卓論である。ここにおのずから益軒がもった批判態度も予想されるというものである。しかもそれを孔孟の所説、とくに易の「繫辞伝(けいじ)」に拠って立証する態度には古学派的なものがある。

彼は青年期に本草・医学を修得し、また初期には朱子・陽明兼学の態度を持した経歴からして当然気を重んずる立場にあった。従って理と気を殊更に分ける態度を排して両者を分つべからず、その先後を論ずべきにあらずとしながら、さら

気＝陰陽＝道とす

に一歩を進め気に沿っての理、すなわち現象に沿っての法則を説き、本質的には明らかに気一元論であった。また朱子学では理の拠るところである太極を説明して「無極ニシテ太極」と説いたが、無より有を生ずるとするのは仏教や老子の論理で儒学で採るべきではないときびしく非難した。太極から陰陽を生み陰陽の流行により万象が形成されてゆくのであるが、朱子学では陰陽を「形而下ノ器」として軽視し、陰陽を支配する背後の実体があるとし、これを「形而上ノ道」すなわち理として重視した。かように道と陰陽とを区別する態度も益軒にとっては不可解で、一気の流行が陰陽であり、それが正しく条理が通って紊れないのを道と解すべきだとした。ついで陰陽を形而下の器と解すべからざる理由を易を引用して強調するが、「形而下」なる語に内包されるところが益軒と朱子では異っていたと思われる。

本然の性と気質の性を区別するのに反対

また朱子学では人間性を理の賦与になる本然の性と後天的に得た気質の性との

複合になるとし、前者は善であるが後者は悪に関連する場合もあるとした。そこで本来の性善に復帰するには「格物致知」(物に至りて知を致す)・「窮理尽性」(理を窮め性を尽くす)の方法をとり、すなわち事物の理を極め尽すことにより初めて到達し得るとなした。これにも益軒は反対し、性とは本来生まれながら天から享けたところで、その善悪の相違は正常を得ているかあるいはまた変態を生じているかによって説明すべきだとした。

修養法において仏老を採用するとなす

ついで朱子学の道徳修養法においても儒教本来の立場を棄て、仏老のそれをとる点が尠なくないとして非難した。たとえば徳目の中心につつしんで精神を集注するという「敬」の思想があり、これは修養の工夫・方法であるべきはずであるのに却って本末転倒してそれ自身を目的とする弊に陥っているとしてその害を列挙するが、そこにはかつて講義に列したことのある闇斎の学風が追想されているようである。

これらの疑問を呈して識者の教示を請うという、あくまで謙遜な態度であった。

『困知記』の影響

こうした見解に達したのはもちろん彼自身の長期にわたる疑問と思索の結果であるが、理気論および性・理にも死生ありと論じた所に『困知記』の句が引用されているから、その感化もうかがわれる。しかしそれに止まったであろうか。

呉氏『吉斎漫録』の影響

わたしの気付いたところによると、彼は呉蘇原の『吉斎漫録』をはじめ『甕記』『櫝記』をも所蔵し愛読しており、とくに『漫録』は数回に及んでいる。彼は本書を貞享二年すなわち五十六歳の時――恐らく上方方面の知人から借用し春庵に写させて――初めて一読し、必要に応じ朱点を施したのを皮切りに、翌年も再読している。その後しばらくおいて致仕後の専心著述に従った元禄十三年（七十一歳）および翌年にも見ている。なおその手沢本は管見の及んだ範囲内での他の同名書と比較すると、章数の多さや対句の完備した点において、より完本に近いものと思われる。

益軒の学説と『漫録』の類似点

いま『大疑録』および『慎思録』の内容を『吉斎漫録』と比較すると、次の諸点でよく似ている。

一、太極論（気の混沌状態となす。）

二、気（万物の原質とす。）

三、理気論（気先理後説、さらに気一元論の傾向。）

四、性（気質の性と本然の性を区別するを排す。）

五、五行説（五行相生相克説の一々の場合を批判する。両人の引用例は異なり益軒には自然科学者的立場が強いが結論は相似たものになっている。）

六、釈子論（程明道が仏教には敬はあるが義がないとするのを駁し、両者ともになしとす。）

大体以上であるが、その基本的態度は呉蘇原に陽明学派的傾向が強いのに反し、益軒は古学派的と見られる。

柳河藩儒西田敬徳の指摘

ところで両者の類似はすでに先人によって指摘されていた。幕末の柳河藩儒西田敬徳（既出『益軒十訓』の編者西田敬止の父）の手沢本『吉斎漫録』を繙いた時、わたしは巻頭に次の評語を見出したのである。

余大疑録を看るに、損軒先生の朱文公(朱子)の説を疑うは全く呉蘇原に本づく。其他伊(藤)仁斎・太田錦城の如きその宋儒の説を駁する者は皆窃に之を祖とすること疑うべき者なし。而して深く秘して言わざるは果して何の心ぞや。(もと漢文)

と疑い、さらに巻末の評にはこれを敷衍し、帆足万里・五井持軒・中井履軒の朱子学駁論も本書に基づくと断言している。

益軒は他人の説を無断で剽竊する弊風が近世中国のみならず本邦にもあるとして、

近世薄俗、本邦之人往々此くの如し、恥を知らざるの甚しきかな。(『慎思録』)

と歎き、引用書を明記するのをつねとした。彼にしてこうした行為があることをどう解すべきであろうか。

陸象山の影響濃厚なりとの説

なお益軒の晩年の思想を研究される牧克己氏は、貝原家現存の益軒の読書抜萃(「知約」と題して七十冊からなる)を綿密に調べられた結果、『大疑録』の思想が明の林希元・柯尚遷・魏荘渠・郝景山・張燧、清の王嗣槐・黄震らによることが明らかであるとされた。また朱子学における基本的な諸問題に関する『大疑録』『吉斎漫録』と陸象山の思想を比較されて、『大疑録』にはむしろ陸象山の影響がはなはだ濃厚なことを指摘されたが、考え得ることである。なお益軒の気一元論の内容についてもより詳細な論考が同氏により書かれている（巻末主要参考文献を参照）。

ともかく『大疑録』は後世にもかなり読まれて、思索自由の傾向を助長するのに役立ったと考えられる。約一世期後に豊後に現われた独創的思想家、三浦梅園の蔵書目録にも本書があげられているのを見る。

七　臨終と門人

再起不能を自覚した彼が親戚・知人に書き配った感懐には次のような漢詩や和歌があった。

辞世の詩と歌

平生の心曲（心のくまぐま）誰あつてか知らん、常に天威を恐れ欺く勿らんと欲す。存順没寧（生存して環境に従い、死して寧らかな境地—西銘の語）克わずと雖も、朝に聞くを得ば夕べに死すとも豈に悲しみと為さん。（もと漢文、以下同）

また、

幼より斯道（聖人の道）を求めて孤懐あり、徳業成るなく宿志に乖く。
八十五年底事ぞ成る、読書独り楽しむ是れ生涯。

儒者としての矜持

ともに儒学者としての強い矜持の上に悲壮感が漂うが、次の和歌になると死の悲哀が端的に語られている。

越方は一夜ばかりの心地して
八十路あまりの夢をみしかな

こうして『大疑録』に最後の校訂を加えてのち病勢は次第につのり、正徳四年（一七一四）八月二十七日、嗣子重春や親戚・門人に見守られて最後の息を引きとった。

菩提寺金龍寺に葬られたが、益軒と面識の深かった寺僧は柩の前で拝礼するのみで経を誦し喝を唱えることをしなかった。排仏論を主張した益軒に対し読経の無意味を知っていたであろうし、また益軒みずから晩年に棺を造らせて、死んでも貴僧の手には落ちないと戯れに語っていたからであろう。

読経のない葬儀

一年後高弟竹田春庵が撰んだ墓誌にその人となりと業績は次のように語られた。

春庵の書いた墓誌

恭黙道を思い、精を極め微を造す。物を愛するを務と為し、天に事えて欺かず。韜蔵すれども増々顕われ、謙遜すれども愈々輝く。遺訓策を存し、後覚永く依る。(もと漢文)

その後の貝原家は系図(後掲)が示すように養子が多く、いずれも藩士として仕えており、代々の藩儒はむしろ春庵の子孫が受継いでいった。しかし明治以後の謙氏および当代の真吾氏がともに教育家でいられることは奇しき因縁というべきであろう。

その後裔

次に門人を見よう。終生人の師となることを好まずとは自ら語ったところで、

門人

竹田春庵の著述

従って門人は多くない。『雑記』に記された「従学」(門人)は領内では四十二名があげられるが、多く藩士と思われる。「他邦従学」(他国の門人)は十六名かぞえられ、その中には向井元升の子元端、大坂の五井加助などもいる。門人の筆頭が竹田春庵であることは既述してきたが、彼は益軒の没後すこぶる優遇せられるに及び、延享二年(一七四五)八十五歳で逝いた。その著には、益軒との共著を除くと、『孝経釈義便蒙』『小学句読集疏』『拾遺和漢名数』『筑前孝子良民伝』『春庵文稿』『辨辨道』等があり、益軒とは異なり純然たる朱子学者として終始している。その子孫は藩黌

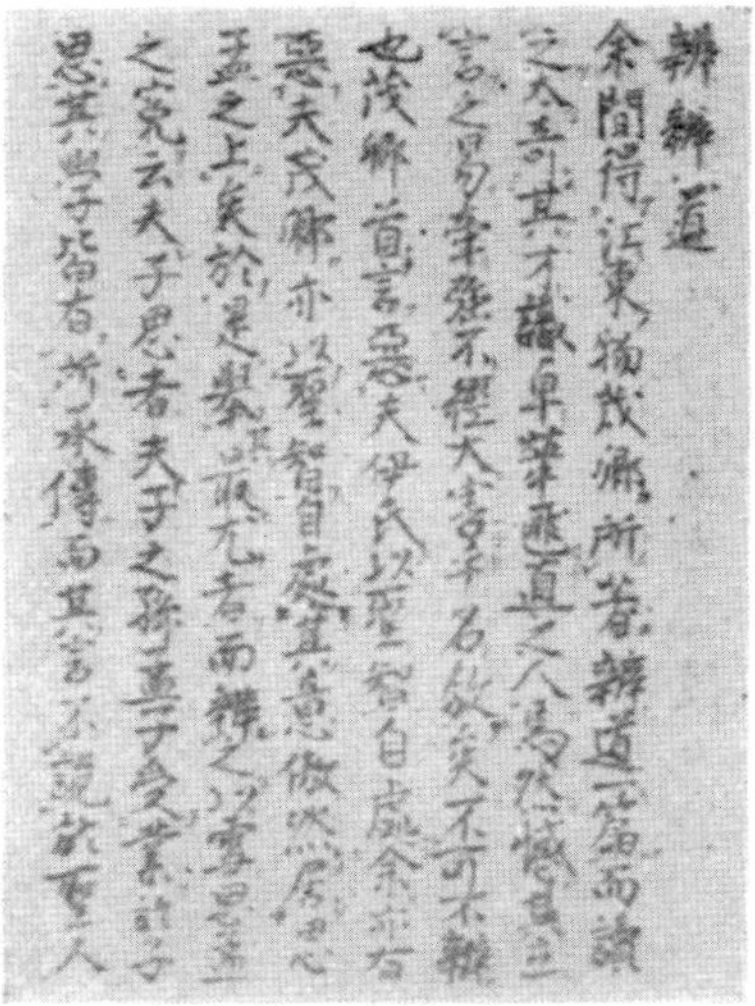

春庵の『辨辨道』

（後の修猷館）成立後は代々その教授として明治にいたった。

その他の門人

その他には鶴原九皐（きゅうこう）・櫛田漪（くしだい）・同渉（わたる）・古野元軏・神屋亨（とおる）らがあり、おのおの著書を遺（のこ）している。かつて門下であったが後に意見を異にして立去った者に、既述の柴田成章こと号は風山があり、また国を去って加賀藩に仕え晩年は江戸湯島に寓した稲留希賢がいる。

死後一百年祭

益軒の学風を忠実に受継いだ門人は皆無であり、この点一抹（いちまつ）の寂寥（せきりょう）を蔽（おお）い得ない。しかしともかく彼を俟（ま）って藩の学風は興った。その意味で藩は彼の功績を大なりと認め文化十一年（一八一四）、死後一百年祭を盛大に催した。命により藩儒月形君璞（くんはく）が各地の朱子学者に祝辞を求めた。それに応じて古賀精里・頼惟定の二人が執筆した詩が今日もなお後裔宅に懸け額にして保存されており、また土佐南学派十名の献詩の写しも遺っている。

第十　結びにかえて——科学精神と人間観——

民生日用の学、物理の学

既述したように当時発達した自然科学の殆んどあらゆる方面に関心をもち、また本草学で偉大な業績を遺した彼は科学の本質をどう理解していたであろうか。行動に際しての方法や技術の重要性を力説した彼ではあったが、科学——彼の場合具体的には本草学——は「民生日用」のための学、あるいは「物理」の学とよばれるに止まった。しかしこれは当然のことであろう。科学の用語も概念も西欧文化の積極的摂取が国民的規模において行なわれた明治時代に初めて確立されたものであり、それ以前に科学を意味する一定した用語はなかったのである。もし強いて求むれば『解体新書』の協同翻訳で西欧近代生理衛生学の成果を紹介した杉田玄白、および前野良沢の門人大槻盤水らがこれを「西洋究理学」あるいは「実測究理学」「究理実測学」とよんだところに、その苦心の跡を認めるべきだろう。

実証主義の段階

範疇の考え

したがって益軒の科学は資料の蒐集がおもな仕事であり、――『大和本草』の「論二物理一」の項で鳥類の生態学的分布を指摘するなど試みたが――科学法則の樹立にまではまだ及んでいないのである。これは彼の学問の対象および即事即物的な思考方法のせいであるのみならず、窮極的には時代的制約の故としてよかろう。封建社会においては帰納法的思索は成立し難い、為政者の抑圧によって商工業の順調な成長が妨げられる社会であるから。しかし彼は範疇(カテゴリー)的な考え方はもっていたので、たとえば『格物余話』では和漢古今の習俗・人間行為の類似性を指摘する史話を多く集め、既述のように万物の生誕を気化と形化、さらに胎生・卵生・湿生・気生にわけ、また大きくは陰陽の両範疇にわけるなどの試み

海潮説の場合

がみられる。

具体的に科学的理論を追究しているのは海潮説の場合である。潮汐と月との関係は古来東西を問わず論義の対象であった。益軒はこれに関する諸説を一々批判していった。まず潮汐を大地の呼吸となす説に対しては、大地に肺・腸があって人や動物のように呼吸することは不可能だと、その無意味な類推を指摘する。また日が上れば水が涸れ、月が上れば水が復するとの説には、水の増加は徐々たるもので半ヵ月で大いに増し、あるいは日光で涸れるはずはないとする。さらに月の出に応じて潮が従うとする説には、両者の間に幾万里の距りがあり、且つ月が西へ入れば潮が東海に張り、月が東に入れば潮が西に張るのだから両者の関係はまさに逆で、そこに関連性を見出し得ないとする。後の二説の場合への彼の批判は常識的見地からであり、ことに後者では現象の相対性を考慮にいれてないようである。次に自らの考えを述べていうには、天地の変化には自然の数があり私意臆測で計り得ず、こうした問題は論ずる必要なしとして逃げる。次に彼は最近読んだ海潮論を端的で理が通るとして紹介するが、それは北宋の学者邵康節（しょうこうせつ）の論である。すなわち気の作用で大地の上下につれ潮汐が生ずるというので、さらに益軒は一日二潮の原因を大地が一日に二回上下するからとした。なお一ヵ月間の潮汐進退の時刻は日々遅速あり同一でないがしかも毎月定期的である事実に関しては、それは天地自然の理でその所以（ゆえん）を知ることは出来ないとするのである。

邵康節の説に賛成

以上のような制約はあったが、ともかく彼は当時においては最高レベルの科学者の一人であった。この彼の人間論――その存在意義を、さらに当時の人々が制約されていた身分階級制をどう考えたかを顧みたい。なぜなら彼の科学者としての眼（まなこ）は必然的に人間そのものにも向けられたであろうし、その結果は時勢に把（とら）われぬ本来の姿を認識し得たはずだから。

「人」および「民」の語源的解釈

彼の人間観を端的に知る方便として日本語を語原的に説いた『日本釈名』（元禄十一）

年、七十歳）を見ると「人」を説いて、

> 人は万物の霊にて人に並ぶものなし、天下にたゞ一(ひとつ)の物なる故、云々(うんぬん)。

とし、また「民」を説いて「とうとみ」（尊）の略語とし、

> 民は万物の霊、万物の内人を尤もたうとむべし。

理念的な傾向

となす。彼には珍らしく非実証的で理念的な調子が高い。この傾向はすでに当時の出版界でも指摘されたところで、たとえば前掲の『元禄太平記』では「雷(いかづち)」を「いかりて地(つち)に落る」と説いた根拠を見ぬいて、『論語』郷党篇の「迅雷」の註に朱子が「敬天之怒」としたことに基づくのだと指摘している。言語が社会的産物であることに対する認識が全く欠けている。これは『大和本草』中における道学的評価と相類する傾向で、朱子学の「格物致知」の実践がこうした結果を招いたのではなかろうか。

新井白石の『東雅』

この点、これより二十年を経ずして書かれた新井白石の『東雅(とうが)』と比較すると雲泥(うんでい)の相違がある。中央政治界に活躍した彼はこの点を実には

っきりと認識していた。すなわち彼によれば「人」とは、

上古の語に、ヒといひしは、霊也亦善也。トといひしは、止也所也。ヒトとは霊の止る所といふが如し。（後略）

とし、また「民」とは、

（前略）タミとは田部也。ヘといひ、ミといふは、其語の転ぜし也。（次に部民―大和時代における半自由民―としての田部の起源をのべる）

と解し実に的確である。

しかしこれらの解釈を通して益軒の人間尊重の態度は明らかである。彼が自然科学の研究を介して、現象と本体とを別箇のものと考える朱子学の立場から脱し、現象に沿って本体をも考えるに至ることは先述した。同様に当時の身分制的人間をもそうした制約からはずして、多分に同一視するに至ったと見られる。

人類を同胞視

したがって彼は必ずしも封建道徳に把われず、基本的には次のように考えた。

天下の民は我と同じく、天地の子なるゆゑに、即是わが兄弟なり。(『和俗童子訓』)

であり、この兄弟とは日本人に限られたものでなく、

竊かに請う、四海同胞と。疎遠にして異邦に在るの人と雖も、固より薄くすべき所にあらず。(後略、『損軒文稿』三巻、「谷三介に答うるの書」、もと漢文)

とし、世界人類を対象とするものだった。そこですべての人に人格を認めるべきで、童僕と雖も天地の産する所でその性は公卿と同じだから仁の心をもって使役せよ、あるいはまた同様に天地の恵みに生きる人間だから自分の父母のみならずすべての人を愛敬すべきで、もし卑幼・貧賤・愚庸(おろか)だからとて人を侮りいじめるならば、それはすなわち自分自身の天性を損ない、ひいては人間性そのものを軽蔑することにほかならぬ、あるいはまた年長だからとて人に驕るのは富貴をもって驕ると同様に当然の理由がないことで、ただ郷党の間においてのみ許し得る、ともいう(『慎思録』)。

当代学者一覧表

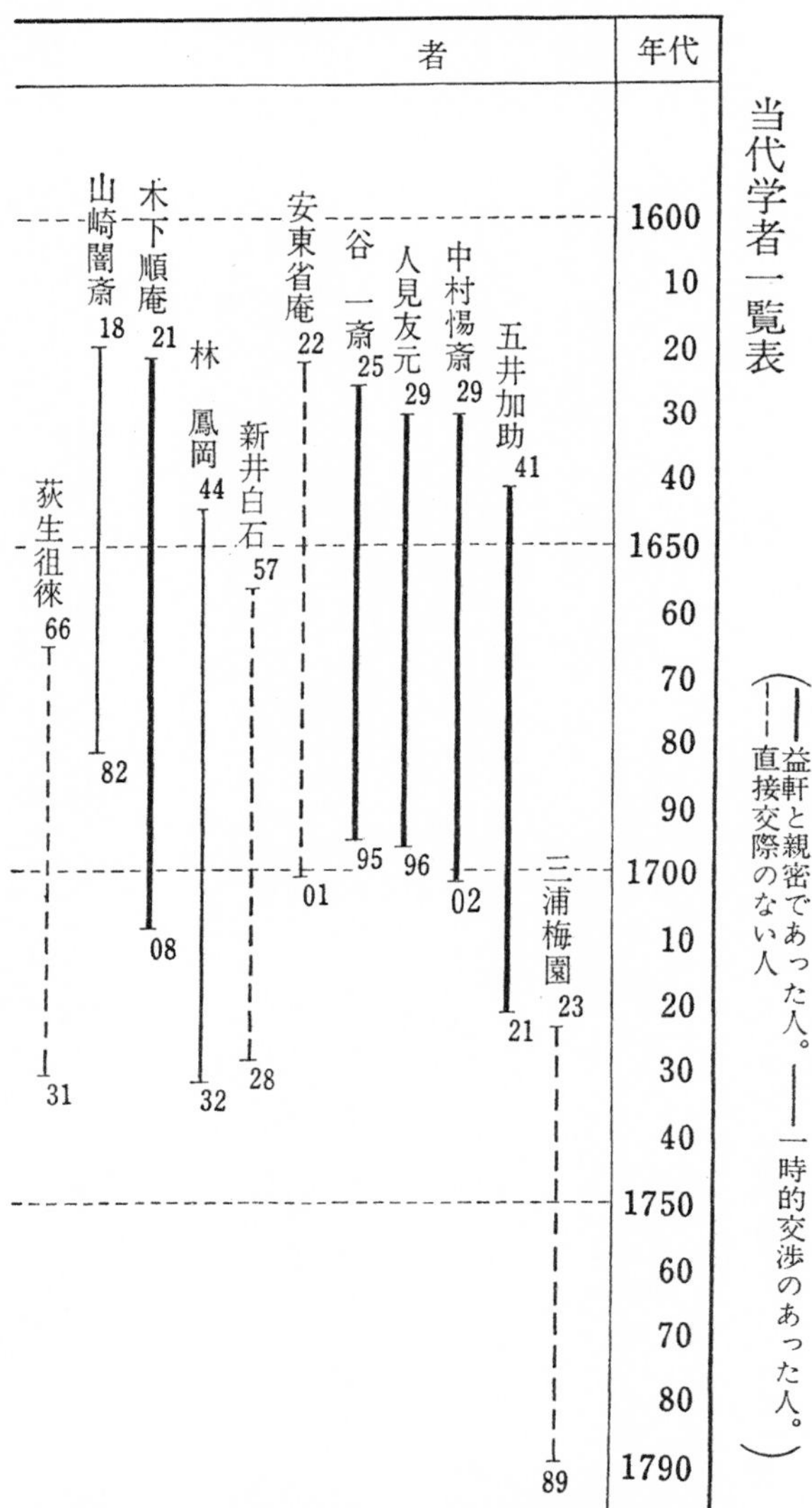

（━━益軒と親密であった人。━━一時的交渉のあった人。
┅┅直接交際のない人）

和算家	医者	本草家	儒
関孝和（生年不明）–56	黒川道祐（生年不明）–91 名古屋玄医 28–96 後藤艮山 53–27	向井元升 09–77 宮崎安貞 22–97 稲生若水 55–15 松岡恕庵 68–46 香月牛山 68–40	伊藤仁斎 27–05 山鹿素行 22–85 （高弟）竹田春庵 61–45 **貝原益軒** 30–14

敬天思想に基づく人間平等視

また〝愛〟について当時の一般の学者以上にしばしば語るのも彼だが、それは天地の心を万物への愛にあると信ずるに至った彼にとって、その心を受けて生まれた人も万物に対し愛の心で接するのが天地に仕える道と考えられたからである（『自娯集』）。すなわち彼の努めて人間を平等視しようとする態度は同様に天地の所産であるという歴然たる事実に基づいている。したがって万物生成の偉大な徳をもつ天地の前においては、すべての人間は同様に弱小な存在に過ぎないので、ここに益軒における人間平等思想の萠芽が生まれるのである。天地の徳は儒教で強調するところだが、とくに彼の場合は自然観察を介して天地運行の法則性を具体的に認めたからで、彼はこれを「天道の誠」と現わし、これに宗教的信仰をさえ懐いていたと思われるのである。

貝原家略系図（名前の左下にある数字は註の番号）

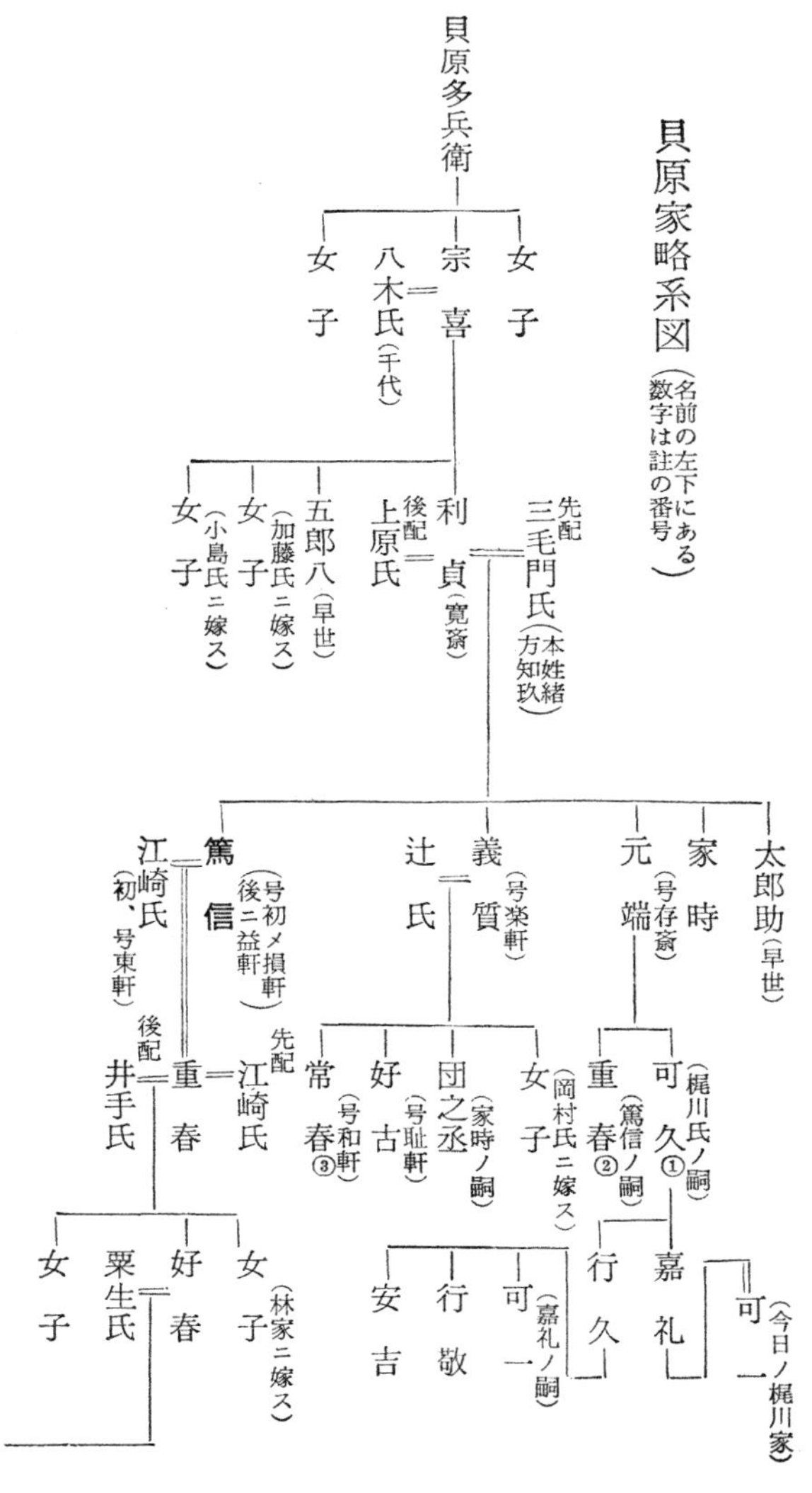

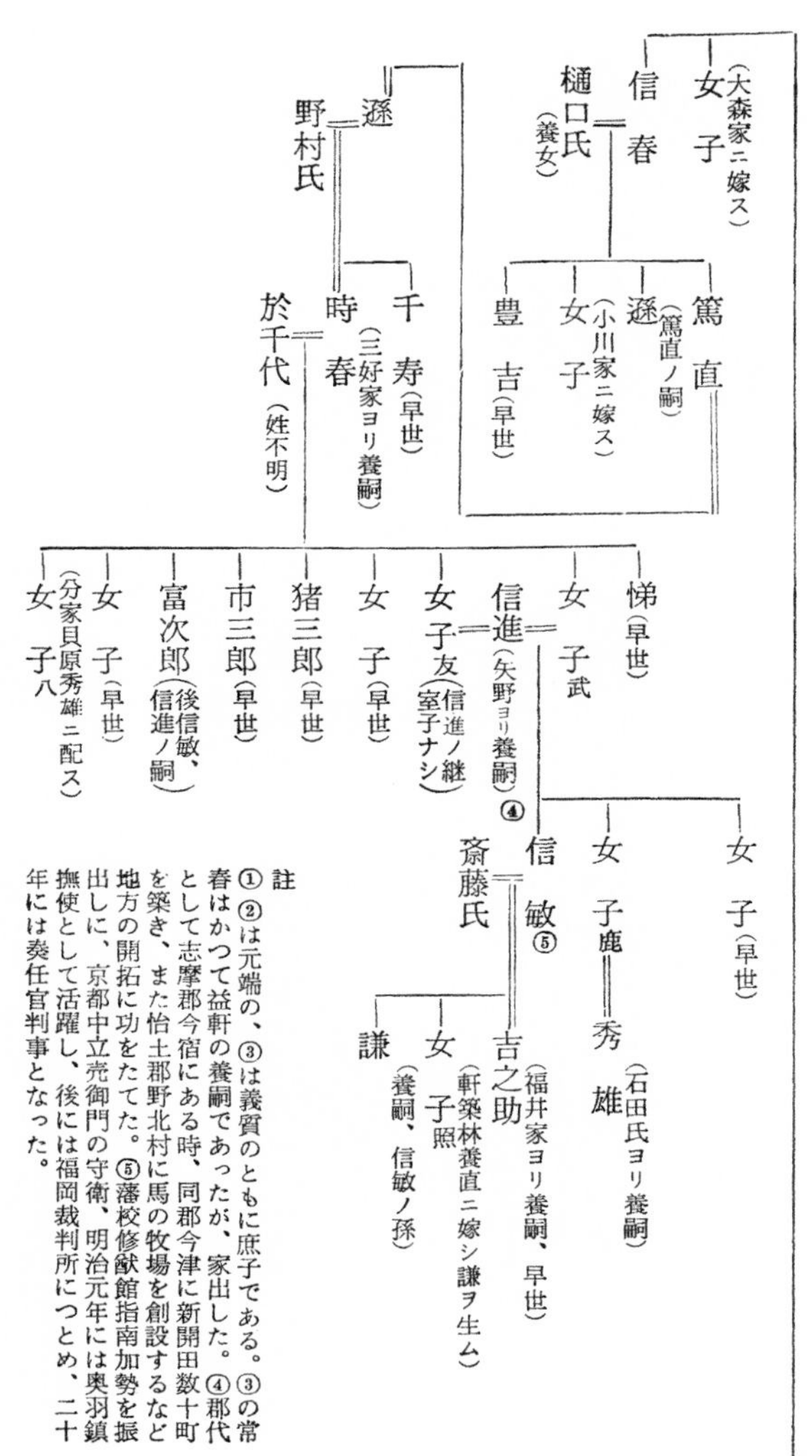

註

①②は元端の、③は義質のともに庶子である。③の常春はかつて益軒の養嗣であったが、家出した。④郡代として志摩郡今宿にある時、同郡今津に新開田数十町を築き、また怡土郡野北村に馬の牧場を創設するなど地方の開拓に功をたてた。⑤藩校修猷館指南加勢を振出しに、京都中立売御門の守衛、明治元年には奥羽鎮撫使として活躍し、後には福岡裁判所につとめ、二十年には奏任官判事となった。

略年譜

（全集第一巻所収の『益軒先生年譜』以外に、現存する日記・書翰、その他によった。月日は旧暦である。）

年次	西暦	年齢	事蹟	参考事項
寛永七	一六三〇	一	一一月一四日、福岡城内東邸に生まる。父寛斎は祐筆役であろう	長崎舶載唐書に関し禁書令出る○一二月、林羅山忍ヶ岡に学寮を建てる
八	一六三一	二	博多片原町に一家転居す	
九	一六三二	三		黒田騒動おこり、八月末、藩主忠之江戸へ出立
一〇	一六三三	四		同事件の判決くだり、栗山大膳、奥州南部へ流刑
一二	一六三五	六	母三毛門氏を喪う（本姓緒方、豊前の人）	博多の豪商神屋宗湛没す
一三	一六三六	七	博多袖の湊に移る。仮名を自得し草子類を愛読す	長崎出島にポルトガル人を収容
一四	一六三七	八	一一月、父に従い穂波郡八木山の知行所に一家転住	『本草綱目』翻刻なる（渡来後三〇年）
一五	一六三八	九	父および長兄家時、島原の陣に参加○春に次兄存斎より漢字を学ぶ	幕府、麻布・大塚に薬園を開く

寛永一六	一六三九	一〇	『節用集』等の和語辞典を愛読す ○次兄、藩命により医学修業のため京都へ出立	ポルトガル人の来航を禁ず○幕府、書庫を江戸城内の紅葉山に設ける
一七	一六四〇	一一	父、公務にて福岡の新大工町に移る。益軒のみ従い、その訓育を受ける	
一八	一六四一	一二	三月、父に従い怡土郡井原村に移る	八月、黒田氏、長崎警備役を命ぜらる○オランダ商館を平戸より出島に移す
一九	一六四二	一三	夏、継母上原氏病没す	
二〇	一六四三	一四	父に従い医書を読み、医薬および食物の性をほぼ知る○父浪人となり、次兄京都より帰る○冬、福岡荒戸新町住の次兄のもとへ行き四書を習い、その勧告で仏教信仰をすてる○大晦日に父に伴われ井原村へ帰る	五月、宗像郡大島沖に南蛮船漂着○キリシタン宣教師を捕縛し、長崎ついで江戸へ送る（持参の天文書をもとに、後に向井元升らの『乾坤辨説』なる）○田畑永代売買禁止令
正保一	一六四四	一五	春、ひとりで福岡へ出て次兄に儒書を学ぶ○夏、薬院に移る（中兄とともにか）○冬、父再出仕し江戸入府（四年間）○一二月、井原村へ帰る	保科正之、会津藩主となる○幕府より諸藩に命じ郷村高帳および国郡諸城の図を作成させる○宣明暦刊行

年号	西暦	年齢	事項	一般事項
二	一六四五		正月、再び薬院に出る○夏、唐人町に移る	熊沢蕃山、岡山の池田光政に仕える
三	一六四六	一七	荒津山（今の西公園）の下へ移る○『小学』を読む	福岡藩絵図を幕府へ提出
四	一六四七	一八	正月、父江戸より帰る○長兄浪人となり志摩郡小金丸村へ移り、次兄は豊後日田へ移り開塾。末兄義質（楽軒）は居残り同居	向井元升、長崎に聖堂を建てる
慶安一	一六四八	一九	五月、祖母八木氏を喪う（長門の人）○一〇月、藩主忠之の御納戸御召料方として仕える(四人扶持)○冬、父に従い江戸入府	長崎に船蔵を設け、黒田侯の管理となる
二	一六四九	二〇	三月、江戸より帰る○夏、元服す○八月、忠之に従い海路長崎へ行く○帰国後、忠之の叱りをうけ閉居半月、さらに謁見不能四ヵ月の処分をうける○一一月、処分とけ近侍役となる○歳末、命により遠賀郡底井野の藩主別邸を守衛す	二月、いわゆる「慶安の御触書」出る○『本草綱目』を抜萃した林羅山の『多識篇』出版さる
三	一六五〇	二一	夏、一日交替で城中南丸に宿直す○八月、忠之の怒りにふれ浪人となる（以後七年間）	
四	一六五一	二二	『近思録』を読む○一〇月、眼病と火爵で久しく読書不能となる（約一年間）	四月、将軍家光没す○七月、由井正雪の乱○宮崎安貞、筑前に来り

承応一	一六五二	二三		二百石をもって仕える 福岡藩財政難にて十分一の借知○荒戸東照宮なる
二	一六五三	二四	冬、博多八角島に移る	
三	一六五四	二五	四月、福岡に移る○冬、長崎へ二度ゆき書籍を求む○当時在府の父は家督を末兄楽軒に譲り、己は隠居し奥御殿に仕えた	二月、忠之隠居し光之襲封○隠元来朝○柳川藩士安東省庵、長崎に遊学す
明暦一	一六五五	二六	春、長崎に遊ぶ○父の手助をすることになり、海路大坂に出て奈良・京都に遊び、陸路江戸へ上る○四月下旬、川崎の宿で剃髪、柔斎と号す○入府後父と同居し藩邸で暮す。しばしば林鵞峰を訪う	新藩主光之、国中宿駅巡覧○朝鮮信使、領内の藍島に来る○長崎にて糸割符制を廃し相対貿易となす
二	一六五六	二七	一〇月二〇日、父に従い出府、途中、伊勢神宮を拝す○一一月二一日、出仕の命により光之に仕えるに至る（六人扶持）	大風による藩内倒壊家屋八四〇〇軒○向井元升の『坤乾辨説』なる○一二月、林羅山、家綱に『大学』を講ず
三	一六五七	二八	一月一九日、後に益軒の門人となった立花勘左衛門重種の配下に定めらる○三月三日、初めて『大学』序を講ず○三月上旬、かねて請願中の次兄辞職の許可下る	修験道場宝満山竈門社を彦山の末社と定む○江戸明暦の大火○羅山没す（七五歳）

			○四月一五日、京都遊学の命あり、この日入京、初め安楽小路、月末に西洞院に移る○同月、松永尺五・山崎闇斎を訪問○六月、初めて木下順庵を訪問○七月、初めて闇斎の講義に列し以後も継続する	
万治一	一六五八	二九	二月一〇日、初めて『大学』を講ず○三月一二日、初めて『論語』を講ず○九月、堀川に移居。このころ、痰のはげしく出る病を患らう○このころ、順庵の講義にしばしば列し、互いに往来す○一一月、初めて向井元升と会う	久留米藩、知行地制を禄高制に改む○この年、向井元升家族を伴い入京定住
二	一六五九	三〇	伏見駅通過の光之より学問出精の賞として時服・書籍を賜わる○一二月、加増一〇石（計二〇石）を受く	本年より荒津山波止の築立はじまる○水戸光圀『大日本史』の編纂を始める○朱舜水帰化す
三	一六六〇	三一	一月二二日、初めて『小学』を講ず○このころより松下見林と親交す○一一月初旬、命により江戸へ入り滞在四ヵ月	
寛文一	一六六一	三二	二月二九日、林鵞峰の『易学啓蒙』講義を聞く○四月一九日、江戸を発ち、この日に入京、安楽小路に住む○五月朔日、宮崎安貞入京。同行して名勝地に遊ぶ○	

年号	西暦	年齢	事績	参考事項
			安貞、伊勢路からの帰途再び立寄る○六月下旬より九月下旬まで、『小学句読』『孝経』『大学章句』『論語集註』(上)を日に一回講ず○一一月、安貞また入京、三井寺に遊び、帰国	
寛文二	一六六二	三三	正月、順庵との往来頻繁○春、『論語集註』(下)を講ず○五月朔日、帰藩の命により出京(大地震あり)、帰国○八月六日、糸島郡桜井村への途中、女原村の安貞宅へ宿る○同二八日、加増一〇石(計三〇石)○九月朔日、光之の参府に従い、船中で侍講。入京後、安楽小路にすむ○一一月一日〜二四日、初めて『中庸』を講じ、同二六日〜三年二月五日、初めて『孟子』を講ずること日に二回、聴講者すこぶる多し	伊藤仁斎、堀川塾を創始
三	一六六三	三四	二月、上立売町北側に転居○この月、末兄、ついで次兄入京し、各々しばらく滞在○三月二一日、初めて『近思録』を講ず。○七月一七日、蓮台野へ行き道寿薬園を見る○九月一日、西大路蔵貫宗雲邸に転居○一一月四日、文公家礼会を始める○同二二日、大蔵卿伏原賢忠と相往来す○同二七日、京都藩邸の前屋に転居	四月、霊元天皇即位○五月、家綱武家諸法度を頒つ○黒川道祐『本朝医考』なる○一二月、野中兼山没す(四九歳)

四	一六六四	三五	三月初旬、門人鶴原正林と帰国。途中兵庫に寄り湊川に楠公の墓を拝す○四月一九日、鳥飼に宅を与えらる○五月二三日、知行地一五〇石を賜う○九月一日、光之に従い出郷、一〇月末入府○一一月一四日、幼君万千代（後の綱政）に『小学』を講じ始める○同一六日、幕府儒員土岐重元へゆき、以後相往来す○この年、甥好古生まる	一一月、幕府、林鵞峰をして『本朝通鑑』を編修せしむ
五	一六六五	三六	二月二九日、藩邸にて『太極図説』を講ず○三月一〇日、藩医西原元畏と共に上野薬園へ行く○三月一四日、入京講学の命により出府○四月四日、入江殿辻へ転居○六月二日、二条辺へゆき初めて伊藤仁斎と会う○七月三〇日、『易経』講義を始める○夏から秋にかけ、『西山心経』『易経』坤卦を講ず○一〇月一四日、光之の命により、藩功臣の子久野正的（一四歳）が入京し、益軒に師事するに至る○このころ、『学蔀通辨』を読み、朱陸兼学を廃し朱子学一途に進む決意をする。当時の主な交友は中村惕斎・米川操軒・伏原宣幸など○一二月三日、父寛斎、中風にて没す（六九歳）○この年、	三月、闇斎、会津の保科正之に招かれる○七月、光圀、朱舜水を招く○同年、素行の『聖教要録』なる○稲生若水、大坂へゆき医を学ぶ○博多豪商大賀宗伯没す○一二月、光圀、領内の淫祠を毀つ

寛文六	一六六六	三七	『易学提要』一・『読書順序』一を著わす 一月八日、帰国服喪のため出京○六月二〇日、末兄とともに父の薄葬を改め厚葬す○夏に下痢、秋に怔忡(神経衰弱か)を患らう○一〇月一日、光之の参府に先だち入京、一〇日余を経て江戸へ向う○一二月二六日、小便閉ずる病を患らう	中村惕斎『訓蒙図彙』を著わす○素行、赤穂に配流される
七	一六六七	三八	閏二月一九日、江戸を発し京へ入る○春から夏にかけ、淋疾・疝気・痰を患らう○五月一七日、相国寺鹿園苑前に転居○九月四日、喘息おこる○一〇月初旬、大和地方を巡覧す○一二月、四書の訓点を改む○この年、『止戈編』一を著わす	七月、将軍、神道家吉川惟足を引見す○安井算哲、保科正之に暦法を問われ、改暦を建策す○博多の豪商伊藤小左衛門、密貿易のため長崎において処刑さる
八	一六六八	三九	一月、『自警編』を著わす○同二八日、飛鳥井雅章邸へゆき歌会を聞く○三月六日、山形右衛門尉宅へゆき伊藤仁斎に会う○三月一九日、出京し帰国す○六月二六日、支藩秋月の藩士、江崎広道の娘を娶る(一七歳、後の東軒夫人)○七月二七日、髪を蓄わえ、二九日、光之より久兵衛(祖父の通称)の名を賜わる○八月二二日、加増五〇石(計二〇〇石)、知行地変更の命あり	岡山の閑谷黌創建

			○九月二〇日、光之の参府に先発、入京。滞在一〇余日（末兄楽軒および久野同行）○一一月、江戸にて世子に侍講○この年、『大学綱領条目俗解』『朱子文範』五・『近思録備考』六を著わす	
九	一六六九	四〇	二月三日、林鵞峰に招かれ朱子学徒谷三介と初めて会う○三月六日、出府。金沢・鎌倉・江島を経て入京。滞在四ヵ月○同月、『顧諟抄』一を著わす○七月、初めて夫人の郷里秋月に遊ぶ○一一月二五日、荒津東浜に宅を賜わる○この年、『小学句読備考』六を出版	
一〇	一六七〇	四一	二月七日、去冬賜わった荒津東浜の宅（現在荒戸三番丁）に転居○同一四日、初めて『論語』序を講ず	加賀藩主前田綱紀、このころ順庵・室鳩巣を採用す
一一	一六七一	四二	二月二日、甥の和軒生まる○三月初旬、請うて京都に遊び、月末柳馬場に転居○五月七日、小倉中納言凞季邸へゆき箏を聞く○同二八日および六月五日、夜中村惕斎を訪ねともに星座を見る○六月下旬、出京帰国○九月、書庫をつくる○一〇月五日、大老黒田一任のもとへゆき『黒田家譜』編纂の命を受く	四月、将軍、伊達騒動を裁断す○向井元升、前田侯の求めに応じ、『庖厨備用大倭本草』を著わす○久野正的、下痢を患らい没す○この年、月蝕あり、将軍家綱、安井算哲を召し天文暦法を問う

寛文一二	一六七二	四三	四月一一日、小叔母病あり、家に迎え養う○六月五日、光之の三男（後の藩主綱政）に初めて侍講す○一〇月一二日、保科正之の推薦により出府し、この日より世子綱之に『論語』を侍講す○この年出版の『校正本草綱目』の第五冊は益軒の輯録傍訓になる『本草綱目品目』および『本草名物附録』であった	五月、石川丈山没す（九〇歳）○一二月、保科正之没す（六二歳）○長崎会所を開く○この年、星野実宣の『運気六十年図』出版
延宝一	一六七三	四四	二月末に出府、京都滞在一ヵ月余にして帰国○八月九日、外祖父江崎半右衛門没す	五月、京都大火。禁裏・仙洞罹災
二	一六七四	四五	八月、門人で藩儒となった柴田風山と藩主継嗣問題で対立し、交際断絶す○九月、光之・綱政に従い出郷、一一月に入府○このころ、江戸藩邸の世子綱之、病身につき屏居となり帰国	関孝和の『発微算法』出版○この秋、領内の損毛はなはだしく、ことに鞍手・遠賀は水損のため飢饉
三	一六七五	四六	一月二七日、酒井河内守忠明（光之の女婿）の招きに赴き『白鹿洞学規』を講ず○三月、命により留まり、新世子綱政に侍講○このころ、目黒の幕府薬園を見学、池田道陸門人の園吏の求めにより『大学』経文を講ず○閏四月一〇日、出府、京に一〇日間滞在して帰国○この年、『白鹿洞学規』『大学経文』講義を編輯	領内大洪水・飢饉○箱崎宮の放生会再興○六月、素行、赤穂より赦免される○一一月、東蓮寺を直方に改む

四	一六七六	四七	八月一〇日、珍書購入の命をうけ長崎へ出立、滞在一〇日余○この年、『小学』『四書』『近思録』『五経』『大学衍義』の要所をあつめ、且つ講義録二巻をつくる	二月、長崎の末次平蔵ら、密貿易露顕し、欠所・遠流に処せらる○一二月、大宰府文庫なる
五	一六七七	四八	二月二二日、直方へゆき三月二日帰宅○七月、瘧（おこり）を患らい、八月に綱政より奇効丸をもらい服用、癒える○閏一二月一三日、命により宗像郡大島漂着の韓人と筆談し、彼を送り長崎に至る（以後もかかる例はしばしばあり）。奉行牛込甚左衛門の求めに応じ会見す○この年、『天神行状』を改刪、『正続文章規範余録』を編集、『近思録』『千字文』『千家詩』『古文真宝後集』『武経七書』の訓点を訂正	二月、藩より世子綱之を廃し綱政を立てることを幕府に願い、三月、その許可下る○領内の志摩・宗像・遠賀郡の新田なる○向井元升没す（六九歳）
六	一六七八	四九	九月四日、『黒田家譜』一二巻なり光之に献ず。労を賞し五〇両を賜わる○同月、末兄楽軒、浦奉行となる○このころ、城内へゆき漏刻を見る○この年、『和漢名数』『古今詩選』を編集す	小倉藩札はじまる○七月、安井算哲、麻布私邸にて秋分点を実測○『太極図説』複刻出版
七	一六七九	五〇	三月、肥後杖立温泉に逗留一〇余日、途中英彦山に登る○七月、藩家老立花重親に献言す○同二六日、初めて『書経』を講ず○一二月八日、五十の寿を賀し客を	飛鳥井雅章没す（六八歳）

年号	西暦	年齢	事項	参考事項
			饗す○この年、『杖植紀行』一・『伊野太神宮縁起』真字仮字各々一・『初学詩法』一・『増福院祭田記』一を著わす	
延宝 八	一六八〇	五一	三月、長門に遊び大坂を経て入京、ついで奈良・桜井を経て多武峰・吉野山に遊ぶ○四月、大和の郡山を経て河内の勝尾山に登り、箕面の滝を見て下旬に有馬温泉にて紀行記を執筆○五月、武庫山に登り大坂に至る。波高きため再び河内国府を経て大和へ入り、六月一〇日帰宅○この年、『畿内吟行』『京畿紀行』『大和河内路記』『本草綱目目録和名』一を著わす	一月二五日、藩の借知令出る○領内では五月に疫病流行、冬に飢饉のため飢人多し○将軍綱吉となる○契沖の『万葉代匠記』なる○林鵞峰没す（六三歳）
天和 一	一六八一	五二	一月五日、飢饉のため知行所の農民に銀を与える○一月六日、老齢につき乗輿を許さる○この年、『小学陣選句読』の和訓および刊本『小学』の字を訂正。『東照宮遺訓』『黒田系図』『黒田家譜』を改める。『尺素活套』『君臣系図』を編集す	領内餓死者多し ○巡使来る ○六月、益軒所属の組頭立花重種、家老となる○鉄眼の『一切経』なる
二	一六八二	五三	七月九日、藍島に朝鮮信使を迎え筆談。貝原好古・竹田春庵も従う○八月二七日、家老立花重種に祭田を神社に寄附せらるべきを建議○一〇月、江戸行きの命あ	筑前小石原焼はじまる○七月、幕府、木下順庵を召して儒員となす○九月一八日、柴田風山叱りをう

年号	西暦	年齢	事項	参考事項
			り、一一月入府(海路に終始したのは今回のみ)○一二月一七日、招きにより酒井河内守邸へゆき初めて人見友山と会う(以後親交続く)○この年、『菅神故実』『頤生輯要』五・『克明抄』一・『倭韓筆語唱和』一を著わす	け拘囚、小呂島に流さる ○一二月、高弟竹田春庵娶る ○朱舜水(八三歳)・闇斎(六四歳)ともに没す
三	一六八三	五四	三月初旬、出府。伊勢神宮・吉野山その他を巡覧し、四月末に乗船帰国○一一月、遠賀郡の長兄熱病にて重態。楽軒と赴き看護二旬余にして癒ゆ○この年『朱子語類選要』『朱子書節要』『宋儒文粋』『二程類語拾遺』を編纂	八月、光圀より幕府へ『天地球図』を献ず
貞享一	一六八四	五五	二月、幕府より黒田長政の戦功事歴を徴し来たり、益軒にその調査の命下る○三月中旬出立、月末に入府○四月一二日、吉川惟足へゆく○同一九日、出府し、美濃をすぎ関ヶ原を見る○同二七日大坂着、五井加助らと相往来す○五月一〇日、兵庫出立、播州諸郡を歴遊し黒田氏発祥の地を調査して、一六日帰宅○七月二七日、次兄日田より博多へ移る○八月一日、怡土・志摩郡の古文書を見る○一〇月一六日、再度の江戸行きの命によりこの日出立。一一月中旬、入府○この年、『黒	幕府、麻布薬園を小石川へ移す○一一月、安井算哲、元の授時暦に基づき作成の『貞享暦』を撰進す○一一月一日、算哲を幕府天文方とす(改名渋川春海)

年号	西暦	年齢	事項	一般事項
貞享 二	一六八五	五六	田先公勲功記』一・『大宰府天満宮故実』二・『大学新疏』を著わす 一月、神道家八尾弥平次・儒者の友元・順庵らと交際す○二月、痔に悩みしばしば灸をすえる○二月一五日、および三月六日、吉川惟足へゆく○三月一五日、出府、日光・足利学校・妙義山を経て中仙道を西行、東近江より敦賀に遊び、西近江を経て入京○四月七日、安楽小路より御幸町二条上町に転居○伏原宣幸より饗を受く（以後しばしばゆく）○六月乗船、明石の人丸廟・安芸の厳島を見て帰国○八月一五日、『大日本史』史料集めのため佐々宗淳（助三郎）一行来る。益軒はあらかじめ社寺古文書を調査し、その重要なものを大宰府神社に陳列しておき、この日一行に自ら示した○この年、『西帰吟稿』一を著わす	八月、長崎の定高貿易制始まる○九月、素行没す（六四歳）
三	一六八六	五七	七月、荒津山東照宮鳥居の銘を撰ぶ○一〇月四～一四日、下座郡・筑後善道寺・千光寺・高良山・秋月・直方に遊ぶ○一一月九日、甥好古、三宅氏の娘を娶る○一二月一五日、前月来の東軒夫人の病このころ激し	六月、下河辺長流没す○九月、『武徳太平記』なる

年号	西暦	年齢	事項	一般事項
四	一六八七	五八	二月一九日、島原陣死傷者の記を献ず○四月末〜五月一〇日、痔出血に悩む○六月中旬、江戸藩邸詰の儒員黒岩慈庵来福し一ヵ月滞在、益軒と往来、饗応す○九月初旬より東軒夫人病臥、同中旬悪化するも、一〇月末に落着く○九月一一日、直方支藩主長清に侍講○同一八日、井崎の園を買う○一一月中旬〜下旬、痔・下部の病に苦しむ○この年、『黒田家譜』改正一七・『学則』二・『和字家訓』一・『吾嬬路記』一を著わす	一月、生類憐れみの令出る○四月東山天皇即位
元禄一	一六八八	五九	一月、佐賀藩との国境争いの件で、命をうけ奔走す○四月、改正本『黒田家譜』を光之および世子綱政に献じ、五〇両を賜わる○同六日、地誌(『筑前国続風土記』)編纂の許可下り、この日領内巡歴の命をうく○同一〇日、出立、西方諸郡を巡る○五月中旬まで、南諸郡を巡る。ともに好古ら従う○七月、命をうけ好古・春庵その他をひきい黒崎より乗船。海荒れ備中下津井より陸行、藤戸を経て吉備津宮(貝原家先祖はその社人)を拝し入京。初め御幸町、後に富小路に宿す○八月二四日、藩邸にて算法の名家、明厳院理性坊らと会う○同二八	柳河藩藩札はじまる○二月、天皇、『大学』の講義を聞かれる○六月、加賀藩主前田綱紀、若水を召し儒員とす○一二月将軍綱吉、忍ヶ岡の孔子廟を拝し、林鳳岡の邸に臨む○同月、光之隠退し、綱政襲封す○堂島の米市場を開く○中国商船の長崎渡来を七〇艘に限る

元禄 二	一六八九	六〇	日、米川玄察につき初めて箏を学ぶ○九月、黒川道祐・稲生若水との交際始まる○一〇月一日、松下見林の案内で花山院定誠に会う○同一二日、遠賀郡の長兄は禁錮に、末兄は幽居に処せらる。この日、報に接し好古を帰国させる○同二六日、命により竹内御門跡里坊へゆき千種法印と話す○一〇月末〜一一月初旬、山城国の南部および奈良の諸社寺を歴観す○一一月、稲生若水と近郊の薬草をさぐる○一二月、東洞院へ転居○同六日、佐賀の富商で好学の武富一郎右衛門来会す○同一〇日、朝廷の楽人山井近江守の下へゆき琵琶を習い始む 閏一月七日、松下見林へゆき『神代巻』講義を聞く○同二五日より、丹後・若狭・近江を歴遊○二月、河内・和泉・紀伊に遊び、さらに摂津島上郡へゆく○三月下旬、嵯峨・比叡山へゆく○三月下旬〜四月下旬、稲生清宇と土岐氏の薬園その他へゆく○五月下旬、出京、大坂・堺を経て帰国○六月一一日、藩邸に出て『黒田家譜抄』三および柚橘を献ず○八月一六日、禁錮中の	藩内借知令○四月、長崎に唐人屋敷をつくる○一一月、渋川春海、本所に天文台を設く ○井口常範『天文図解』出版○芭蕉『奥の細道』を著わす

三	一六九〇	六一	長兄没す（七一歳）○一一月二一日、末兄楽軒辞職し、好古家をつぐ○この年、『平韻辨声』『香譜』『厳島並記事』一を著わす 三月、命により秋月へゆき江崎氏宅にて『大学』序および『大学経伝』を数日にわたり講ず○五月一九～二〇日、命により福博の諸社寺を歴訪し故実を問う○同二七～六月一二日、早良・那珂・御笠・粕屋の諸郡を巡遊○六月一九日、藩の算学者星野実宣来り、『堪輿考験図説』の講義を聞く○七月一七日～八月一九日、東方の粕屋・宗像・嘉麻・穂波の諸郡を巡遊（好古同伴）○一〇月五日、六十の賀筵を催し一族を饗す。自らは琵琶を、夫人は箏を奏す（前年六十歳であったが不幸のため延期）○一一月一五日、秋月支藩主の招きに応じてゆき、『大学』『孟子』を講ず○この年、『香椎宮紀事』一・『都鄙行遊記』を著わす	荒津築港完成す○一〇月、光圀隠退す○一二月、昌平坂孔子廟落成す
四	一六九一	六二	二月一九日、『香椎宮紀事』を奉納す○三月一五日、出郷、東軒・甥梶原可久を従え海路上京。大坂にて綱政を迎え柑橘類を献じ、茶壺を賜わる○四月二日、入京、	綱政、藩内に倹約令を出す ○一月、林鳳岡を大学頭とす○二月、綱吉、大成殿に臨み釈奠を行う○

元禄	五	一六九二	六三

大黒屋に宿す。以後日々東軒を伴い諸所を遊歴○五月一九日、山井近江守へゆき古楽を学ぶ○同二二日、伏原宣幸より箏を貰う○同二六日、見林の『古語拾遺』講義を聞く○六月二日、米川助一郎（操軒の子で玄察の兄）を招き箏・ひちりきを聞く○八月一日、出京、帰国の途につく○九月一日、『宇美宮縁起』作成の命をうく。好古に作らせ一五日に呈す○同五日、求めに応じ自宅にて『易経』講義を始める（翌年二月まで）。聴講者多し○『黒田家臣由来記』の作成を命ぜられる○一二月一九日、『中庸』を侍講す○この年、『筑前名寄』二・『江東紀行』一・『背振山記』を著わす

三月、好古を伴い早良・志摩・怡土の諸郡を巡り、肥前の杉浦玉島に至る○四月末、江戸行きの命をうけ出郷。播州室津より陸行。姫路・書写山・大和・伊勢ついで身延山・駿河・鎌倉を経て五月末入府○六月一三日、初めて湯島聖堂を拝し、二六日、林鳳岡に謁す○七月中旬出府、八月一日、入京○八月中に面会した公卿―風早実隆・武者小路実陰・近衛基熙・同家熙・高

三月、ケンペル江戸へ入府す○八月、熊沢蕃山没す（七八歳）○一一月、黒川道祐没す

二月、綱吉、大成殿に釈奠を行い『論語』を講ず○八月、光圀、佐々宗淳を派して湊川に楠公の碑を建てる○一二月、京都大火

年号	西暦	年齢	事項	参考事項
			辻豊長・一条冬経・四辻公韶○同二七日、花山院定誠の嗣子持重より招かれ、朝廷楽人の奏楽を聞く。優待最も厚し○十月一三日、書肆茨城多左衛門方にて佐々宗淳と邂逅○同一八日出京、兵庫を遊観し、一一月一一日帰宅○この年、『続和漢名数』一・『壬申紀行』一・『大和巡覧記』を著わす	
六	一六九三	六四	五月五日、『筑前名寄』『増補和漢名数』および柑柚を綱政に献ず○八月二七日、順庵の添書で前田侯より絹十匹を賜わる○一二月、嗣子常春に出仕の命下る○この年、『磯光天神縁起』一・『講説規戒』一を著わす	五月、背振山国境問題で幕吏来り実地調査○一〇月、同争論の裁断なり、佐賀藩の勝利に帰す○同月井原西鶴没す○一二月、新井白石、甲府侯徳川綱豊の儒員となる
七	一六九四	六五	四月、甥可久を伴い別府温泉に浴す。途中宇佐神宮を拝す○同二八日、綱政に『尚書』を講ず○このころ、光圀の求めにより『黒田記略』（家臣伝）をつくり綱政に献ず○八月六日、向井元升の碑文執筆の謝礼を、その子より送り来る○九月、求めに応じ秋月支藩主へ『孟子』を講ず○一〇月一八日、甥可久、出仕す○一一月、命により入京。藩のひちりき方その他を伴う○一二月	二月、藩士の上ゲ米廃止○四月、賀茂社再興○七月竹田春庵の祖母永閑没す○一〇月、芭蕉没す（五一歳）○一一月、吉川惟足没す（七九歳）○一二月、柳沢吉保、老中格となる

元禄 八	一六九五	六六	四日、禁中内侍所の神楽を陪聴す○この年、『花譜』二・『熊野路記』一・『豊国紀行』一を著わす 四月下旬出京、帰国○九月、辞職を請うも許されず。このころ久しく病床にあった次兄を、その子とともに自宅に迎え養う○一二月一〇日、次兄没す（七四歳）	七月、城下大洪水○人見元徳（野必大）の『本朝食鑑』、西川如見の『華夷通商考』出版 ○名古屋玄医没す（六九歳）
九	一六九六	六七	二月一七日、西郊紅葉原に別邸を賜わる○五月一一日、百石加増(計三百石)。客を招き祝宴を張ること数日に及ぶ○六月二九日、次兄の次子源次（後に益軒の養嗣となる）に出仕の命あり○七月末、好古の弟、常春（初め一時、益軒の養嗣）益軒宅に来る○八月二九日、以後組頭に属せず使番同列となる○一〇月四日、命により宝満山に登る(彦山との修験道の九州本山争いの件)○一一月、宮崎安貞の『農業全書』なる	四月、荻原重秀、勘定奉行となる○加賀藩主前田綱紀、稲生若水に『庶物類纂』の編纂を命ず
一〇	一六九七	六八	三月末、嗣子常春娶る○四月、侍食し『大禹謨』を講ず○七月一二日、安貞来り、同二三日没す	六月、佐々宗淳没す○一二月、順庵没す（七八歳）
一一	一六九八	六九	二月六日、夫人以下僕婢数名を伴い京都地方巡遊に出立、大坂より大和に遊び三月六日入京○九月、一行で	

			有馬温泉へゆき半月滞在○同一九日、常春剃髪の報に接す○一〇月一九日、綱政を伏見に迎え、甥重春（源次改名）を新たに養嗣とする許可を得	
一二	一六九九	七〇	六月二三日出京、船中風浪にあい周防徳山より陸行して帰国○九月三〇日、重春元服し、翌閏九月より初めて当直す○同一七日、自ら七十の寿を賀す○この年、『和字解』一・『日本釈名』三・『三礼口訣』三を著わす	四月、若水、『庶物類纂』一七冊を脱稿献上○九月、光之の前嫡子泰雲（綱之）再び幽閉の身となる
一三	一七〇〇	七一	五月二三日、好古没す（三七歳）○七月一〇日、辞職を許さる	領内、夏秋の間、洪水頻発し田畠の損毛大○光圀没す
一四	一七〇一	七二	三月、養嗣重春の江戸参府に際し、『聴行訓語』と題する戒を書き与う○この年、『近世武家編年略』一・『至要編』・『宗像郡風土記』を著わす	藩内国郡絵図を幕府へ献ず○白石の『藩翰譜』なる○契沖（六二歳）・安東省庵（八〇歳）没す
一五	一七〇二	七三	三月一一日、末兄楽軒、博多の南郊粕屋郡三宅村に没す（七八歳）。益軒、正月より往診すること一一回○一二月中旬～翌年一月下旬、肩瘍を患らう○この年、『音楽記聞』一を著わし、『扶桑記勝』を修補す	藩内田畠損毛大○中村惕斎没す（七四歳）○一二月、赤穂浪士の討入り○同月、幕命による全国絵図完成す
一六	一七〇三	七四	二月一四日、重春、秋月の江崎氏の娘（東軒の姪）を	福岡藩藩札はじまる○藩士に倹約

			娶る○二月二〇～二五日、武蔵温泉に浴し、左右良山・斉明天皇遺跡木の丸殿・秋月を経て帰る○九月三日、長崎の天文学者で盧草拙の門人の岡新三郎来る○同二四日、『省庵文集』序を柳河に送る○一一月、『筑前国続風土記』なり綱政に献ず○この年、『点例』一・『和歌紀聞』一・『黒田忠之公譜』『五倫訓』『君子訓』三を著わす	令を出す○幕府、天文台を駿河に移す○一一月、関東大地震、ついで大火おこり湯島聖堂も類焼す○松下見林没す（六七歳）
宝永 一	一七〇四	七五	四月二二日、先君光之より招かれ、『黒田家譜』改訂の功を賞される○夏秋の間、東軒夫人の病重く、一一月下旬に癒ゆ○この年、『宗像三社縁起並附録』一・『菜譜』三を著わす	領内大洪水○多々良潟の開拓に着手す○一一月、花山院自寛没す
二	一七〇五	七六	○三月三日、重春に女子生まれ、妻死す○七月二四日、命により公本『三才図会』脱漏の修補に着手○九月一四日、飢饉につき自らの俵禄米をこの日より乞う者に分与す○一一月一日、薩摩より初来の甘藷を綱政に献ず○この年、『古詩断句』一・『鄙事記』八を著わす	九月、幕府より諸藩に命じ、藩札発行額を報告せしむ○伊藤仁斎（七九歳）・伏原宣幸・黒岩慈庵没す
三	一七〇六	七七	二月一五日、『三才図会』の修補なり献ず○四月一五日、重春再婚し、井手氏の娘を娶る○五月初旬より翌	領内の津屋崎塩浜・志摩郡前原村新田等を開く○檜林宗建『紅毛外

			年一月下旬まで、『詩経』を読む○七月八日、朝・晩の飯を一椀に減ず○八月九日、命により登城し『続風土記』を訂正（其後訂正すること三度）○一二月より重春の家計を、自ら司どる○この年、『和漢古諺』二を著わす	科宗伝』（益軒の序あり）なる○幕府により藩札停止
四	一七〇七	七八	一月、西郊および久留米の高良山などに遊び古蹟を探る	五月二〇日、先君光之没す
五	一七〇八	七九	四月、東西の近郊を歴遊す○この年、『大和俗訓』八を著わす	七月、泰雲（綱之）急死す○一一月、立花実山殺害さる○関孝和没す
六	一七〇九	八〇	八月、重春の家計を、門人鶴原新平に委ねる○一〇月二二日、重春、益軒八十の賀宴を設け、親戚・朋友を饗す○この年、『岐蘇路記』二・『大和本草』二五・『篤信一世用財記』一を著わす	家宣、将軍となる○間部詮房・新井白石を登用○白石、ローマの宣教師シドッチを訊問し『西洋紀聞』を著わす
七	一七一〇	八一	六月七日、重春に男子生まる○一〇月、重臣加藤氏の求めにより『岡湊所考』を著わす○他にこの年、『楽訓』三・『和俗童子訓』五を著わす	
正徳一	一七一一	八二	三月四日、門人ら集り、益軒八十の寿を賀す。各々詩	三月、三宅観瀾・室鳩巣を幕府儒

			を作り楽を奏す○四月上旬、長崎より賛を求めて送って来た地球図を見る○この年、『岡湊神社縁起』一・『有馬名所記』一・『五常訓』五・『家道訓』六を著わす	員とす○白石、朝鮮信使の待遇を改む○建部賢弘、木造日時計をつくり将軍に呈覧す
正徳　二	一七一二	八三	この年、『心画規範』一・『自娯集』五を著わす	白石の『読史余論』なる
三	一七一三	八四	秋冬の間、東軒病み、一二月二六日没す（六二歳）○この年、『養生訓』八・『諸州巡覧記』七・『日光名勝記』を著わす	徂徠の『蘐園随筆』、寺島良安の『和漢三才図会』なる
四	一七一四	八五	一月、健康を害し来客を断わる○四月二〇日、手足痲痺し以後就床す○春に『慎思録』、夏に『大疑録』なる○八月二七日没す(八五歳)○同二九日、金龍寺に葬る	
明治四四	一九一一		六月一日、贈正四位	
昭和四〇	一九六五		十月五日、菩提寺に於て二五〇年記念祭ならびに銅像再建除幕式を挙行	

主要参考文献

一　伝記・論文（＊印は資料紹介を兼ねたもの）

「貝原益軒伝・年譜略・遺事略」（『事実文編』第二巻）　明治四三年　国書刊行会
「貝原益軒」足　利　衍　述（『徳川三百年史』中巻）　同　三八年　裳　華　書　房
『日本朱子学派之哲学』井　上　哲次郎　同　三八年　富　山　房
「益　軒　先　生　伝」春　山　育次郎（『益軒全集』第一巻）　同　四三年　益軒全集刊行会
「貝原益軒先生の科学的思想に就て」桑木　彧雄（『筑紫史談』二六号）大正一一年
「粕屋郡相島に於ける黒田家の朝鮮信使接待」藤井甚太郎（同　二八号）同　年
＊『家庭における貝原益軒、附「東行之戒」「損軒遺訓」その他』伊東尾四郎　大正　三年　丸　善　書　店
「貝原益軒の楠公論と湊川の碑」上・下　春山育次郎（『筑紫史談』四六・四七号）昭和四年
「貝原益軒先生の京都遊学」上・下　同右（同誌四八・四九号）同　年

「貝原益軒の日記と年譜」一～六　同右（同誌五六～六一号）　同　五年
「貝原益軒の勤王思想」藤井甚太郎（『歴史地理』四二ノ二）　同　一二年
『日本庶民教育史』上　乙竹岩造　昭和　四年　目黒書店
『益軒先生入門』井原孝一　同　七年　東京渾沌社
「貝原益軒の社会経済思想」野村兼太郎（『三田学会雑誌』二八ノ六）　同九年
『蕃山・益軒』（大教育家文庫）津田左右吉　同　一二年　岩波書店
「近世封建社会に於ける典型的思想家貝原益軒」桜井庄太郎
（『社会学徒』一二ノ七・八号）　同　一三年
*「貝原益軒の『神儒併行不相悖論』」青木義憲（『史学雑誌』五〇ノ二）同　一四年
『益軒と教育思想』前野喜代治　同　一四年　培風館
「貝原益軒の天道思想」森下真男（『歴史と地理』一七ノ五、六）　同　一五年
『慎思録より駿台雑話へ』石川謙　同　一六年　日本放送出版協会
「日本科学を育てた人々――貝原益軒」貝原守一（『科学朝日』一八年ノ一）　朝日新聞社
『貝原益軒』入沢宗寿（日本教育先哲叢書第八巻）　同　一八年　文教書院
*「『和学一歩』と『奇観録』」竹岡勝也（『史淵』三四・三五合冊号）　同　一九年　九州大学史学科

「宋明両学の葛藤」　楠本　正継（『人文』二号）　同　二二年　九州大学文学部研究室
「貝原益軒の科学」一・二　井上　忠（『科学史研究』一三・一四号）同二四～五年　岩波書店
「貝原益軒と『吉斎漫録』」井上　忠（『西南学院大学論集』一ノ一）同　二五年
「大疑録の主張と陸象山・呉蘇原二氏の影響」
　牧　克己（『九州儒学思想の研究』所収）同　三二年　九大中国哲学研究室
「貝原益軒の『童子問批語』について」井上　忠（同右）同
「益軒号私攷」井原　孝一（『香椎潟』四）同　三三年　福岡女子大国文学科会
『日鮮支の朱子学比較上の問題序説―特に朱子学の諸特性と日鮮への伝来比較―』
　阿部　吉雄　同　三五年　大東文化研究所
「呉廷翰と郝楚望」岡田　武彦（『テオリヤ』三輯）同　九州大学教養部哲学科
「貝原益軒の一元気について」牧　克己（『支那学研究』一四・一五合冊号）
　同　三六年　広島大学支那学会
「福岡藩における夫役の賦課法と規制」秀村選三（『藩社会の研究』所収）同　ミネルヴァ書房
『明治前日本生物学史』㈠　江上　悌三　同　三五年　丸善書店

「貝原益軒の養生観の特質」汲田　克夫（『思想』五二八号）　同　四三年　岩　波　書　店
「貝原益軒の儒学と実学」岡田　武彦（『西南学院大学文理論集』一五ノ一）　同　四八年　西南学院大教養部
「貝原益軒の学問と方法—『大和本草』における儒学と科学—」　辻　哲夫（『思想』六〇五号）　同　四九年　岩　波　書　店
「益　軒　と　程　顥」柳沢　南（『群馬工専研究報告』一三）　同　五四年　群　馬　工　専
「貝原益軒の博物学的業績—『園圃備忘』の位置づけ—」　井上　忠（『日本農書全集』一一巻所収）」　同　農山漁村文化協会
「近世前期における天の思想について—中江藤樹・貝原益軒の所説を中心に—」　佐久間　正（『長崎大学教養部紀要人文科学篇』二〇—二）　同　五五年　長　崎　大　教　養　部

二　資　料

『黒田家臣伝』『増益黒田家臣伝』　明治四三年　同全集刊行会
『益　軒　全　集』全　八　巻
『日本教育文庫』一・三　同四三〜四年　同　文　館

『日本倫理彙編』第八巻　井上哲次郎・蟹江義丸編　同　四四年　金尾文淵堂
『益軒十訓』上・下　塚本哲三編（有朋堂文庫）　大正　三年　有朋堂
『日本経済叢書』二・三三　滝本誠一編　昭和三〜六年　同叢書刊行会
『貝原益軒養生訓』　貝原守一校註　同　一八年　福岡惇信堂
『益軒資料』全七巻　井上忠校註（九州史料双書）　同三〇〜三六年　九大文学部九州史料刊行会
『大和俗訓』　石川謙校註（岩波文庫）　同　一三年　岩波書店
『和俗童子訓・養生訓』　同　（同）　同　四三年　同
『豊国紀行』筑紫豊校訂（日本庶民生活史料集成第二巻）　同　四四年　三一書房
『江東紀行・熊野路記』貝原淑子校訂（『香椎潟』一三号）　同　四二年　福岡女子大国文学科会
『貝原益軒』松田道雄編訳（日本の名著第一四巻）　同　四五年　中央公論社
『貝原益軒　室鳩巣』荒木見悟・井上忠校註（日本思想大系第三四巻）　同　岩波書店
『園圃備忘』井上忠翻刻・現代語訳（日本農書全集第一一巻所収）　同　五四年　農山漁村文化協会
『益軒作　本朝千字文』小野次敏註　同　五七年　貝原真吉
『新訂黒田家譜』七巻中・下（益軒書簡・同年譜・黒田家譜関係資料・竹田春庵日記）川添昭二・福岡古文書を読む会校訂　同　五九年　文献出版

益軒伝の主要舞台地図

門司
大里
若松
小倉
吉田村
黒崎
遠賀郡
遠賀川
底井野
企救郡
井志
石原
曽根
刈田
木屋瀬
直方
呼野
行事
大橋
黒田村
京都郡
小倉藩
香春
飯塚
嘉麻郡
豊前
築城郡
千束藩
中津
中津藩
猪膝
田川郡
（築上郡）
上毛郡
大隈
前
古処山
秋月藩
秋月
英彦山
下毛郡
上座郡
下座郡
福岡藩領
志波
久喜宮
竹野郡
日田
豊後
田生丸
吉井
生葉郡
山本郡
米
藩
国界
郡界
藩領の境界
1：540,000
0 5 10 15 20 km
八女郡）
下妻郡

益軒の知行地がある村
1. 寛文5年(1665)
2. 同 8年 加増
3. 元禄9年(1696)の再加増
大島
宗像神社中津宮
1.田島
宗像神社辺津宮
勝浦
1.山田
赤町
宗像郡
相島
畦町
青柳
蔦野
志賀島
粕屋郡
席田郡
立花山
福
岡
韓泊
志摩郡
今津
博多湾
箱崎
2.別府
金出
穂波郡
3.馬場村
博多
2.酒殿
井崎
三宅村
小金丸
志登
今宿
生の松原
福岡
荒戸
波止
前原
周船寺
紅葉原
鳥飼
那珂郡
女原
3.篠原村
怡土城址
野芥
鹿原
屋形原
筑
宝満山
中津領
井原村
金武
大野山
大宰府
対馬領
深江
(糸島郡)
早良郡
牛頸
二日市
怡土郡
雷山
御笠郡
(筑紫郡)
山家
原田
唐津藩
背振山
松崎
御原郡
肥
前
小城
久留米
府中
多久
佐
賀
藩
筑
後
川
上町
久
原古賀
留
佐賀
三潴郡
筑
羽犬塚
武雄
小保
下庄
柳河
瀬高
柳
河

益軒の読書傾向一覧表

部	門	35歳まで	36 寛文5年	37	38	39	30代合計	40	41	42	43	44 延宝元年	45
漢書	経書	49			3	2	54				2		
漢書	子書 朱子学	30			2	2	34	2	1	3			
漢書	子書 陽明学	8					8					1	
漢書	子書 他の儒学	18	4				22			2			
漢書	子書 其他	15			1		16			3			
漢書	詩文集	23	4		2	1	30	1	1	3	10		5
漢書	歴史	20		3	5		28	2		3	1	1	2
漢書	本草医学	17	3				20	1		1	1		
漢書	字書									2		1	1
漢書	仏書												
漢書	其他	14	7		7	1	29	1	1	7	2	2	
漢書	小計	194	18	3	20	6	241	7	3	24	16	5	8
和書	和文学	3					3	1		2		3	
和書	和歌	6					6	1	1	4	1	4	2
和書	神道	4					4			1		1	1
和書	地理	1					1	1		3	2	3	1
和書	歴史	15	8		2	1	26	2	1	5	6	14	5
和書	芸能												
和書	有職故実	5	2			1	8						
和書	字書	5					5			4			
和書	漢詩文	4	1		1		6			1			
和書	仏教									1			
和書	其他	3					3						
和書	小計	46	11	0	3	2	62	5	2	21	9	25	9
総計		240	29	3	23	8	303	12	5	45	25	30	17

50代総計	59 元禄1年	58	57	56	55 貞享1年	54	53	52 天和1年	51	50	40代総計	49	48	47	4
5			1	2				1		1	6	1	2		
14			3	2	1		2	2	1	3	14		7	1	
											1				
1						1					11		7		
2						1			1		26	17	4		
15	1		2	7		4		1			41	4	9	3	
7			1				1	2	2	1	19	2	6	2	
10	1	3		3	1	2					10	5	1	1	
7				2	2		2		1		7	2	1		
5	1	1	2					1			1	1			
19		1	1	8		3		2	2	2	18	3			
85	3	5	10	24	4	11	5	9	7	7	154	35	37	7	1
19	2		2	3	4	2	1		2	3	11			1	
31	2	1	2	9		8		1	8		18	1	1	1	
17	4			4		1	1		4	3	10		2		
46	10	3	3	7	2	3	2	3	13		11			1	
58	2	2	8	18	4	4	3	6	9	2	52	4	4	3	
2	1							1							
11	2		3	2		1		2	1						
5			3						2		4				
12	2			3	2		2		2	1	2				
7			3			2	1			1	1				
24	2	3		13	1	3		1	1		6	1	1	2	
232	27	9	24	59	13	24	10	14	42	10	115	6	8	8	2
317	30	14	34	83	17	35	15	23	49	17	269	41	45	15	3

’4	73	72	71	70	60代総計	69	68	67	66	65	64	63	62	61	60
	1	1			3								1		2
	1			1	6	1				1		1			3
					2	1							1		
1			2	1	11	1	1	1	1	1	2	1		1	2
					2	1		1							
	1	1			9	1		1				3	1		3
				1											
		1			8		1		1	2			2	1	1
					11	2	1	1	1	1		2		1	2
1	3	3	2	3	52	7	3	4	3	5	2	7	5	3	13
			1	6	2										2
	1		2	3	12	3	1	2	1			1	2		2
				1	6	1						1		1	3
2		3	1	7	19	3			3		2	3		2	6
1	1	1	3	2	18	3	1		2		2	4	1	2	3
				3	3							1		1	1
				2	3				1			1			1
	1				3		2								1
1					2										2
1		1	2	2	11	3			1		2	2	1		2
5	3	5	9	26	79	13	4	2	8	0	6	13	4	6	23
6	6	8	11	29	131	20	7	6	11	5	8	20	9	9	36

総計中の% (四捨五入)	和書漢書 各々の%	総　計		80	70 代 総 計	79	78	77	76	7
										宝 1
6%	13%	71			3				1	
6%	13%	72			4	1			1	
1%	2%	10		1						
3%	6%	34								
4%	8%	46								
9%	18%	104	（以	1	6		1		1	
5%	10%	58	下	2						
5%	9%	52			3	1				
1%	3%	16	な		2					
1%	3%	15	し）		1					
8%	15%	86		3	6	1		1	4	
51%	100%	564		7	25	3	1	1	7	
4%	8%	43			8				1	
7%	14%	76		2	7				1	
3%	7%	38			1					
8%	17%	91			14	1				
15%	30%	165		1	10	2				
1%	2%	9			4				1	
2%	4%	24			2					
2%	3%	18			1					
2%	4%	23			1					
1%	2%	9			1	1				
5%	10%	53			9			2 本草		
49%	100%	549		3	58	4	0	2	3	
100%		1113		10	83	7	1	3	10	

著者略歴

大正四年生れ
昭和十三年九州帝国大学法文学部国史科卒業
福岡大学教授等を経て
現在　福岡地方史研究会会長

主要著書
日本科学史夜話〈共著〉　益軒資料（孔版七冊）
幕末維新陽明学者書簡集〈共編〉　亀井南冥・昭陽全集（全八巻九冊）〈共編〉

人物叢書　新装版

貝原益軒

昭和三十八年　四月　五日　第一版第一刷発行
昭和六十四年　一月　一日　新装版第一刷発行

著者　井上忠（いのうえただし）
編集者　日本歴史学会
代表者　児玉幸多
発行者　吉川圭三
発行所　株式会社吉川弘文館
東京都文京区本郷七丁目二番八号
郵便番号一一三
電話〇三―八一三―九一五一〈代表〉
振替口座東京〇―二四四
印刷＝平文社　製本＝ナショナル製本

『人物叢書』(新装版)刊行のことば

人物叢書は、個人が埋没された歴史書が盛行した時代に、「歴史を動かすものは人間である。個人の伝記が明らかにされないで、歴史の叙述は完全であり得ない」という信念のもとに、専門学者に執筆を依頼し、日本歴史学会が編集し、吉川弘文館が刊行した一大伝記集である。

幸いに読書界の支持を得て、百冊刊行の折には菊池寛賞を授けられる栄誉に浴した。

しかし発行以来すでに四半世紀を経過し、長期品切れ本が増加し、読書界の要望にそい得ない状態にもなったので、この際既刊本の体裁を一新して再編成し、定期的に配本できるような方策をとることにした。既刊本は一八四冊であるが、まだ未刊である重要人物の伝記についても鋭意刊行を進める方針であり、その体裁も新形式をとることとした。

こうして刊行当初の精神に思いを致し、人物叢書を蘇らせようとするのが、今回の企図である。大方のご支援を得ることができれば幸せである。

昭和六十年五月

日本歴史学会
代表者 坂本太郎

〈オンデマンド版〉
貝原益軒

人物叢書　新装版

2021年（令和3）10月1日　発行

著　者　井上　忠（いのうえ　ただし）
編集者　日本歴史学会
代表者　藤田　覚
発行者　吉川道郎
発行所　株式会社　吉川弘文館
〒113-0033　東京都文京区本郷7丁目2番8号
TEL　03-3813-9151〈代表〉
URL　http://www.yoshikawa-k.co.jp/
印刷・製本　大日本印刷株式会社

井上　忠（1915～2002）

ISBN978-4-642-75145-2